Bilingual

VISUAL

dictionary

Bilingual

VISUAL

dictionary

A DORLING KINDERSLEY BOOK

LONDON, NEW YORK, MELBOURNE, MUNICH, AND DELHI

Senior Editor Scarlett O'Hara
Senior Art Editor Vicky Short
Production Editor Phil Sergeant
Production Controller Danielle Smith
Managing Art Editor Louise Dick
Managing Editor Julie Oughton
US Editor Liza Kaplan

Designed for Dorling Kindersley by WaltonCreative.com
Art Editor Colin Walton, assisted by Tracy Musson
Designers Peter Radcliffe, Earl Neish, Ann Cannings
Picture Research Marissa Keating

Language content for Dorling Kindersley by
First Edition Translations Ltd., Cambridge, UK
Translator Maria Hooper
Editor Norma Tait
Typesetting WriteIdea

First American Edition, 2010

Published in the United States by
DK Publishing
375 Hudson Street
New York, New York 10014

10 9 8 7 6 5 4

010-PD260-05/2010

Published in Great Britain by Dorling Kindersley Limited.

A catalog record for this book is available from the
Library of Congress.

ISBN: 978-0-7566-6209-7

DK books are available at special discounts when purchased in bulk for
sales promotions, premiums, fund-raising, or educational use.
For details, contact: DK Publishing Special Markets, 375 Hudson Street,
New York, New York 10014 or SpecialSales@dk.com.

Printed by L Rex Printing Co. Ltd, China

Discover more at
www.dk.com

índice
contents

42
a saúde
health

146
comer fora
eating out

252
o lazer
leisure

sobre o dicionário
about the dictionary

como utilizar este livro
how to use this book

as pessoas
people

a aparência
appearance

o lar
home

os serviços
services

as compras
shopping

os alimentos
food

o estudo
study

o trabalho
work

os transportes
transport

os desportos
sports

o ambiente
environment

referência
reference

índice
index

agradecimentos
acknowledgments

as pessoas · people

o corpo I body	12
a cara I face	14
a mão I hand	15
o pé I foot	15
os músculos I muscles	16
o esqueleto I skeleton	17
os órgãos internos internal organs	18
os órgãos reprodutores reproductive organs	20
a família I family	22
as relações I relationships	24
as emoções I emotions	25
os acontecimentos da vida life events	26

a aparência · appearance

a roupa de criança children's clothing	30
a roupa de homem men's clothing	32
a roupa de senhora women's clothing	34
os acessórios I accessories	36
o cabelo I hair	38
a beleza I beauty	40

a saúde · health

a doença I illness	44
o médico I doctor	45
a lesão I injury	46
os primeiros socorros I first aid	47
o hospital I hospital	48
o dentista I dentist	50
o oculista I optician	51
a gravidez I pregnancy	52
o parto I childbirth	53
as terapias alternativas alternative therapy	54

o lar · home

a casa I house	58
as instalações internas internal systems	60
a sala de estar I living room	62
a sala de jantar I dining room	64
a cozinha I kitchen	66
os utensílios de cozinha kitchenware	68
o quarto de dormir I bedroom	70
a casa de banho bathroom	72
o quarto das crianças nursery	74
a lavandaria utility room	76
a oficina I workshop	78
a caixa das ferramentas toolbox	80
a decoração I decorating	82
o jardim I garden	84
as plantas de jardim garden plants	86
as ferramentas de jardinagem garden tools	88
a jardinagem I gardening	90

os serviços · services

os serviços de emergência emergency services	94
o banco I bank	96
as comunicações communications	98
o hotel I hotel	100

as compras · shopping

o centro comercial shopping centre	104
os grandes armazéns department store	105
o supermercado supermarket	106
a farmácia I chemist	108
a florista I florist	110
o vendedor de jornais newsagent	112
o vendedor de doces confectioner	113
as outras lojas other shops	114

os alimentos · food

a carne I meat	118
o peixe I fish	120
os legumes I vegetables	122
a fruta I fruit	126
os grãos e as leguminosas grains and pulses	130
as ervas aromáticas e especiarias herbs and spices	132
os alimentos engarrafados bottled foods	134
os lacticínios dairy produce	136
os pães e as farinhas breads and flours	138
os bolos e as sobremesas cakes and desserts	140
a charcutaria I delicatessen	142
as bebidas I drinks	144

português · english

comer fora •
eating out

o café I café	148
o bar I bar	150
o restaurante I restaurant	152
a comida rápida fast food	154
o pequeno-almoço I breakfast	156
o jantar I dinner	158

o estudo • study

a escola I school	162
a matemática I maths	164
as ciências I science	166
o ensino superior college	168

o trabalho • work

o escritório I office	172
o computador I computer	176
os meios de comunicação I media	178
a lei I law	180
a quinta I farm	182
a construção I construction	186
as profissões I professions	188

os transportes •
transport

as estradas I roads	194
o autocarro I bus	196
o carro I car	198
a motocicleta I motorbike	204
a bicicleta I bicycle	206
o comboio I train	208
o avião I aircraft	210
o aeroporto I airport	212
o navio I ship	214
o porto I port	216

os desportos • sport

o futebol americano American football	220
o râguebi I rugby	221
o futebol I soccer	222
o hóquei I hockey	224
o críquete I cricket	225
o basquetebol I basketball	226
o basebol I baseball	228
o ténis I tennis	230
o golfe I golf	232
o atletismo I athletics	234
os desportos de combate combat sports	236
a natação I swimming	238
a vela I sailing	240
a equitação I horse riding	242
a pesca I fishing	244
o esqui I skiing	246
outros desportos other sports	248
a forma física fitness	250

o lazer • leisure

o teatro I theatre	254
a orquestra I orchestra	256
o concerto I concert	258
o turismo I sightseeing	260
as actividades ao ar livre outdoor activities	262
a praia I beach	264
o campismo I camping	266
o entretenimento no lar home entertainment	268
a fotografia photography	270
os jogos I games	272
as artes manuais arts and crafts	274

o ambiente •
environment

o espaço I space	280
a Terra I Earth	282
a paisagem I landscape	284
o tempo I weather	286
as rochas I rocks	288
os minerais I minerals	289
os animais I animals	290
as plantas I plants	296
a cidade I town	298
a arquitectura I architecture	300

referência •
reference

as horas I time	304
o calendário I calendar	306
os números I numbers	308
os pesos e as medidas weights and measures	310
o mapa do mundo I world map	312
advérbios e antónimos particles and antonyms	320
frases úteis useful phrases	322

sobre o dicionário

Está comprovado que a utilização de imagens ajuda na compreensão e retenção da informação. Baseado neste princípio, este dicionário bilíngue altamente ilustrado apresenta uma ampla gama de vocabulário útil e actual em duas línguas europeias.

O dicionário está dividido por temas e cobre a maior parte dos aspectos do mundo quotidiano em pormenor, desde o restaurante ao ginásio, da casa ao local de trabalho e desde o espaço ao reino animal. Encontrará também palavras e frases adicionais para utilizar na conversação e para alargar o seu vocabulário.

Este dicionário é um instrumento de referência essencial para todos os que se interessam pelas línguas – é prático, estimulante e fácil de utilizar.

Alguns pontos a observar
As duas línguas são sempre apresentadas na mesma ordem: português e inglês.

Em português, os substantivos mostram-se sempre com os seus artigos definidos a reflectir o género (masculino ou feminino) e o número (singular ou plural), por exemplo:

a semente	as amêndoas
seed	almonds

Os verbos são indicados por um (v) depois do inglês, por exemplo:

colher = harvest (v)

Cada língua tem o seu próprio índice no final do livro. Aí poderá consultar uma palavra em qualquer das duas línguas e ser encaminhado para a(s) página(s) onde a mesma aparece. O género dos substantivos é indicado com as seguintes abreviaturas:

m = masculino
f = feminino

about the dictionary

The use of pictures is proven to aid understanding and the retention of information. Working on this principle, this highly-illustrated bilingual dictionary presents a large range of useful current vocabulary in two European languages.

The dictionary is divided thematically and covers most aspects of the everyday world in detail, from the restaurant to the gym, the home to the workplace, and from outer space to the animal kingdom. You will also find additional words and phrases for conversational use and for extending your vocabulary.

This is an essential reference tool for anyone interested in languages – practical, stimulating, and easy-to-use.

A few things to note
The two languages are always presented in the same order – Portuguese and English. In Portuguese, nouns are given with their definite articles reflecting the gender (masculine or feminine) and number (singular or plural), for example:

a semente	as amêndoas
seed	almonds

Verbs are indicated by a (v) after the English, for example:

colher = harvest (v)

Each language also has its own index at the back of the book. Here you can look up a word in either of the two languages and be referred to the page number(s) where it appears. The gender of nouns is shown using the following abbreviations:

m = masculine
f = feminine

Brief pronunciation guide

Vowels:
pilha (battery) and mula (mule) – the pronunciation of i and u doesn't change in most words – i like **ee** in tree, and u like **oo** in bo**o**ster

Nasal sounds:
ão, as in "pão" (bread): pown[g]; ãe, as in "mãe" (mother): mayn[g]; õe, as in "feijões" (beans), sounds like **oin** in p**oin**t: fay]o**in**sh

Consonants:
homem (man) – h is always silent at the beginning of the word
tenho (I have) – nh sounds like ny, tenyo
Julho (July) – lh sounds like ly, joolyo
tacho (pan) – ch sounds like sh in shadow
cenoura (carrot) and ciclone (cyclone) – c before e and i is soft like s in sand, otherwise it sounds like the c in corner before a, o and u.
taça (cup) – ç always sounds like a soft s as in sun
gelo (ice) and girafa (giraffe) – g sounds like s in measure before e and i
guia (guide) – gu sounds like g in goat before e and i
caro (expensive) and carro (car) – one r sounds like r in Dora and rr is like r in rat
casa (house) – one s between vowels sounds like z in zebra. Sapato (shoe) – the initial s sounds like s in sun. Passado (past) – ss also sounds like s in sun.
táxi (taxi) – x sounds like in the English equivalent taxi. Baixo (low) – x sounds like sh in shop. Próximo (next) – x sounds like c in pace. Exacto (exact) – x sounds like z in

como utilizar este livro

Quer esteja a aprender uma língua nova por motivos de trabalho, prazer ou para se preparar para umas férias no estrangeiro, ou queira aumentar o seu vocabulário numa língua que já conhece, este dicionário é um instrumento de aprendizagem valioso que poderá utilizar de várias maneiras diferentes.

Ao aprender uma nova língua, procure as palavras similares em línguas diferentes e as palavras que parecem similares mas que têm significados totalmente distintos. Poderá também observar como as línguas se influenciaram entre si. Por exemplo, a língua inglesa importou muitos termos de comida de outras línguas europeias, mas, em troca, exportou termos empregados na tecnologia e cultura popular.

Actividades práticas de aprendizagem

• Enquanto anda pela sua casa, local de trabalho ou escola, tente procurar as páginas que se referem a esse local. Poderá então fechar o livro, olhar em seu redor e ver de quantos objectos ou características consegue lembrar-se.

• Lance a si mesmo o desafio de escrever uma história, uma carta ou um diálogo empregando tantos termos de uma determinada página quantos conseguir. Isto ajudá-lo-á a reter o vocabulário e a lembrar-se da ortografia. Se quiser progredir para uma composição mais longa, comece com frases que incorporem 2 ou 3 palavras.

• Se tiver uma boa memória visual, tente desenhar ou decalcar objectos do livro num papel; a seguir feche o livro e escreva as palavras correspondentes abaixo do desenho.

• Quando se sentir mais seguro, escolha palavras do índice na língua estrangeira e veja se sabe o que significam antes de consultar a página correspondente para comprovar se tinha razão.

how to use this book

Whether you are learning a new language for business, pleasure, or in preparation for a holiday abroad, or are hoping to extend your vocabulary in an already familiar language, this dictionary is a valuable learning tool which you can use in a number of different ways.

When learning a new language, look out for cognates (words that are alike in different languages) and false friends (words that look alike but carry significantly different meanings). You can also see where the languages have influenced each other. For example, English has imported many terms for food from other European languages but, in turn, exported terms used in technology and popular culture.

Practical learning activities

• As you move about your home, workplace, or college, try looking at the pages which cover that setting. You could then close the book, look around you and see how many of the objects and features you can name.

• Challenge yourself to write a story, letter, or dialogue using as many of the terms on a particular page as possible. This will help you retain the vocabulary and remember the spelling. If you want to build up to writing a longer text, start with sentences incorporating 2–3 words.

• If you have a very visual memory, try drawing or tracing items from the book onto a piece of paper, then close the book and fill in the words below the picture.

• Once you are more confident, pick out words in the foreign language index and see if you know what they mean before turning to the relevant page to check if you were right.

as pessoas
people

o corpo · body

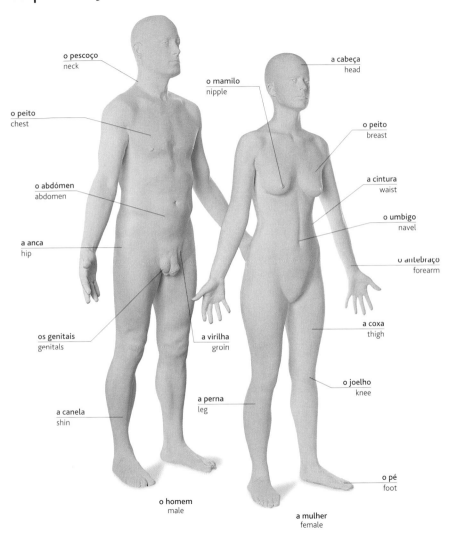

o pescoço
neck

a cabeça
head

o mamilo
nipple

o peito
chest

o peito
breast

a cintura
waist

o abdómen
abdomen

o umbigo
navel

o antebraço
forearm

a anca
hip

os genitais
genitals

a virilha
groin

a coxa
thigh

a perna
leg

o joelho
knee

a canela
shin

o pé
foot

o homem
male

a mulher
female

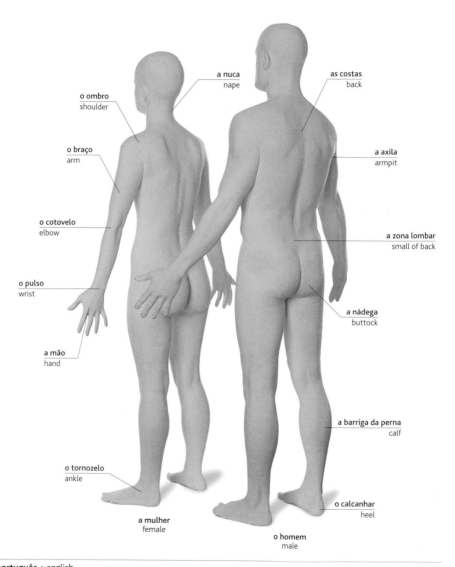

o ombro
shoulder

a nuca
nape

as costas
back

o braço
arm

a axila
armpit

o cotovelo
elbow

a zona lombar
small of back

o pulso
wrist

a nádega
buttock

a mão
hand

a barriga da perna
calf

o tornozelo
ankle

o calcanhar
heel

a mulher
female

o homem
male

a cara · face

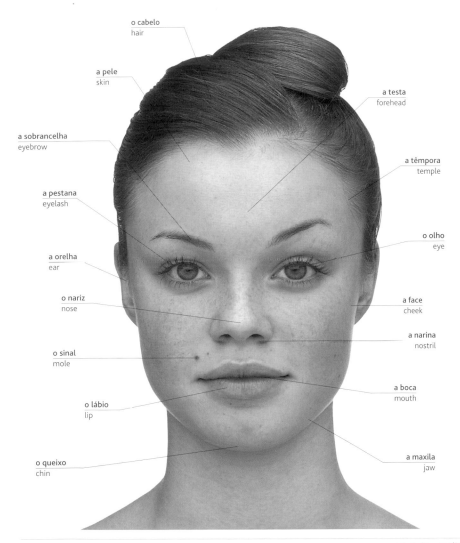

o cabelo
hair

a pele
skin

a testa
forehead

a sobrancelha
eyebrow

a têmpora
temple

a pestana
eyelash

o olho
eye

a orelha
ear

o nariz
nose

a face
cheek

a narina
nostril

o sinal
mole

a boca
mouth

o lábio
lip

o queixo
chin

a maxila
jaw

a ruga
wrinkle

a sarda
freckle

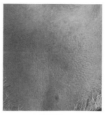
o poro
pore

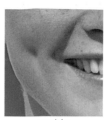
a covinha
dimple

a mão • hand

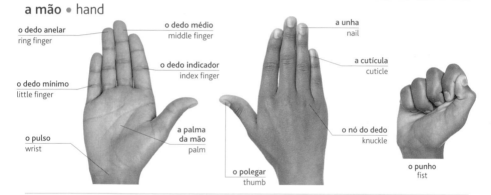

o dedo anelar
ring finger

o dedo médio
middle finger

o dedo indicador
index finger

a unha
nail

a cutícula
cuticle

o dedo mínimo
little finger

o pulso
wrist

a palma da mão
palm

o nó do dedo
knuckle

o polegar
thumb

o punho
fist

o pé • foot

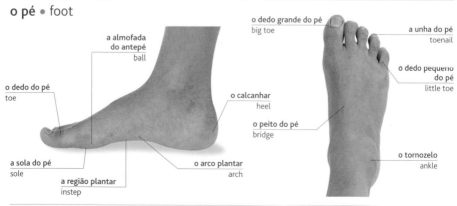

a almofada do antepé
ball

o dedo grande do pé
big toe

a unha do pé
toenail

o dedo do pé
toe

o calcanhar
heel

o dedo pequeno do pé
little toe

o peito do pé
bridge

a sola do pé
sole

a região plantar
instep

o arco plantar
arch

o tornozelo
ankle

os músculos • muscles

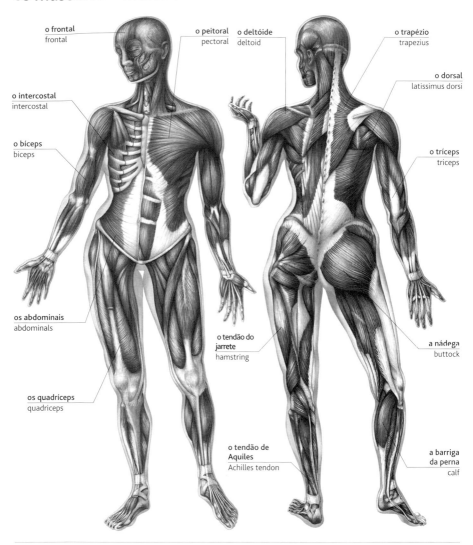

o frontal
frontal

o peitoral
pectoral

o deltóide
deltoid

o trapézio
trapezius

o dorsal
latissimus dorsi

o intercostal
intercostal

o bíceps
biceps

o tríceps
triceps

os abdominais
abdominals

o tendão do
jarrete
hamstring

a nádega
buttock

os quadríceps
quadriceps

o tendão de
Aquiles
Achilles tendon

a barriga
da perna
calf

português • english

o esqueleto • skeleton

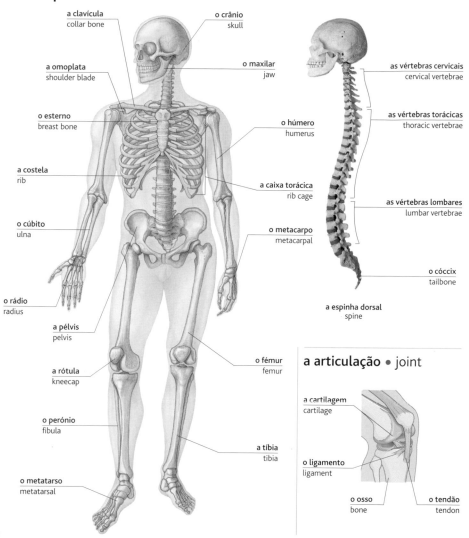

a clavícula
collar bone

o crânio
skull

a omoplata
shoulder blade

o maxilar
jaw

as vértebras cervicais
cervical vertebrae

o esterno
breast bone

o húmero
humerus

as vértebras torácicas
thoracic vertebrae

a costela
rib

a caixa torácica
rib cage

o cúbito
ulna

as vértebras lombares
lumbar vertebrae

o metacarpo
metacarpal

o rádio
radius

o cóccix
tailbone

a pélvis
pelvis

a espinha dorsal
spine

a rótula
kneecap

o fémur
femur

a articulação • joint

a cartilagem
cartilage

o perónio
fibula

o ligamento
ligament

a tíbia
tibia

o metatarso
metatarsal

o osso
bone

o tendão
tendon

os órgãos internos • internal organs

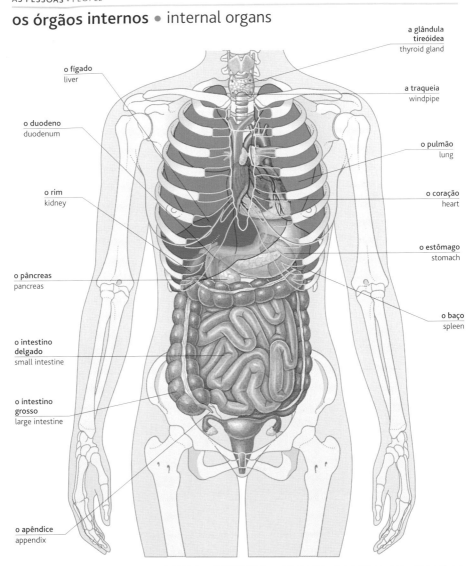

a glândula
tireóidea
thyroid gland

o fígado
liver

a traqueia
windpipe

o duodeno
duodenum

o pulmão
lung

o rim
kidney

o coração
heart

o estômago
stomach

o pâncreas
pancreas

o baço
spleen

o intestino
delgado
small intestine

o intestino
grosso
large intestine

o apêndice
appendix

a cabeça • head

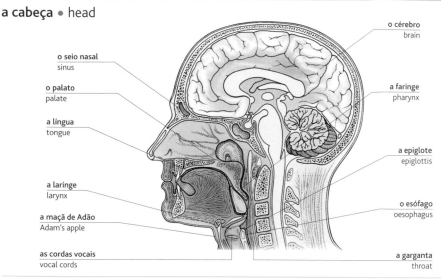

o seio nasal
sinus

o palato
palate

a língua
tongue

a laringe
larynx

a maçã de Adão
Adam's apple

as cordas vocais
vocal cords

o cérebro
brain

a faringe
pharynx

a epiglote
epiglottis

o esófago
oesophagus

a garganta
throat

os sistemas • body systems

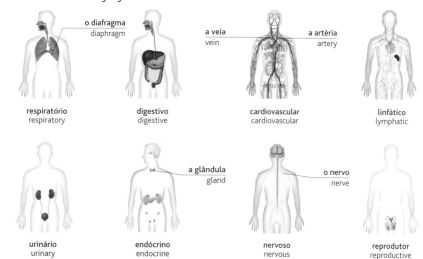

o diafragma
diaphragm

a veia
vein

a artéria
artery

respiratório
respiratory

digestivo
digestive

cardiovascular
cardiovascular

linfático
lymphatic

a glândula
gland

o nervo
nerve

urinário
urinary

endócrino
endocrine

nervoso
nervous

reprodutor
reproductive

os órgãos reprodutores • reproductive organs

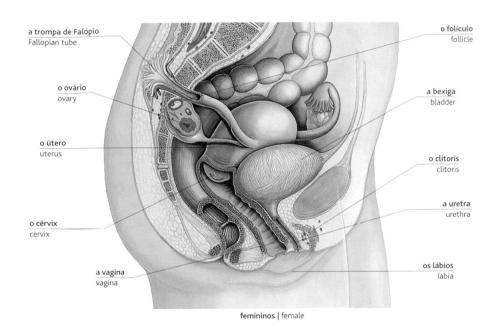

a trompa de Falópio
Fallopian tube

o folículo
follicle

o ovário
ovary

a bexiga
bladder

o útero
uterus

o clítoris
clitoris

o cérvix
cervix

a uretra
urethra

a vagina
vagina

os lábios
labia

femininos | female

a reprodução • reproduction

o esperma
sperm

o óvulo
egg

a fertilização | fertilization

vocabulário • vocabulary

a hormona hormone	impotente impotent	a menstruação menstruation
a ovulação ovulation	fértil fertile	o coito intercourse
estéril infertile	conceber conceive	a doença de transmissão sexual sexually transmitted infection

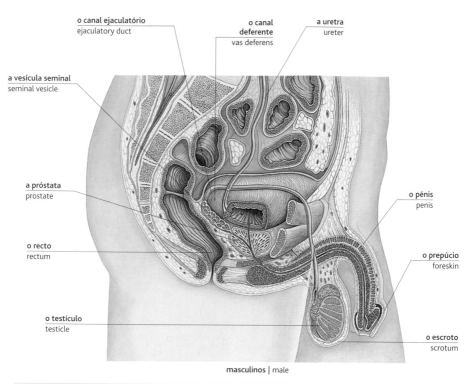

o canal ejaculatório
ejaculatory duct

o canal deferente
vas deferens

a uretra
ureter

a vesícula seminal
seminal vesicle

a próstata
prostate

o recto
rectum

o testículo
testicle

o pénis
penis

o prepúcio
foreskin

o escroto
scrotum

masculinos | male

a contracepção • contraception

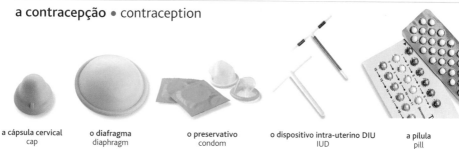

a cápsula cervical
cap

o diafragma
diaphragm

o preservativo
condom

o dispositivo intra-uterino DIU
IUD

a pílula
pill

a família • family

a avó
grandmother

o avô
grandfather

o tio
uncle

a tia
aunt

o pai
father

a mãe
mother

o primo
cousin

o irmão
brother

a irmã
sister

a mulher
wife

a nora
daughter-in-law

o filho
son

a filha
daughter

o genro
son-in-law

o neto
grandson

a neta
granddaughter

o marido
husband

o vocabulário · vocabulary

os parentes relatives	**os pais** parents	**os netos** grandchildren	**a madrasta** stepmother	**o enteado** stepson	**a geração** generation
os avós grandparents	**os filhos** children	**o padrasto** stepfather	**a enteada** stepdaughter	**o/a companheiro/a** partner	**os gémeos** twins

a sogra
mother-in-law

o sogro
father-in-law

o cunhado
brother-in-law

a cunhada
sister-in-law

a sobrinha
niece

o sobrinho
nephew

as fases da vida · stages

o bebé
baby

a criança
child

o rapaz
boy

a rapariga
girl

a adolescente
teenager

o adulto
adult

o homem
man

a mulher
woman

as formas de tratamento · titles

Senhora
Mrs.

Senhor
Mr.

Menina
Miss

as relações · relationships

o chefe
manager

a auxiliar
assistant

a sócia
business partner

a empregadora
employer

o empregado
employee

o colega
colleague

o escritório | office

o vizinho
neighbour

o amigo
friend

o conhecido
acquaintance

o correspondente
pen pal

o namorado
boyfriend

a namorada
girlfriend

o noivo
fiancé

a noiva
fiancée

o casal | couple

o casal comprometido | engaged couple

as emoções • emotions

o sorriso
smile

feliz
happy

triste
sad

entusiasmado
excited

aborrecido
bored

surpreendido
surprised

assustado
scared

o sobrolho
franzido
frown

zangado
angry

confuso
confused

preocupado
worried

nervoso
nervous

orgulhoso
proud

confiante
confident

envergonhado
embarrassed

tímido
shy

vocabulário • vocabulary

abalado upset	**rir (v)** laugh (v)	**suspirar (v)** sigh (v)	**gritar (v)** shout (v)
chocado shocked	**chorar (v)** cry (v)	**desmaiar (v)** faint (v)	**bocejar (v)** yawn (v)

os acontecimentos da vida · life events

nascer (v)
be born (v)

começar a escola (v)
start school (v)

fazer amigos (v)
make friends (v)

licenciar-se (v)
graduate (v)

conseguir um emprego (v)
get a job (v)

apaixonar-se (v)
fall in love (v)

casar (v)
get married (v)

ter um filho (v)
have a baby (v)

o casamento | wedding

o divórcio
divorce

o funeral
funeral

vocabulário · vocabulary

o baptizado
christening

o bar mitzvah
bar mitzvah

o aniversário
anniversary

emigrar (v)
emigrate (v)

reformar-se (v)
retire (v)

morrer (v)
die (v)

fazer testamento (v)
make a will (v)

a certidão de nascimento
birth certificate

a festa do casamento
wedding reception

a lua-de-mel
honeymoon

as celebrações • celebrations

a festa de anos
birthday party

o cartão
card

a prenda
present

o aniversário
birthday

o Natal
Christmas

a Páscoa judia
Passover

o Ano Novo
New Year

o Carnaval
carnival

o desfile
procession

o Ramadão
Ramadan

a fita
ribbon

o dia de Acção de Graças
Thanksgiving

a Páscoa
Easter

o dia de Halloween
Halloween

o Diwali
Diwali

a aparência
appearance

a roupa de criança • children's clothing

o bebé • baby

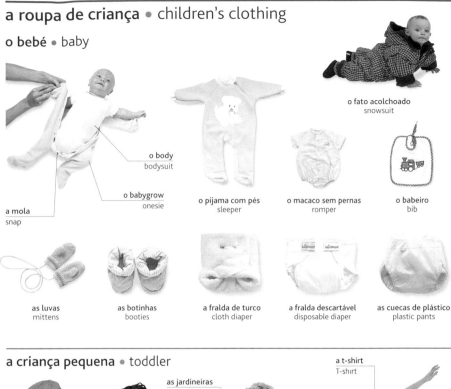

o fato acolchoado
snowsuit

o body
bodysuit

o babygrow
onesie

a mola
snap

o pijama com pés
sleeper

o macaco sem pernas
romper

o babeiro
bib

as luvas
mittens

as botinhas
booties

a fralda de turco
cloth diaper

a fralda descartável
disposable diaper

as cuecas de plástico
plastic pants

---

a criança pequena • toddler

o chapéu de sol
sun hat

o babete com bolso
apron

as jardineiras
overalls

os calções
shorts

a t-shirt
T-shirt

a saia
skirt

a criança · child

o vestido
dress

o capuz
hood

as calças
de ganga
jeans

as sandálias
sandals

o Verão
summer

o impermeável
raincoat

o Outono
fall

a mochila
backpack

o botão
de alamar
toggle

o casaco de baeta
duffel coat

o cachecol
scarf

o anoraque
parka

as botas de
borracha
rain
boots

o Inverno
winter

o roupão
bathrobe

o logótipo
logo

os ténis
athletic shoes

a camisa de noite
nightgown

as pantufas
slippers

a roupa de dormir
nightwear

a roupa da equipa
soccer uniform

o fato de treino
jogging suit

as perneiras
leggings

vocabulário · vocabulary

a fibra natural
natural fiber

sintético
synthetic

Pode lavar-se na máquina?
Is it machine-washable?

Isto servirá a uma criança de dois
anos?
Will this fit a two-year-old?

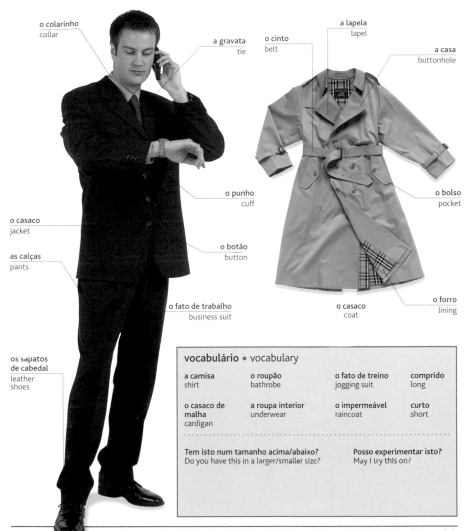

a roupa de homem • men's clothing

o colarinho
collar

a gravata
tie

o cinto
belt

a lapela
lapel

a casa
buttonhole

o punho
cuff

o bolso
pocket

o casaco
jacket

as calças
pants

o botão
button

o fato de trabalho
business suit

o casaco
coat

o forro
lining

os sapatos
de cabedal
leather
shoes

vocabulário • vocabulary

a camisa shirt	**o roupão** bathrobe	**o fato de treino** jogging suit	**comprido** long
o casaco de malha cardigan	**a roupa interior** underwear	**o impermeável** raincoat	**curto** short

Tem isto num tamanho acima/abaixo?
Do you have this in a larger/smaller size?

Posso experimentar isto?
May I try this on?

o blazer
blazer

o casaco desportivo
sport coat

o colete
vest

o decote em V
V-neck

o decote recondo
round neck

a t-shirt
T-shirt

o anoraque
parka

a sweatshirt
sweatshirt

o blusão corta-vento
windbreaker

as calças de treino
sweatpants

a camisola de lã
sweater

o pijama
pajamas

a camisola interior
tank top

a roupa casual
casual wear

os calções
shorts

as cuecas
briefs

os boxers
boxer shorts

as peúgas
socks

a roupa de senhora • women's clothing

o decote
neckline

o casaco
jacket

a costura
seam

a manga
sleeve

a saia
skirt

a bainha
hem

pelo joelho
knee-length

as collants
tights

os sapatos
shoes

sem alças
strapless

sem mangas
sleeveless

comprido
ankle length

o vestido de noite
evening dress

o vestido
dress

a blusa
blouse

as calças
trousers

casual
casual

a lingerie • lingerie

o casamento • wedding

o robe
negligée

a combinação
slip

a alça
strap

a camisola interior
bra camisole

as ligas
garters

o espartilho de ligas
bustier

as meias de liga
stockings

as collants
tights

a camisola de alças
vest

o soutien
bra

as cuecas
panties

a camisa de noite
nightgown

a renda
lace

o véu
veil

o ramo de flores
bouquet

a cauda
train

o vestido de casamento
wedding dress

vocabulário • vocabulary

o espartilho corset	**de corte justo** tailored
a liga garter	**preso no pescoço** halter neck
almofada de ombro shoulder pad	**com arames** underwired
o cós waistband	**soutien de desporto** sports bra

os acessórios · accessories

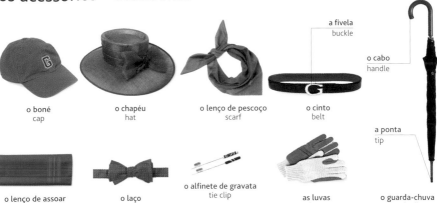

o boné
cap

o chapéu
hat

o lenço de pescoço
scarf

a fivela
buckle

o cabo
handle

o cinto
belt

a ponta
tip

o lenço de assoar
handkerchief

o laço
bow tie

o alfinete de gravata
tie clip

as luvas
gloves

o guarda-chuva
umbrella

as jóias · jewelry

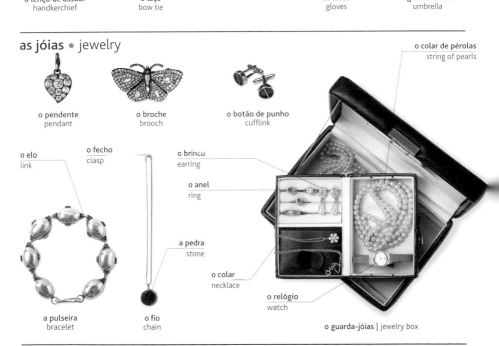

o pendente
pendant

o broche
brooch

o botão de punho
cufflink

o colar de pérolas
string of pearls

o elo
link

o fecho
clasp

o brinco
earring

o anel
ring

a pedra
stone

o colar
necklace

o relógio
watch

a pulseira
bracelet

o fio
chain

o guarda-jóias | jewelry box

as malas • bags

o fecho
fastening

a alça para ombro
shoulder strap

a carteira de homem
wallet

a carteira de senhora
change purse

a mala de pôr ao ombro
shoulder bag

as asas
handles

o saco de viagem
duffel bag

a pasta
briefcase

a mala de mão
handbag

a mochila
backpack

os sapatos • shoes

a ilhó
eyelet

o atacador
lace

a pala
tongue

a bota de caminhada
hiking boot

o ténis
athletic shoe

a sola
sole

o salto
heel

o sapato de atacador
lace-up

o sapato de cabedal
leather shoe

o chinelo de enfiar no dedo
flip-flop

o sapto de salto alto
high-heel shoe

o sapato de cunha
platform shoe

a sandália
sandal

o mocassin
slip-on

o sapato de homem
brogue

o cabelo · hair

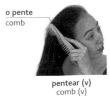

o pente
comb

pentear (v)
comb (v)

a escova
brush

escovar (v) | brush (v)

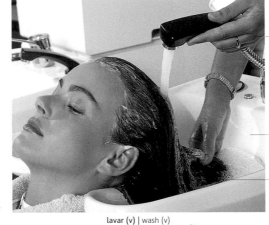

a cabeleireira
hair stylist

o lavatório
sink

a cliente
client

lavar (v) | wash (v)

enxaguar (v)
rinse (v)

a bata
robe

cortar (v)
cut (v)

secar com o secador (v)
blow dry (v)

fazer mise (v)
set (v)

---

os acessórios · accessories

o secador
hairdryer

o champô
shampoo

o amaciador
conditioner

o gel
gel

a laca
hairspray

os ferros de frisar
curling iron

a tesoura
scissors

a bandolete
hairband

o rolo
curler

o gancho de mola
bobby pin

os penteados · styles

a fita
ribbon

o rabo de cavalo ponytail	**a trança** braid	**a banana** French braid	**o monho** bun	**os rabichos** pigtails

virado para dentro bob	**curto** crop	**encaracolado** curly	**permanente** perm	**liso** straight

as raízes
roots

os reflexos highlights	**careca** bald	**a cabeleira** wig

vocabulário · vocabulary

aparar (v) trim (v)	**oleoso** greasy
alisar (v) straighten (v)	**seco** dry
o barbeiro barber	**normal** normal
a caspa dandruff	**o couro cabeludo** scalp
as pontas espigadas split ends	**o elástico de cabelo** hair tie

as cores · colours

louro blonde	**castanho** brunette	**cobre** auburn	**ruivo** ginger

preto black	**cinzento** gray	**branco** white	**pintado** dyed

a beleza • beauty

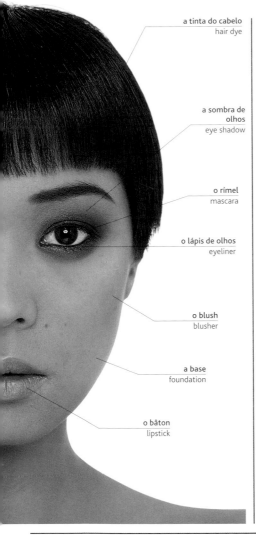

a tinta do cabelo
hair dye

a sombra de olhos
eye shadow

o rímel
mascara

o lápis de olhos
eyeliner

o blush
blusher

a base
foundation

o bâton
lipstick

a maquilhagem • makeup

o lápis de sobrancelhas
eyebrow pencil

a escova de sobrancelhas
eyebrow brush

a pinça
tweezers

o brilho para lábios
lip gloss

o pincel para lábios
lip brush

o lápis de contorno
lip liner

o pincel para pó-de-arroz
brush

o lápis corrector
concealer

o espelho
mirror

o pó-de-arroz
face powder

a esponja para pó-de-arroz
powder puff

a caixa de pó compacto | compact

os tratamentos de beleza
- beauty treatments

a máscara
face pack

a cama de bronzeamento
sunbed

a limpeza de pele
facial

esfoliar (v)
exfoliate (v)

a depilação a cera
wax

a pedicura
pedicure

os artigos de toilette · toiletries

o leite de limpeza
cleanser

o tónico
toner

o hidratante
moisturizer

o creme
autobronzeador
self-tanning cream

o perfume
perfume

a água de colónia
eau de toilette

a manicura · manicure

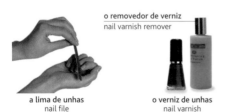

o removedor de verniz
nail varnish remover

a lima de unhas
nail file

o verniz de unhas
nail varnish

a tesoura de
unhas
nail scissors

o corta-unhas
nail clippers

vocabulário · vocabulary

a pele complexion	oleosa oily	o bronzeado tan
clara fair	sensível sensitive	a tatuagem tattoo
escura dark	hipoalergénico hypoallergenic	o anti-rugas antiwrinkle
seca dry	a tonalidade shade	as bolas de algodão cotton balls

a saúde
health

a doença · illness

a febre | fever

a dor de cabeça
headache

o sangramento
do nariz
nosebleed

a tosse
cough

o espirro
sneeze

a constipação
cold

a gripe
flu

o inalador
inhaler

a asma
asthma

as cólicas
cramps

a náusea
nausea

a varicela
chickenpox

a erupção
rash

vocabulário · vocabulary

o AVC stroke	a diabetes diabetes	a eczema eczema	o resfriado chill	vomitar (v) vomit (v)	a diarreia diarrhea
a tensão arterial blood pressure	a alergia allergy	a infecção infection	a dor de estômago stomach ache	a epilepsia epilepsy	o sarampo measles
o enfarte do miocárdio heart attack	a febre dos fenos hayfever	o vírus virus	desmaiar (v) faint (v)	a enxaqueca migraine	a papeira mumps

o médico • doctor
a consulta • office visit

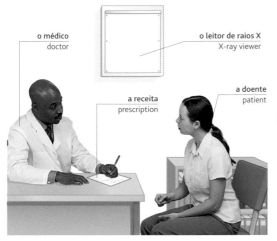

o médico
doctor

o leitor de raios X
X-ray viewer

a receita
prescription

a doente
patient

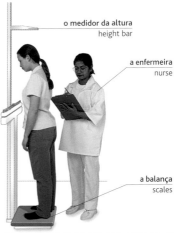

o medidor da altura
height bar

a enfermeira
nurse

a balança
scales

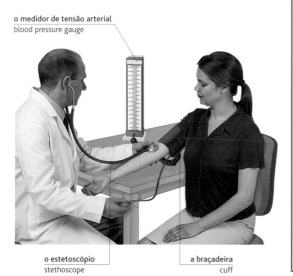

o medidor de tensão arterial
blood pressure gauge

o estetoscópio
stethoscope

a braçadeira
cuff

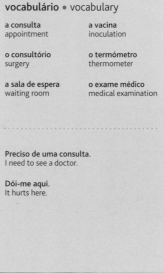

vocabulário • vocabulary

a consulta appointment	a vacina inoculation
o consultório surgery	o termómetro thermometer
a sala de espera waiting room	o exame médico medical examination

Preciso de uma consulta.
I need to see a doctor.

Dói-me aqui.
It hurts here.

a lesão · injury

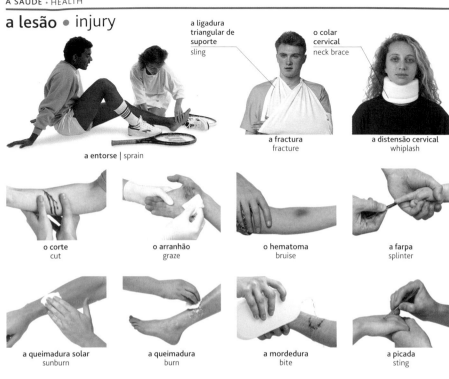

a ligadura triangular de suporte
sling

o colar cervical
neck brace

a fractura
fracture

a distensão cervical
whiplash

a entorse | sprain

o corte
cut

o arranhão
graze

o hematoma
bruise

a farpa
splinter

a queimadura solar
sunburn

a queimadura
burn

a mordedura
bite

a picada
sting

vocabulário · vocabulary

o acidente accident	a hemorragia haemorrhage	o envenenamento poisoning	**Ele/ela vai ficar bem?** Will he/she be all right?
a emergência emergency	a bolha blister	o choque eléctrico electric shock	**Onde é que lhe dói?** Where does it hurt?
a ferida wound	a concussão concussion	o ferimento na cabeça head injury	**Por favor chame uma ambulância.** Please call an ambulance.

os primeiros socorros · first aid

a pomada
ointment

o penso rápido
adhesive
bandages

o alfinete de
segurança
safety pin

a ligadura
bandage

os analgésicos
painkillers

a toalhita
anti-séptica
antiseptic wipe

a pinça
tweezers

a tesoura
scissors

o anti-séptico
antiseptic

a caixa de primeiros socorros | first aid kit

a gaze
gauze

o curativo
dressing

a tala | splint

o adesivo
adhesive tape

a reanimação
resuscitation

vocabulário · vocabulary

o choque shock	o pulso pulse	engasgar-se (v) choke (v)	**Pode ajudar-me?** Can you help?
inconsciente unconscious	a respiração breathing	estéril sterile	**Tem conhecimentos de primeiros socorros?** Do you know first aid?

o hospital · hospital

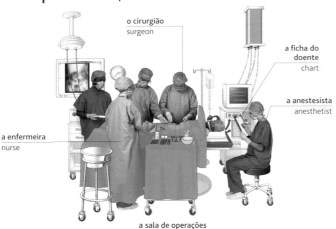

o cirurgião
surgeon

a ficha do doente
chart

a anestesista
anesthetist

a enfermeira
nurse

a sala de operações
operating room

a análise de sangue
blood test

a injecção
injection

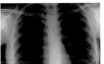

a radiografia
X-ray

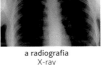

a ecografia
scan

a maca
gurney

o botão de chamada
call button

a sala de urgências
emergency room

a enfermaria
hospital room

a cadeira de rodas
wheelchair

---

vocabulário · vocabulary

a operação operation	com alta discharged	as horas de visita visiting hours	a enfermaria da pediatria children's ward	a unidade de cuidados intensivos intensive care unit
internado admitted	a clínica clinic	a enfermaria da maternidade maternity ward	o quarto particular private room	o doente externo outpatient

---

os serviços • departments

a otorrinolaringologia
ear, nose, and throat (ENT)

a cardiologia
cardiology

a ortopedia
orthopedics

a ginecologia
gynecology

a fisioterapia
physiotherapy

a dermatologia
dermatology

a pediatria
pediatrics

a radiologia
radiology

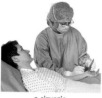

a cirurgia
surgery

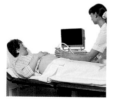

a maternidade
maternity

a psiquiatria
psychiatry

a oftalmologia
ophthalmology

vocabulário • vocabulary

a neurologia neurology	**a urologia** urology	**a endocrinologia** endocrinology	**a patologia** pathology	**o resultado** result
a oncologia oncology	**a cirurgia plástica** plastic surgery	**o encaminhamento** referral	**a análise** test	**o especialista** consultant

o dentista · dentist

o dente · tooth

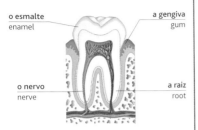

o esmalte
enamel

a gengiva
gum

o nervo
nerve

a raiz
root

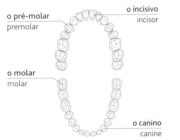

o pré-molar
premolar

o incisivo
incisor

o molar
molar

o canino
canine

o checkup · checkup

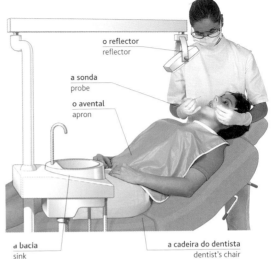

o reflector
reflector

a sonda
probe

o avental
apron

a bacia
sink

a cadeira do dentista
dentist's chair

vocabulário · vocabulary

a dor de dentes toothache	a broca drill
a placa bacteriana plaque	o fio dentário dental floss
a cárie decay	a extracção extraction
a obturação filling	a coroa dentária crown

usar o fio
dentário (v)
floss (v)

a escova
brush

o aparelho
ortodôntico
braces

os raios x dentários
dental X-ray

a radiografia
X-ray film

a dentadura postiça
dentures

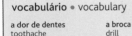

o oculista · optician

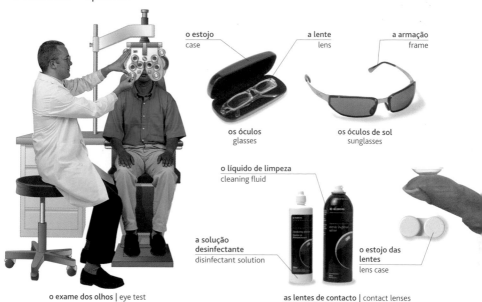

o exame dos olhos | eye test

o estojo
case

a lente
lens

a armação
frame

os óculos
glasses

os óculos de sol
sunglasses

o líquido de limpeza
cleaning fluid

a solução desinfectante
disinfectant solution

o estojo das lentes
lens case

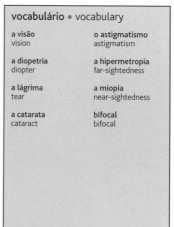

as lentes de contacto | contact lenses

o olho · eye

a sobrancelha
eyebrow

a pálpebra
eyelid

a pupila
pupil

a pestana
eyelash

a íris
iris

a retina
retina

o cristalino
lens

o nervo óptico
optic nerve

a córnea
cornea

vocabulário · vocabulary

a visão vision	**o astigmatismo** astigmatism
a diopetria diopter	**a hipermetropia** far-sightedness
a lágrima tear	**a miopia** near-sightedness
a catarata cataract	**bifocal** bifocal

a gravidez · pregnancy

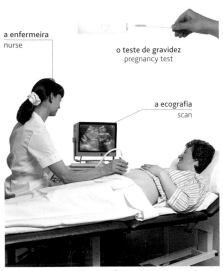

a enfermeira
nurse

o teste de gravidez
pregnancy test

a ecografia
scan

o ultra-som | ultrasound

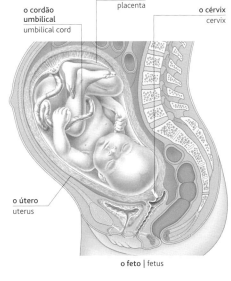

a placenta
placenta

o cordão
umbilical
umbilical cord

o cérvix
cervix

o útero
uterus

o feto | fetus

vocabulário · vocabulary

a ovulação ovulation	pré-natal prenatal	a amniocentese amniocentesis	a dilatação dilation	o parto delivery	distócico breech
a concepção conception	o embrião embryo	a contracção contraction	a epidural epidural	o nascimento birth	prematuro premature
grávida pregnant	o útero womb	romper águas (v) break waters (v)	a episiotomia episiotomy	o aborto espontâneo miscarriage	o ginecologista gynecologist
gestante expectant	o trimestre trimester	o líquido amniótico amniotic fluid	a cesariana caesarean section	os pontos stitches	o obstetra obstetrician

o parto · childbirth

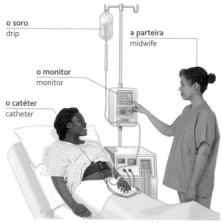

o soro
drip

a parteira
midwife

o monitor
monitor

o catéter
catheter

provocar o parto (v)
induce labor (v)

a incubadora | incubator

a balança
scales

o peso à nascença | birth weight

os fórceps
forceps

a ventosa
suction cup

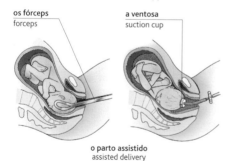

o parto assistido
assisted delivery

a pulseira de identificação
identity tag

o recém-nascido | newborn baby

a amamentação · nursing

a bomba de leite materno
breast pump

o soutien de amamentação
nursing bra

amamentar (v)
breastfeed (v)

os discos protectores
pads

as terapias alternativas · alternative therapy

o professor
teacher

a massagem
massage

o shiatsu
shiatsu

o ioga | yoga

o tapete
mat

a quiroprática
chiropractic

a osteopatia
osteopathy

a reflexologia
reflexology

a meditação
meditation

o terapeuta
counselor

a terapia de grupo
group therapy

o reiki
reiki

a acupunctura
acupuncture

a ayurveda
ayurveda

a hipnoterapia
hypnotherapy

a fitoterapia
herbalism

os óleos essenciais
essential oils

a aromaterapia
aromatherapy

a homeopatia
homeopathy

a acupressão
acupressure

a terapeuta
therapist

a psicoterapia
psychotherapy

vocabulário • vocabulary

o suplemento supplement	**a naturopatia** naturopathy	**o relaxamento** relaxation	**a erva** herb
a hidroterapia hydrotherapy	**o feng shui** feng shui	**o stress** stress	**a cristaloterapia** crystal healing

o lar
home

a casa · house

o telhado
roof

a janela do sótão
dormer window

o algeroz
gutter

a chaminé
chimney

a parede
wall

a telha
tile

a aba do telhado
eaves

a veneziana
shutter

o pórtico
porch

a janela
window

a ampliação
extension

o caminho
sidewalk

a porta principal
front door

vocabulário · vocabulary

isolada single-family	**o inquilino** tenant	**a garagem** garage	**a caixa do correio** mailbox	**o alarme anti-roubo** burglar alarm	**arrendar (v)** rent (v)
geminada two-family	**o bangaló** bungalow	**o sótão** attic	**a luz da entrada** porch light	**o pátio** courtyard	**a renda** rent
a moradia urbana townhouse	**a cave** basement	**a divisão** room	**o senhorio** landlord	**o soalho** floor	**em banda** rowhouse

português · english

a entrada • entrance

o apartamento • apartment

a varanda
balcony

o bloco de apartamentos
apartment building

o corrimão
hand rail

o patamar
landing

o balaústre
banister

as escadas
staircase

o vestíbulo
hallway

o intercomunicador
intercom

a campainha
doorbell

o capacho
doormat

o batente
door knocker

a corrente
door chain

a chave
key

a fechadura
lock

o ferrolho
bolt

o elevador
elevator

as instalações internas · internal systems

o radiador
radiator

a palheta
blade

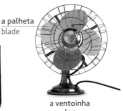

a ventoinha
fan

o aquecedor
space heater

o convector
portable heater

a electricidade · electricity

o filamento
filament

a ligação à terra
ground prong

o casquilho de baioneta
thread

a lâmpada | light bulb

o pino
pin

a ficha | plug

neutro
neutral

com corrente
live

os cabos | wires

---

vocabulário · vocabulary

a tensão voltage	o fusível fuse	a tomada socket	a corrente contínua direct current (DC)	o corte de corrente power outage
amp o ampere	a caixa dos fusíveis fuse box	o interruptor switch	o transformador transformer	o fornecimento de electricidade domestic supply
a corrente eléctrica power	o gerador generator	a corrente alterna alternating current (AC)	o contador da electricidade electricity meter	

---

português · english

a canalização • plumbing

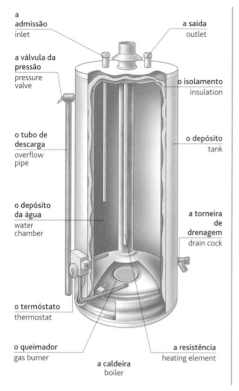

a
admissão
inlet

a saída
outlet

a válvula da
pressão
pressure
valve

o isolamento
insulation

o tubo de
descarga
overflow
pipe

o depósito
tank

o depósito
da água
water
chamber

a torneira
de
drenagem
drain cock

o termóstato
thermostat

o queimador
gas burner

a resistência
heating element

a caldeira
boiler

o lava-loiças • sink

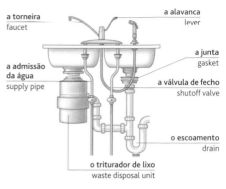

a torneira
faucet

a alavanca
lever

a junta
gasket

a admissão
da água
supply pipe

a válvula de fecho
shutoff valve

o escoamento
drain

o triturador de lixo
waste disposal unit

a sanita •toilet

a cisterna
cistern

o flutuador
float ball

a tampa
seat

o tubo de
descarga
waste pipe

a taça
bowl

a eliminação de resíduos • waste disposal

a garrafa
bottle

a tampa
lid

o pedal
pedal

o caixote de reciclagem
recycling bin

o caixote do lixo
trash can

a unidade de
classificação do lixo
sorting unit

os resíduos orgânicos
organic waste

a sala de estar · living room

o quadro
painting

a moldura
frame

o candeeiro
lamp

o aplique
wall light

o relógio
clock

o tecto
ceiling

o armário
cabinet

o sofá
sofa

a almofada
cushion

a mesa de café
coffee table

o soalho
floor

português · english

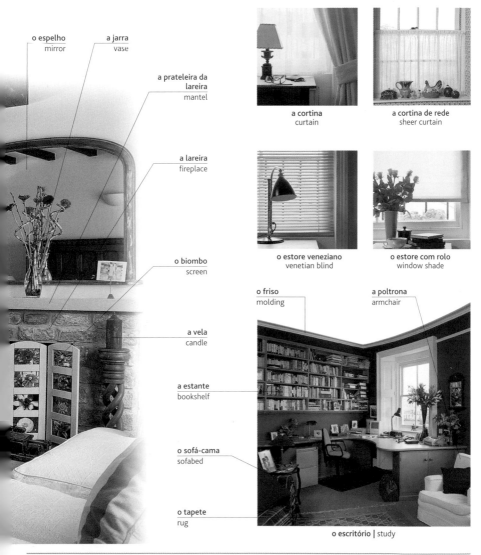

o espelho
mirror

a jarra
vase

a prateleira da
lareira
mantel

a lareira
fireplace

o biombo
screen

a vela
candle

a estante
bookshelf

o sofá-cama
sofabed

o tapete
rug

a cortina
curtain

a cortina de rede
sheer curtain

o estore veneziano
venetian blind

o estore com rolo
window shade

o friso
molding

a poltrona
armchair

o escritório | study

a sala de jantar · dining room

a pimenta
pepper

o sal
salt

a mesa
table

a louça
crockery

os talheres
flatware

a cadeira
chair

as costas
back

a cadeira
seat

a perna
leg

---

vocabulário · vocabulary

pôr a mesa (v) set the table (v)	**faminto** hungry	**o almoço** lunch	**cheio** full	**o anfitrião** host	**Posso repetir, por favor?** Can I have some more, please?
servir (v) serve (v)	**a toalha de mesa** tablecloth	**o jantar** dinner	**a dose** portion	**a anfitriã** hostess	**Estou satisfeito, obrigado.** I've had enough, thank you.
comer (v) eat (v)	**o pequeno-almoço** breakfast	**o individual** placemat	**a refeição** meal	**o convidado** guest	**Estava delicioso.** That was delicious.

---

a louça e os talheres · crockery and flatware

a caneca
mug

a chávena de café
coffee cup

a chávena de chá
teacup

a colher de chá
teaspoon

o prato
plate

a taça
bowl

a cafeteira
cafetière

o bule
teapot

o jarro
pitcher

o oveiro
egg cup

o copo de vinho
wine glass

o copo de água
tumbler

os vidros
glassware

a argola de
guardanapo
napkin ring

o prato
de pão
side plate

o prato raso
dinner plate

o prato de sopa
soup bowl

a colher de sopa
soup spoon

o guardanapo
napkin

o garfo
fork

o lugar
place setting

a colher
spoon

a faca
knife

a cozinha · kitchen

as prateleiras
shelves

o resguardo
anti-salpicos
backsplash

a torneira
faucet

o lava-loiças
sink

a gaveta
drawer

o exaustor
extractor fan

a placa
vitrocerâmica
stovetop

a bancada
countertop

o forno
oven

o armário
cabinet

os electrodomésticos · appliances

o microondas
microwave oven

a taça misturadora
mixing bowl

a tampa
lid

a lâmina
blade

o fervedor
electric kettle

a torradeira
toaster

o robot de cozinha
food processor

o liquidificador
blender

a máquina de lavar loiça
dishwasher

a máquina de
cubos de gelo
icemaker

o congelador
freezer

o frigorífico
refrigerator

a prateleira
shelf

a caixa dos
legumes
crisper

o frigorífico-congelador | side-by-side refrigerator

vocabulário • vocabulary

o escorredor draining board	**congelar (v)** freeze (v)
o queimador burner	**descongelar (v)** defrost (v)
o fogão stovetop	**cozer ao vapor (v)** steam (v)
o caixote do lixo garbage can	**saltear (v)** sauté (v)

cozinhar • cooking

pelar (v)
peel (v)

cortar (v)
slice (v)

ralar (v)
grate (v)

deitar (v)
pour (v)

misturar (v)
mix (v)

bater (v)
whisk (v)

ferver (v)
boil (v)

fritar (v)
fry (v)

estender com o rolo (v)
roll (v)

mexer (v)
stir (v)

**cozer em fogo
lento (v)**
simmer (v)

escalfar (v)
poach (v)

cozer no forno (v)
bake (v)

assar (v)
roast (v)

grelhar (v)
grill (v)

os utensílios de cozinha · kitchenware

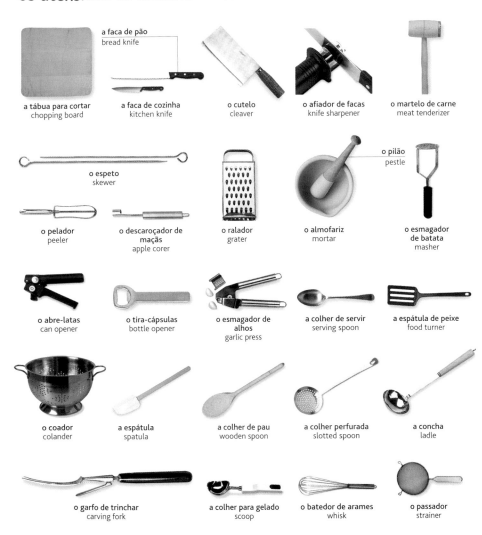

a tábua para cortar
chopping board

a faca de pão
bread knife

a faca de cozinha
kitchen knife

o cutelo
cleaver

o afiador de facas
knife sharpener

o martelo de carne
meat tenderizer

o espeto
skewer

o pelador
peeler

o descaroçador de
maçãs
apple corer

o ralador
grater

o pilão
pestle

o almofariz
mortar

o esmagador
de batata
masher

o abre-latas
can opener

o tira-cápsulas
bottle opener

o esmagador de
alhos
garlic press

a colher de servir
serving spoon

a espátula de peixe
food turner

o coador
colander

a espátula
spatula

a colher de pau
wooden spoon

a colher perfurada
slotted spoon

a concha
ladle

o garfo de trinchar
carving fork

a colher para gelado
scoop

o batedor de arames
whisk

o passador
strainer

a tampa / lid

antiaderente / non-stick

a frigideira / frying pan

a caçarola / saucepan

o grelhador / grill pan

o wok / wok

a caçarola de barro / earthenware dish

de vidro / glass

resistente ao forno / ovenproof

a tigela / mixing bowl

a forma de suflé / soufflé dish

a travessa para gratinar / gratin dish

a forma individual / ramekin

a caçarola / casserole dish

a pastelaria • baking cakes

a balança / scales

o jarro graduado / measuring jug

a forma de bolos / cake tin

a forma de tarte / pie tin

a forma de pudim / flan tin

o pincel para massa / pastry brush

o rolo de massa | rolling pin

o saco de pasteleiro / piping bag

o tabuleiro para queques / muffin tray

o tabuleiro de forno / baking tray

a grelha / cooling rack

a luva de forno / oven mitt

o avental / apron

português • english

o quarto de dormir · bedroom

o guarda-fatos
wardrobe

o candeeiro de mesa-de-cabeceira
bedside lamp

a cabeceira
headboard

a mesa-de-cabeceira
bedside table

a cómoda
chest of drawers

a gaveta
drawer

a cama
bed

o colchão
mattress

a colcha
bedspread

a almofada
pillow

o saco de água quente
hot-water bottle

o rádio despertador
clock radio

o relógio despertador
alarm clock

a caixa de lenços de papel
box of tissues

o cabide
coat hanger

a roupa de cama • bed linen

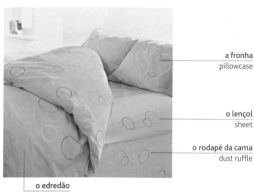

o espelho
mirror

o toucador
dressing table

o soalho
floor

a fronha
pillowcase

o lençol
sheet

o rodapé da cama
dust ruffle

o edredão
comforter

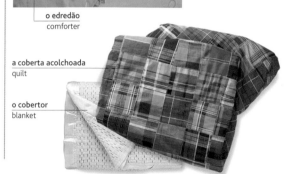

a coberta acolchoada
quilt

o cobertor
blanket

vocabulário • vocabulary

a cama de solteiro twin bed	os pés da cama footboard	a insónia insomnia	acordar (v) wake up (v)	pôr o despertador para tocar (v) set the alarm (v)
a cama de casal full bed	a mola spring	deitar-se (v) go to bed (v)	levantar-se (v) get up (v)	ressonar (v) snore (v)
o cobertor eléctrico electric blanket	a alcatifa carpet	ir dormir (v) go to sleep (v)	fazer a cama (v) make the bed (v)	o roupeiro embutido closet

a casa de banho • bathroom

o toalheiro
towel bar

a porta do
chuveiro
shower door

a torneira de
água fria
cold faucet

a torneira de
água quente
hot faucet

a cabeça do
chuveiro
shower head

a bacia
washbasin

a tampa
plug

o duche
shower

o cano de
escoamento
drain

a tampa
da sanita
toilet seat

a sanita
toilet

a escova da
sanita
toilet brush

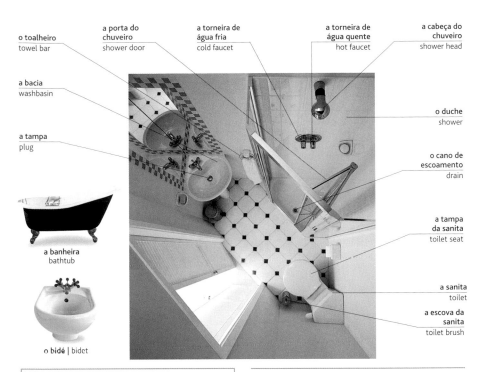

a banheira
bathtub

o bidé | bidet

vocabulário • vocabulary

o armário de medicamentos
medicine cabinet

o tapete de banheira
bath mat

o rolo de papel higiénico
toilet paper

a cortina do chuveiro
shower curtain

tomar um duche (v)
take a shower (v)

tomar um banho (v)
take a bath (v)

a higiene dental • dental hygiene

a escova de dentes
toothbrush

o fio
dentário
dental floss

a pasta de dentes
toothpaste

o elixir bucal
mouthwash

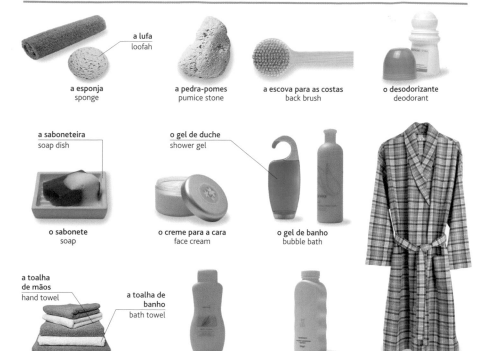

a lufa
loofah

a esponja
sponge

a pedra-pomes
pumice stone

a escova para as costas
back brush

o desodorizante
deodorant

a saboneteira
soap dish

o gel de duche
shower gel

o sabonete
soap

o creme para a cara
face cream

o gel de banho
bubble bath

a toalha
de mãos
hand towel

a toalha de
banho
bath towel

as toalhas
towels

a loção de corpo
body lotion

o pó de talco
talcum powder

o roupão de banho
bathrobe

a barba • shaving

a máquina de
barbear
electric razor

a lâmina de
barbear
razor blade

a espuma de barbear
shaving foam

a gilete descartável
disposable razor

o aftershave
aftershave

o quarto das crianças • nursery

o cuidado do bebé • baby care

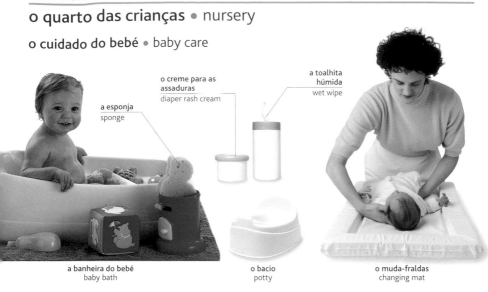

a esponja
sponge

o creme para as assaduras
diaper rash cream

a toalhita húmida
wet wipe

a banheira do bebé
baby bath

o bacio
potty

o muda-fraldas
changing mat

a hora de dormir • sleeping

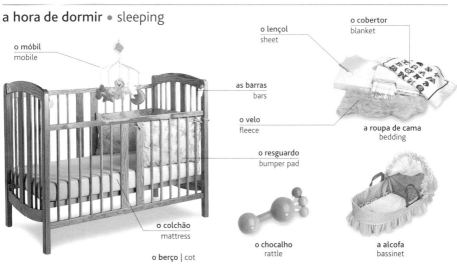

o móbil
mobile

o lençol
sheet

o cobertor
blanket

as barras
bars

o velo
fleece

a roupa de cama
bedding

o resguardo
bumper pad

o colchão
mattress

o berço | cot

o chocalho
rattle

a alcofa
bassinet

os jogos • playing

a boneca
doll

o peluche
soft toy

a casa de bonecas
dollhouse

a casa de brincar
playhouse

o fecho de segurança
child lock

o monitor de bebé
baby monitor

o ursinho de peluche
teddy bear

o brinquedo
toy

a bola
ball

o cesto dos brinquedos
toy basket

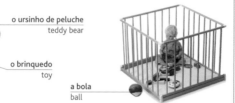

o parque
playpen

a grade de segurança
stair gate

a comida
• eating

a cadeira da papa
high chair

a tetina
teat

a caneca
drinking cup

o biberão
bottle

o passeio • going out

a cadeirinha
stroller

a capota
hood

o carrinho
baby carriage

a fralda
diaper

o porta-bebé
infant carrier

o saco do bebé
diaper bag

o marsupial
baby sling

---

a roupa limpa
clean clothes

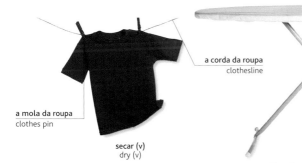

o cesto da roupa suja
laundry basket

a máquina de lavar
roupa
washing machine

a máquina de lavar e
secar roupa
washer-dryer

a máquina de secar
roupa
tumble dryer

o cesto da roupa
para engomar
laundry basket

a corda da roupa
clothesline

o ferro
iron

a mola da roupa
clothes pin

secar (v)
dry (v)

a tábua de engomar | ironing board

---

vocabulário • vocabulary

pôr a roupa na máquina (v) load (v)	centrifugar (v) spin (v)	engomar (v) iron (v)	**Como funciona a máquina de lavar?** How do I operate the washing machine?
enxaguar (v) rinse (v)	a centrifugadora spin dryer	o amaciador de roupa fabric softener	**Qual é o programa para a roupa de cor/branca?** What is the setting for colors/whites?

---

o equipamento de limpeza • cleaning equipment

o tubo do aspirador
suction hose

a vassourinha
brush

a pá de lixo
dust pan

a lixívia
bleach

o balde
bucket

o pó
powder

o líquido
liquid

o pano do pó
dustcloth

o aspirador
vacuum cleaner

a esfregona
mop

o detergente
detergent

a cera
polish

as acções • activities

limpar (v)
clean (v)

lavar (v)
wash (v)

passar um pano (v)
wipe (v)

esfregar (v)
scrub (v)

raspar (v)
scrape (v)

a vassoura
broom

varrer (v)
sweep (v)

limpar o pó (v)
dust (v)

dar brilho (v)
polish (v)

a oficina · workshop

o mandril
chuck

a broca
drill bit

a bateria
battery pack

a serra de vaivém
jigsaw

o berbequim recarregável
rechargeable drill

o berbequim eléctrico
electric drill

a pistola de cola
glue gun

a prensa
clamp

a lâmina
blade

o torno de bancada
vise

a lixadeira
sander

a serra circular
circular saw

a bancada de trabalho
workbench

a cola de madeira
wood glue

o organizador de
ferramentas
tool rack

a tupia
router

o berbequim
manual
bit brace

as aparas de
madeira
wood shavings

a extensão
eléctrica
extension lead

as técnicas • techniques

cortar (v)
cut (v)

serrar (v)
saw (v)

furar (v)
drill (v)

martelar (v)
hammer (v)

aplainar (v) | plane (v)

tornear (v) | turn (v)

talhar (v) | carve (v)

a solda
solder

soldar (v) | solder (v)

os materiais • materials

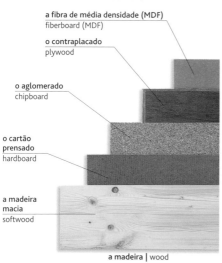

a fibra de média densidade (MDF)
fiberboard (MDF)

o contraplacado
plywood

o aglomerado
chipboard

o cartão prensado
hardboard

a madeira macia
softwood

a madeira | wood

a madeira dura
hardwood

o verniz
varnish

o corante de madeiras
wood stain

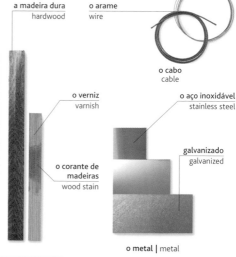

o arame
wire

o cabo
cable

o aço inoxidável
stainless steel

galvanizado
galvanized

o metal | metal

a caixa das ferramentas • toolbox

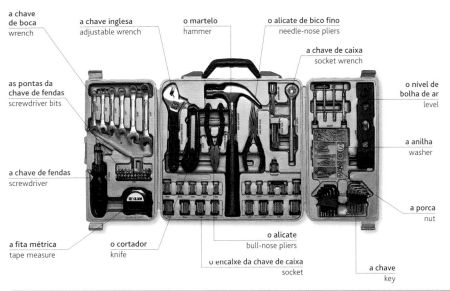

a chave
de boca
wrench

a chave inglesa
adjustable wrench

o martelo
hammer

o alicate de bico fino
needle-nose pliers

a chave de caixa
socket wrench

as pontas da
chave de fendas
screwdriver bits

o nível de
bolha de ar
level

a anilha
washer

a chave de fendas
screwdriver

a porca
nut

a fita métrica
tape measure

o cortador
knife

o alicate
bull-nose pliers

o encalxe da chave de caixa
socket

a chave
key

as brocas • drill bits

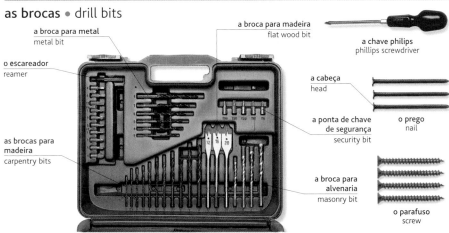

a broca para metal
metal bit

a broca para madeira
flat wood bit

a chave philips
phillips screwdriver

o escareador
reamer

a cabeça
head

a ponta de chave
de segurança
security bit

o prego
nail

as brocas para
madeira
carpentry bits

a broca para
alvenaria
masonry bit

o parafuso
screw

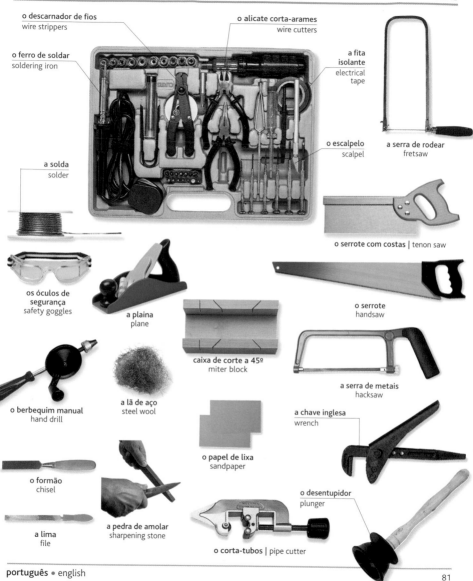

o descarnador de fios
wire strippers

o alicate corta-arames
wire cutters

o ferro de soldar
soldering iron

a fita isolante
electrical tape

o escalpelo
scalpel

a serra de rodear
fretsaw

a solda
solder

o serrote com costas | tenon saw

os óculos de segurança
safety goggles

a plaina
plane

caixa de corte a 45º
miter block

o serrote
handsaw

o berbequim manual
hand drill

a lã de aço
steel wool

a serra de metais
hacksaw

o formão
chisel

o papel de lixa
sandpaper

a chave inglesa
wrench

a lima
file

a pedra de amolar
sharpening stone

o desentupidor
plunger

o corta-tubos | pipe cutter

a decoração · decorating

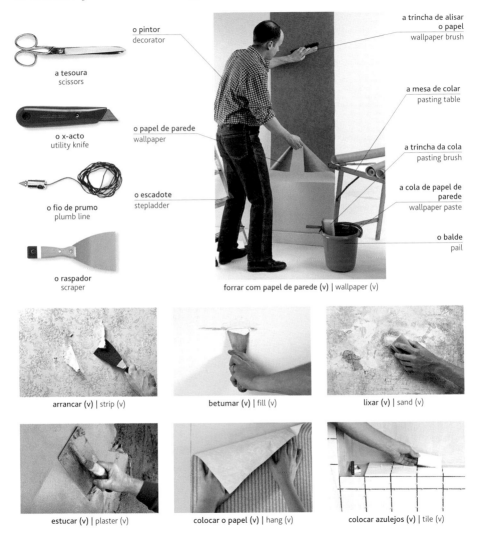

a tesoura
scissors

o x-acto
utility knife

o fio de prumo
plumb line

o raspador
scraper

o pintor
decorator

o papel de parede
wallpaper

o escadote
stepladder

a trincha de alisar
o papel
wallpaper brush

a mesa de colar
pasting table

a trincha da cola
pasting brush

a cola de papel de
parede
wallpaper paste

o balde
pail

forrar com papel de parede (v) | wallpaper (v)

arrancar (v) | strip (v)

betumar (v) | fill (v)

lixar (v) | sand (v)

estucar (v) | plaster (v)

colocar o papel (v) | hang (v)

colocar azulejos (v) | tile (v)

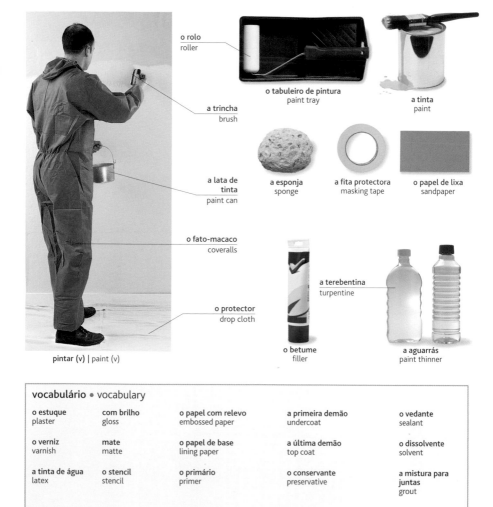

o rolo
roller

o tabuleiro de pintura
paint tray

a tinta
paint

a trincha
brush

a lata de tinta
paint can

a esponja
sponge

a fita protectora
masking tape

o papel de lixa
sandpaper

o fato-macaco
coveralls

a terebentina
turpentine

o protector
drop cloth

pintar (v) | paint (v)

o betume
filler

a aguarrás
paint thinner

vocabulário • vocabulary

o estuque plaster	com brilho gloss	o papel com relevo embossed paper	a primeira demão undercoat	o vedante sealant
o verniz varnish	mate matte	o papel de base lining paper	a última demão top coat	o dissolvente solvent
a tinta de água latex	o stencil stencil	o primário primer	o conservante preservative	a mistura para juntas grout

o jardim • garden

os estilos de jardim • garden styles

o jardim de terraço
roof garden

o cesto de pendurar
hanging basket

o pátio ajardinado | patio garden

o jardim de pedras
rock garden

a treliça | trellis

o jardim clássico | formal garden

o pátio | courtyard

o jardim campestre
cottage garden

o jardim de plantas herbáceas
herb garden

o jardim aquático
water garden

a pérgola
arbor

o pavimento
paving

o caminho
path

o monte de
adubo natural
compost pile

o solo • soil

o canteiro de
flores
flowerbed

o portão
gate

a camada superior
topsoil

a areia
sand

a barraca
shed

a estufa
greenhouse

a greda
chalk

o relvado
lawn

a vedação
fence

o lago
pond

a sebe
hedge

o arco
arch

a horta
vegetable
garden

o canteiro de plantas
herbáceas
herbaceous border

o silte
silt

o deck de madeira
deck

a fonte | fountain

a argila
clay

as plantas de jardim • garden plants

os tipos de plantas • types of plants

anual
annual

bienal
biennial

vivaz
perennial

o bolbo
bulb

o feto
fern

o junco
rush

o bambu
bamboo

as ervas daninhas
weeds

a erva aromática
herb

a planta aquática
water plant

a árvore
tree

a palmeira
palm

a conífera
conifer

de folha persistente
evergreen

de folha caduca
deciduous

a topiária
topiary

a planta alpina
alpine

a planta suculenta
succulent

o cacto
cactus

a planta de vaso
potted plant

a planta de sombra
shade plant

a trepadeira
climber

o arbusto que dá flores
flowering shrub

a vegetação de cobertura
ground cover

a planta rasteira
creeper

ornamental
ornamental

a relva
grass

as ferramentas de jardim • garden tools

a vassoura para relva
lawn rake

a terra adubada
compost

as sementes
seeds

a farinha de ossos
bone meal

a gravilha
gravel

a pá
spade

a forquilha
pitchfork

a podadeira de cabo comprido
long-handled shears

o ancinho
rake

o sacho
hoe

o saco para a relva
grass bag

o motor
motor

a pega
handle

a cesta de jardineiro
tote

o protector
shield

o suporte
stand

a roçadora
trimmer

a máquina de cortar relva
lawnmower

o carrinho de mão
wheelbarrow

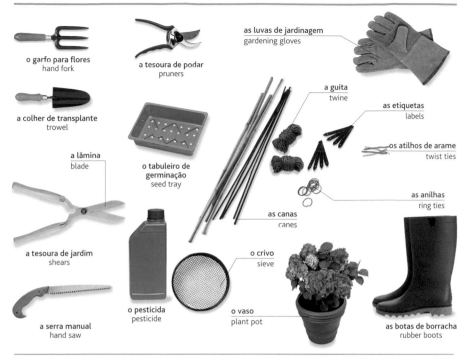

o garfo para flores
hand fork

a tesoura de podar
pruners

as luvas de jardinagem
gardening gloves

a colher de transplante
trowel

a guita
twine

as etiquetas
labels

a lâmina
blade

o tabuleiro de
germinação
seed tray

os atilhos de arame
twist ties

as anilhas
ring ties

a tesoura de jardim
shears

as canas
canes

o crivo
sieve

a serra manual
hand saw

o pesticida
pesticide

o vaso
plant pot

as botas de borracha
rubber boots

a rega • watering

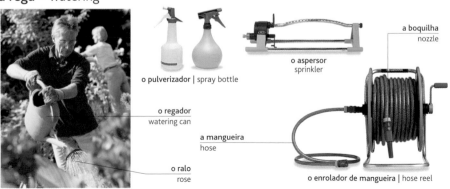

o pulverizador | spray bottle

o aspersor
sprinkler

a boquilha
nozzle

o regador
watering can

a mangueira
hose

o ralo
rose

o enrolador de mangueira | hose reel

a jardinagem · gardening

a relva
lawn

o canteiro
de flores
flowerbed

a máquina de
cortar relva
lawnmower

a sebe
hedge

a estaca
stake

cortar a relva (v) | mow (v)

cobrir de relva (v)
sod (v)

arejar a relva (v)
spike (v)

raspar com a vassoura
de relva (v)
rake (v)

podar (v)
trim (v)

cavar (v)
dig (v)

semear (v)
sow (v)

adubar à superfície (v)
top-dress (v)

regar (v)
water (v)

a cana
cane

guiar (v)
train (v)

tirar as flores mortas (v)
deadhead (v)

pulverizar (v)
spray (v)

a estaca
cutting

enxertar (v)
graft (v)

propagar (v)
propagate (v)

podar (v)
prune (v)

estacar (v)
stake (v)

transplantar (v)
transplant (v)

mondar (v)
weed (v)

cobrir a terra (v)
mulch (v)

colher (v)
harvest (v)

vocabulário • vocabulary

cultivar (v) cultivate (v)	**desenhar (v)** landscape (v)	**fertilizar (v)** fertilize (v)	**peneirar (v)** sieve (v)	**orgânico** organic	**a plântula** seedling	**o subsolo** subsoil
cuidar (v) tend (v)	**mudar de vaso (v)** pot (v)	**apanhar (v)** pick (v)	**arejar (v)** aerate (v)	**a drenagem** drainage	**o adubo** fertilizer	**o herbicida** weedkiller

os serviços
services

os serviços de emergência • emergency services

a ambulância • ambulance

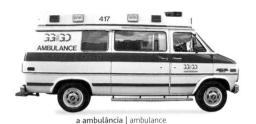

a ambulância | ambulance

a maca
stretcher

o paramédico | paramedic

a polícia • police

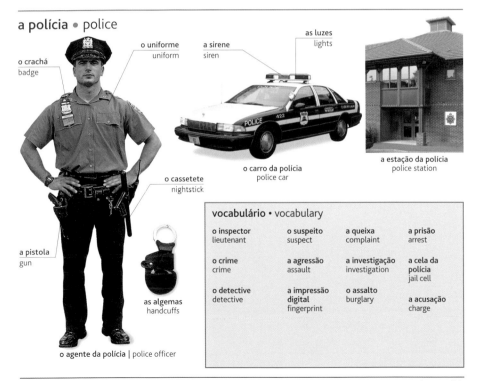

o crachá
badge

o uniforme
uniform

a sirene
siren

as luzes
lights

o carro da polícia
police car

a estação da polícia
police station

o cassetete
nightstick

a pistola
gun

as algemas
handcuffs

o agente da polícia | police officer

vocabulário • vocabulary

o inspector lieutenant	o suspeito suspect	a queixa complaint	a prisão arrest
o crime crime	a agressão assault	a investigação investigation	a cela da polícia jail cell
o detective detective	a impressão digital fingerprint	o assalto burglary	a acusação charge

os bombeiros • fire department

o capacete
helmet

o fumo
smoke

a mangueira
hose

a cesta
basket

o jacto de água
water jet

os bombeiros
firefighters

a lança
boom

a escada
ladder

a cabina
cab

o incêndio | fire

o quartel dos bombeiros
fire station

a saída de emergência
fire escape

o camião dos bombeiros
fire engine

o detector de fumo
smoke alarm

o alarme de incêndio
fire alarm

o machado
ax

o extintor de incêndio
fire extinguisher

a boca-de-incêndio
hydrant

Preciso da polícia / dos bombeiros / de uma ambulância. I need the police/fire department/ambulance.	Há um incêndio em… There's a fire at…	Houve um acidente. There's been an accident.	Chame a polícia! Call the police!

o banco · bank

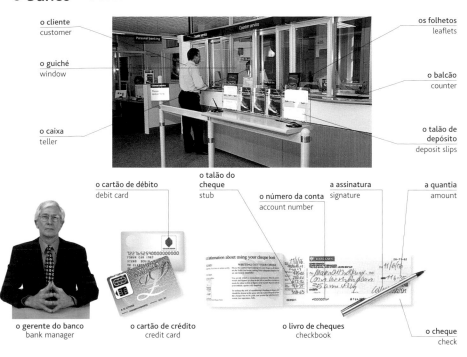

o cliente
customer

o guiché
window

o caixa
teller

os folhetos
leaflets

o balcão
counter

o talão de
depósito
deposit slips

o cartão de débito
debit card

o talão do
cheque
stub

o número da conta
account number

a assinatura
signature

a quantia
amount

o gerente do banco
bank manager

o cartão de crédito
credit card

o livro de cheques
checkbook

o cheque
check

vocabulário · vocabulary

as poupanças savings	**a hipoteca** mortgage	**o pagamento** payment	**depositar (v)** deposit (v)	**a conta corrente** checing account
o imposto tax	**o descoberto** line of credit	**o débito directo** automatic payment	**o encargo bancário** fee	**a conta de poupança** savings account
o empréstimo loan	**a taxa de juro** interest rate	**o talão de levantamento** withdrawal slip	**a transferência bancária** electronic transfer	**o número do código secreto** PIN

a moeda
coin

a nota
bill

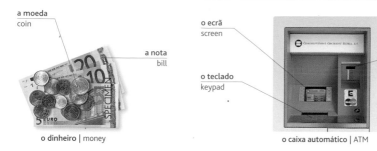

o ecrã
screen

o teclado
keypad

a ranhura do
cartão
card slot

o dinheiro | money

o caixa automático | ATM

as divisas • foreign currency

o serviço de câmbio
currency exchange bureau

o cheque de viagem
traveler's check

a taxa de câmbio
exchange rate

as finanças • finance

a cotação das acções
share price

a assessora financeira
financial advisor

o corretor da bolsa
stockbroker

a bolsa de valores | stock exchange

vocabulário • vocabulary

levantar (v)
cash (v)

a divisa
denomination

a comissão
commission

o investimento
investment

os títulos
stocks

as acções
shares

os dividendos
dividends

o contabilista
accountant

a carteira
portfolio

os capitais próprios
equity

Posso cambiar isto, por favor?
Can I change this please?

Qual é a taxa de câmbio de hoje?
What's today's exchange rate?

as comunicações • communications

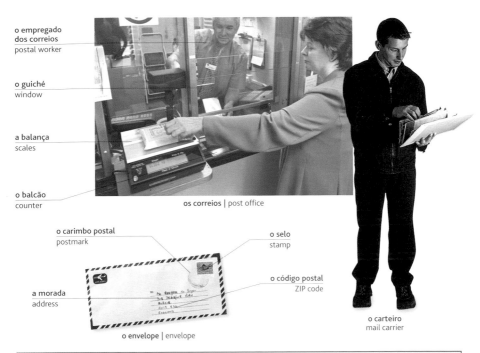

o empregado
dos correios
postal worker

o guiché
window

a balança
scales

o balcão
counter

os correios | post office

o carimbo postal
postmark

o selo
stamp

o código postal
ZIP code

a morada
address

o carteiro
mail carrier

o envelope | envelope

vocabulário • vocabulary

a carta letter	a morada do remetente return address	a entrega delivery	frágil fragile	não dobrar (v) do not bend (v)
por avião by airmail	a assinatura signature	o vale postal money order	o saco do correio mailbag	para cima this way up
correio registado registered mail	a recolha pickup	a franquia postage	o telegrama telegram	o fax fax

o marco de correio
mailbox

a caixa de correio
letter slot

a encomenda
package

o mensageiro
delivery service

o telefone · telephone

o auscultador
handset

a base
base station

o telefone sem fios
cordless phone

o gravador de chamadas
answering machine

o vídeotelefone
video phone

a cabina telefónica
phone booth

o teclado
keypad

o telemóvel
cell phone

o auricular
receiver

as moedas devolvidas
coin return

o telefone de moedas
coin phone

o telefone de cartão
card phone

vocabulário · vocabulary

o serviço de informações directory assistance	atender (v) answer (v)	o telefonista operator	Poderia dar-me o número de...? Can you give me the number for...?
a chamada paga no destino collect call	a mensagem de texto text message	ocupado busy	Qual é o indicativo para...? What is the area code for...?
marcar (v) dial (v)	a mensagem de voz voice message	desligado disconnected	

o hotel • hotel
o lóbi • lobby

o hóspede
guest

a chave do quarto
room key

as mensagens
messages

o cacifo
pigeonhole

a recepcionista
receptionist

o livro de
registo
register

o balcão
counter

a recepção | reception

o porteiro | porter

a bagagem
luggage

o carrinho
cart

o elevador | elevator

o número do quarto
room number

os quartos • rooms

o quarto individual
single room

o quarto duplo
double room

o quarto com duas camas
twin room

a casa de banho privativa
private bathroom

os serviços • services

o serviço de limpeza
maid service

o serviço de lavandaria
laundry service

a bandeja do pequeno-almoço
breakfast tray

o serviço de quarto | room service

o minibar
minibar

o restaurante
restaurant

o ginásio
gym

a piscina
swimming pool

vocabulário • vocabulary

o quarto com pequeno-almoço
bed and breakfast

a pensão completa
all meals included

a meia pensão
some meals included

Tem quartos livres?
Do you have any vacancies?

Tenho uma reserva.
I have a reservation.

Queria um quarto individual.
I'd like a single room.

Queria um quarto para três noites.
I'd like a room for three nights.

Quanto é a diária?
What is the charge per night?

A que horas tenho que sair do quarto?
When do I have to check out?

as compras
shopping

o centro comercial • shopping center

o átrio
atrium

o sinal
sign

o elevador
elevator

o segundo andar
third floor

o primeiro andar
second floor

as escadas rolantes
escalator

o rés-do-chão
ground floor

o cliente
customer

vocabulário • vocabulary

a secção de criança
children's department

a secção de bagagens
luggage department

a secção de sapataria
shoe department

a planta do centro
store directory

o empregado
sales clerk

os serviços de
atendimento ao
cliente
customer services

as cabinas de prova
changing rooms

o fraldário
baby changing facilities

as casas de banho
restrooms

Quanto custa isto?
How much is this?

Posso trocar isto?
May I exchange this?

os grandes armazéns • department store

a roupa de homem
men's wear

a roupa de senhora
women's wear

a lingerie
lingerie

a perfumaria
perfume

os produtos de beleza
beauty

os têxteis para o lar
bed and bath

as mobílias e a decoração
home furnishings

a retrosaria
notions

o equipamento de cozinha
kitchenware

a loiça
china

os aparelhos eléctricos
electronics

a iluminação
lighting

os artigos desportivos
sports

os brinquedos
toys

os artigos de escritório
stationery

o supermercado
groceries

o **supermercado** • supermarket

a correia transportadora
conveyer belt

o caixa
checker

as ofertas
offers

o corredor
aisle

a prateleira
shelf

a caixa | checkout

o cliente
customer

a caixa
registadora
cash register

o saco de
compras
shopping bag

as mercearias
groceries

a pega
handle

o código de barras
bar code

o carrinho | cart

o cesto | basket

o scanner | scanner

a padaria
bakery

os lacticínios
dairy

os cereais
cereals

as conservas
tinned food

a confeitaria
confectionery

os legumes
vegetables

a fruta
fruit

a carne e as aves
meat and poultry

o peixe
fish

a charcutaria
deli

os congelados
frozen food

a comida pronta
convenience food

as bebidas
drinks

os produtos de limpeza
household products

**os artigos de
higiene pessoal**
toiletries

os artigos para bebé
baby products

os electrodomésticos
electrical goods

a comida para animais
pet food

as revistas | magazines

a farmácia · drugstore

os cuidados dentários
dental care

a higiene feminina
feminine hygiene

os desodorizantes
deodorants

as vitaminas
vitamins

o dispensário
pharmacy

o farmacêutico
pharmacist

o xarope para a tosse
cough medicine

os medicamentos fitoterápicos
herbal remedies

os cuidados da pele
skin care

o creme pós-solar
aftersun

o protector solar
sunscreen

o creme protector total
sunblock

o repelente de insectos
insect repellent

a toalhita húmida
wet wipe

o lenço de papel
tissue

o penso higiénico
sanitary towel

o tampão
tampon

o protege-slip
panty liner

português · english

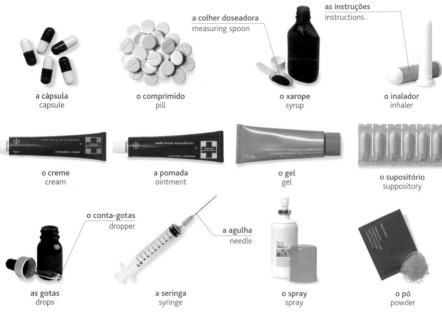

a colher doseadora
measuring spoon

as instruções
instructions

a cápsula
capsule

o comprimido
pill

o xarope
syrup

o inalador
inhaler

o creme
cream

a pomada
ointment

o gel
gel

o supositório
suppository

o conta-gotas
dropper

a agulha
needle

as gotas
drops

a seringa
syringe

o spray
spray

o pó
powder

vocabulário • vocabulary

o ferro iron	**a insulina** insulin	**descartável** disposable	**o medicamento** medicine	**o analgésico** painkiller
o cálcio calcium	**os efeitos secundários** side effects	**solúvel** soluble	**o laxativo** laxative	**o sedativo** sedative
o magnésio magnesium	**o prazo de validade** expiration date	**a dose** dosage	**a diarreia** diarrhea	**o comprimido para dormir** sleeping pill
as multivitaminas multivitamins	**os comprimidos para o enjoo** travel sickness pills	**a medicação** medication	**a pastilha para a garganta** throat lozenge	**o anti-inflamatório** anti-inflammatory

a florista · florist

as flores
flowers

o lírio
lily

a acácia
acacia

o cravo
carnation

a planta de vaso
potted plant

o gladíolo
gladiolus

a íris
iris

a margarida
daisy

o crisântemo
chrysanthemum

a gipsófila
gypsophila

o goivo
stocks

a gerbera
gerbera

a folhagem
foliage

a rosa
rose

a frésia
freesia

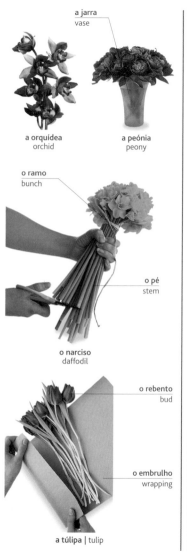

a jarra
vase

a orquídea
orchid

a peónia
peony

o ramo
bunch

o pé
stem

o narciso
daffodil

o rebento
bud

o embrulho
wrapping

a túlipa | tulip

os arranjos • arrangements

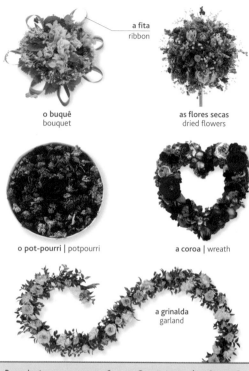

a fita
ribbon

o buquê
bouquet

as flores secas
dried flowers

o pot-pourri | potpourri

a coroa | wreath

a grinalda
garland

Posso juntar uma mensagem?
Can I attach a message?

Quanto tempo durarão estas?
How long will these last?

São perfumadas?
Are they fragrant?

Pode enviá-las para...?
Can you send them to....?

Podia embrulhar-mas?
Can I have them wrapped?

Podia dar-me um ramo de..., por favor?
Can I have a bunch of... please.

o vendedor de jornais • newsstand

os cigarros
cigarettes

o maço de cigarros
pack of cigarettes

os fósforos
matches

os bilhetes da lotaria
lottery tickets

os selos
stamps

o bilhete postal
postcard

a revista de banda
desenhada
comic book

a revista
magazine

o jornal
newspaper

fumar • smoking

o tabaco
tobacco

o isqueiro
lighter

a haste
stem

o fornilho
bowl

o cachimbo
pipe

o charuto
cigar

o **vendedor de doces** • confectionery

a caixa de chocolates
box of chocolates

a barrita
de snack
snack bar

as batatas fritas
de pacote
chips

a loja de doces | candy store

vocabulário • vocabulary

o chocolate de leite milk chocolate	o caramelo caramel
o chocolate preto dark chocolate	a trufa truffle
o chocolate branco white chocolate	a bolacha cookie
os doces a granel pick and mix	os rebuçados hard candy

os **doces** • confectionery

o chocolate
chocolate

a tablete de chocolate
chocolate bar

os rebuçados
candies

o chupa-chupa
lollipop

o caramelo | toffee

o torrão | nougat

a goma marshmallow
marshmallow

o rebuçado de menta
mint

a pastilha elástica
chewing gum

as gomas em forma de
feijão
jellybean

as gomas de fruta
jelly candy

o alcaçuz
licorice

as outras lojas · other stores

a padaria
bakery

a confeitaria
pastry shop

o talho
butcher shop

a peixaria
fishmonger

a loja de frutas e legumes
greengrocer

a mercearia
grocery store

a sapataria
shoe store

a loja de ferragens
hardware store

a loja de antiguidades
antique shop

a loja de artigos de oferta
gift shop

a agência de viagens
travel agent

a joalharia
jeweler

a livraria
bookstore

a loja de discos
record store

a loja de bebidas alcoólicas
liquor store

a loja de animais de
estimação
pet store

a loja de mobílias
furniture store

a boutique
boutique

vocabulário • vocabulary

o agente imobiliário real estate agent	a loja de artigos fotográficos camera store
o centro de jardinagem garden center	a loja de produtos naturais health food store
a tinturaria dry cleaner	a loja de materiais de arte art supply store
a lavandaria automática laundromat	a loja de artigos usados secondhand store

o alfaiate
tailor

o cabeleireiro
hairdresser's

o mercado | market

os alimentos
food

a carne • meat

a carne de borrego
lamb

o talhante
butcher

hak rzeźnicki
meat hook

a balança
scales

o afiador de facas
knife sharpener

o bacon
bacon

as salsichas
sausages

o fígado
liver

vocabulário • vocabulary

a carne de porco pork	a carne de veado venison	os miúdos variety meat	criado ao ar livre free range	a carne vermelha red meat
a carne de vaca beef	o coelho rabbit	curado cured	biológico organic	a carne magra white meat
a carne de vitela veal	a língua tongue	fumado smoked	a carne branca white meat	as carnes frias cooked meat

os cortes de carne • cuts

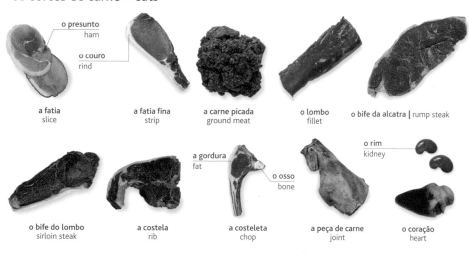

| a fatia
slice | a fatia fina
strip | a carne picada
ground meat | o lombo
fillet | o bife da alcatra \| rump steak |

o presunto ham
o couro rind

| o bife do lombo
sirloin steak | a costela
rib | a costeleta
chop | a peça de carne
joint | o coração
heart |

a gordura fat
o osso bone
o rim kidney

a carne de aves • poultry

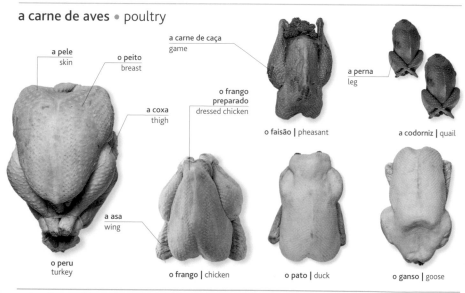

a pele
skin

o peito
breast

a carne de caça
game

a perna
leg

o frango
preparado
dressed chicken

a coxa
thigh

o faisão | pheasant

a codorniz | quail

a asa
wing

o peru
turkey

o frango | chicken

o pato | duck

o ganso | goose

o peixe • fish

as gambas peladas
peeled shrimp

o gelo
ice

o salmonete
red mullet

os filetes de alabote
halibut filets

a truta arco-íris
rainbow trout

as abas de raia
skate wings

a peixaria
fish counter

o tamboril
monkfish

a cavala
mackerel

a truta
trout

o peixe-espada
swordfish

o linguado
Dover sole

a solha-limão
lemon sole

a arinca
haddock

a sardinha
sardine

a raia
skate

o badejo
whiting

o robalo
sea bass

o salmão | salmon

o bacalhau
cod

o pargo
sea bream

o atum
tuna

os mariscos · seafood

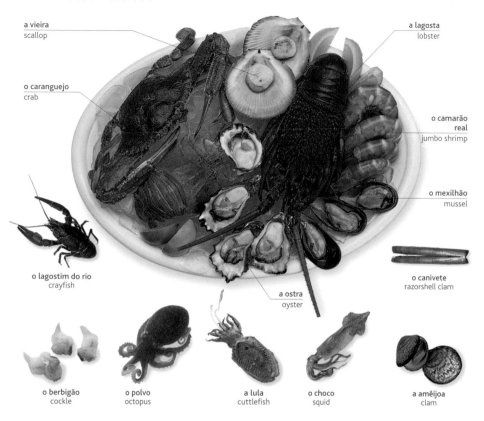

a vieira
scallop

o caranguejo
crab

o lagostim do rio
crayfish

a lagosta
lobster

o camarão real
jumbo shrimp

o mexilhão
mussel

o canivete
razorshell clam

a ostra
oyster

o berbigão
cockle

o polvo
octopus

a lula
cuttlefish

o choco
squid

a amêijoa
clam

vocabulário · vocabulary

congelado frozen	**limpo** cleaned	**fumado** smoked	**escamado** descaled	**filete** filet	**o lombo** loin	**a cauda** tail	**a espinha** bone	**a escama** scale
fresco fresh	**salgado** salted	**sem pele** skinned	**sem espinhas** boned	**em filetes** fileted	**a posta** steak	**Pode limpar-mo?** Will you clean it for me?		

os legumes 1 • vegetables 1

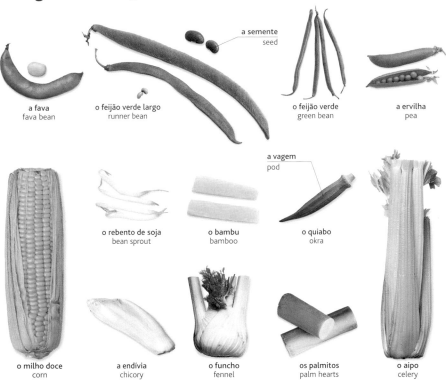

a semente
seed

a fava
fava bean

o feijão verde largo
runner bean

o feijão verde
green bean

a ervilha
pea

a vagem
pod

o rebento de soja
bean sprout

o bambu
bamboo

o quiabo
okra

o milho doce
corn

a endívia
chicory

o funcho
fennel

os palmitos
palm hearts

o aipo
celery

---

vocabulário • vocabulary

a folha leaf	a flor floret	a ponta tip	biológico organic	Vende legumes biológicos? Do you sell organic vegetables?
o caule stalk	a amêndoa kernel	o centro heart	o saco plástico plastic bag	São produtos locais? Are these grown locally?

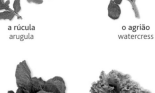

a rúcula
arugula

o agrião
watercress

a couve roxa
radicchio

a couve-de-bruxelas
brussels sprout

a acelga
swiss chard

a couve frisada
kale

a azeda
sorrel

a endívia
endive

o dente-de-leão
dandelion

o espinafre
spinach

a couve-rábano
kohlrabi

a couve chinesa
bok choy

a alface
lettuce

os brócolos
broccoli

a couve
cabbage

a couve penca
greens

os legumes 2 · vegetables 2

a alcachofra
artichoke

o rabanete
radish

a couve-flor
cauliflower

o nabo
turnip

a batata
potato

a cebola
onion

o pimento
sweet pepper

a malagueta
chili pepper

a abóbora-menina
squash

vocabulário · vocabulary

o tomate cereja cherry tomato	o aipo-rábano celery	congelado frozen	amargo bitter	**Pode dar-me um quilo de batatas, por favor?** Can I have one kilo of potatoes please?
a cenoura carrot	a raiz de taro taro root	cru raw	firme firm	**Quanto é o quilo?** What's the price per kilo?
a fruta-pão breadfruit	a mandioca cassava	picante hot (spicy)	a polpa flesh	**Como se chamam esses?** What are those called?
a batata nova new potato	a castanha-de-água water chestnut	doce sweet	a raiz root	

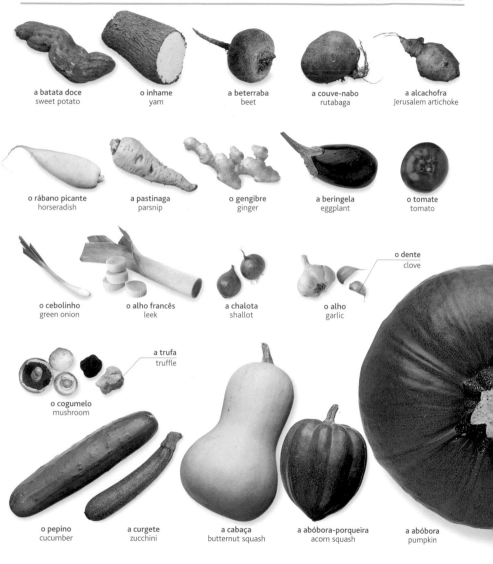

a batata doce
sweet potato

o inhame
yam

a beterraba
beet

a couve-nabo
rutabaga

a alcachofra
Jerusalem artichoke

o rábano picante
horseradish

a pastinaga
parsnip

o gengibre
ginger

a beringela
eggplant

o tomate
tomato

o cebolinho
green onion

o alho francês
leek

a chalota
shallot

o alho
garlic

o dente
clove

a trufa
truffle

o cogumelo
mushroom

o pepino
cucumber

a curgete
zucchini

a cabaça
butternut squash

a abóbora-porqueira
acorn squash

a abóbora
pumpkin

a fruta 1 • fruit 1

os citrinos • citrus fruit

a fruta com caroço • stoned fruit

a laranja
orange

a clementina
clementine

o pêssego
peach

a nectarina
nectarine

a pele
pith

o ugli
ugli friut

a toranja
grapefruit

o alperce
apricot

a ameixa
plum

a cereja
cherry

o gomo
segment

a tangerina
tangerinc

a satsuma
satsuma

a maçã
apple

a pêra
pear

a casca
zest

a lima
lime

o limão
lemon

o kumquat
kumquat

o cesto de fruta | basket of fruit

as bagas e os melões • berries and melons

o morango
strawberry

a framboesa
raspberry

o melão
melon

a uva
grapes

a amora
blackberry

a groselha vermelha
red currant

a casca
rind

a uva-dos-montes
cranberry

a groselha negra
black currant

a semente
seeds

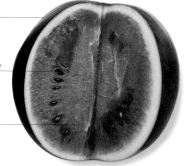

a polpa
flesh

o mirtilo
blueberry

a groselha branca
white currant

a melancia
melon

a framboesa silvestre
loganberry

a groselha-espim
gooseberry

vocabulário • vocabulary

o ruibarbo rhubarb	ácido sour	viçoso crisp	o sumo juice	Estão maduros? Are they ripe?
a fibra fiber	fresco fresh	podre rotten	o coração core	Posso provar um? Can I try one?
doce sweet	sumarento juicy	a polpa pulp	sem grainhas seedless	Quanto tempo durarão? How long will they keep?

a fruta 2 · fruit 2

a manga
mango

o ananás
pineapple

o abacate
avocado

a papaia
papaya

o pêssego
peach

a lichia
lychee

o kiwi
kiwifruit

o alquequenje
cape gooseberry

a pevide
seed

a casca
peel

o marmelo
quince

o maracujá
passion fruit

a banana
banana

a goiaba
guava

a romã
pomegranate

o dióspiro
persimmon

a feijoa
feijoa

o figo da Índia
prickly pear

a carambola
starfruit

o mangustão
mangosteen

os frutos secos • nuts and dried fruit

o pinhão
pine nut

o pistácio
pistachio

o caju
cashew

o amendoim
peanut

a avelã
hazelnut

a castanha-do-pará
brazil nut

a noz pecan
pecan

a amêndoa
almond

a noz
walnut

a castanha
chestnut

a macadâmia
macadamia

o figo
fig

a tâmara
date

a ameixa seca
prune

a casca
shell

a sultana
seedless raisin

a passa
raisin

a passa de Corinto
currant

a polpa
flesh

o coco
coconut

vocabulário • vocabulary

verde green	**duro** hard	**a amêndoa** kernel	**salgado** salted	**torrado** roasted	**pelado** shelled	**a fruta cristalizada** candied fruit
maduro ripe	**mole** soft	**desidratado** desiccated	**cru** raw	**da estação** seasonal	**inteiro** whole	**a fruta tropical** tropical fruit

os grãos e as leguminosas • grains and pulses

os grãos • grains

o trigo
wheat

a aveia
oats

a cevada
barley

o milho-miúdo
millet

o milho
corn

a quinoa
quinoa

vocabulário • vocabulary

a semente seed	perfumado fragranced	de fácil cozedura quick-cooking
a casca husk	o cereal cereal	de grãos longos long-grain
o grão kernel	integral whole-grain	
seco dry	pôr de molho (v) soak (v)	de grãos curtos short-grain
fresco fresh		

o arroz • rice

o arroz branco
white rice

o arroz integral
brown rice

o arroz selvagem
wild rice

o arroz para doce
arborio rice

os grãos processados • processed grains

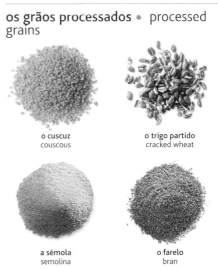

o cuscuz
couscous

o trigo partido
cracked wheat

a sémola
semolina

o farelo
bran

os feijões e as ervilhas ● beans and peas

o feijão manteiga
butter beans

o feijão branco miúdo
navy beans

o feijão encarnado
red kidney beans

o feijão aduki
adzuki beans

as favas
fava beans

o grão de soja
soybeans

o feijão frade
black-eyed beans

o feijão pinto
pintos beans

o feijão mung
mung beans

o feijão branco
flageolet beans

o grão de soja

a lentilha castanha
brown lentils

a lentilha vermelha
red lentils

as ervilhas
green peas

os grãos de bico
chick peas

as ervilhas secas
split peas

as sementes ● seeds

a semente de abóbora
pumpkin seed

a semente de mostarda
mustard seed

a alcaravia
caraway

a semente de sésamo
sesame seed

a semente de girassol
sunflower seed

as ervas aromáticas e as especiarias • herbs and spices

as especiarias • spices

a baunilha | vanilla

a noz mozcada
nutmeg

o macis
mace

a curcuma
turmeric

os cominhos
cumin

o ramo aromático
bouquet garni

a pimenta da Jamaica
allspice

a pimenta em grão
peppercorn

o fenacho
fenugreek

o piri-piri
chili pepper

inteiro
whole

esmagado
crushed

o açafrão
saffron

o cardamomo
cardamom

o pó de caril
curry powder

moído
ground

o colorau
paprika

laminado
flakes

o alho
garlic

os paus de
canela
sticks

as ervas aromáticas · herbs

as sementes de
funcho
fennel seeds

a canela
cinnamon

o funcho
fennel

a folha de louro
bay leaf

a salsa
parsley

a citronela
lemon grass

os cravinhos
cloves

a cebolinha
chives

a hortelã
mint

o tomilho
thyme

a salva
sage

o anis estrelado
star anise

o estragão
tarragon

a manjerona
marjoram

o basílico
basil

o gengibre
ginger

os orégãos
oregano

o coentro
coriander

o endro
dill

o rosmaninho
rosemary

os alimentos engarrafados • bottled foods

o óleo de nozes
walnut oil

o óleo de grainhas de uva
grapeseed oil

a rolha
cork

o óleo de girassol
sunflower oil

o óleo de amêndoas
almond oil

o óleo de sésamo
sesame seed oil

o óleo de avelãs
hazelnut oil

o azeite
olive oil

as ervas aromáticas
herbs

o óleo aromatizado
flavored oil

os óleos
oils

os doces para barrar •
sweet spreads

o boião
jar

o favo de mel
honeycomb

o mel cremoso
set honey

o creme de limão
lemon curd

a compota de framboesa
raspberry jam

o doce de laranja
marmalade

o mel líquido
clear honey

o xarope de ácer
maple syrup

os condimentos e as pastas de barrar •
condiments and spreads

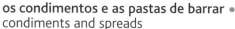

o vinagre de sidra
cider vinegar

o vinagre balsâmico
balsamic vinegar

o frasco
bottle

a mostarda inglesa
English mustard

a maionese
mayonnaise

o ketchup
ketchup

a mostarda francesa
French mustard

o chutney
chutney

o vinagre de malte
malt vinegar

o vinagre de vinho
wine vinegar

o molho
sauce

a mostarda em grão
whole-grain mustard

o vinagre
vinegar

---

o boião hermético
sealed jar

a manteiga de amendoim
peanut butter

o chocolate de barrar
chocolate spread

a fruta em conserva
preserved fruit

vocabulário • vocabulary

o óleo de milho
corn oil

o óleo de colza
canola oil

o óleo de amendoim
groundnut oil

o óleo extraído a frio
cold-pressed oil

o óleo vegetal
vegetable oil

os lacticínios • dairy produce

o queijo • cheese

o queijo ralado
grated cheese

a casca
rind

o queijo semicurado
semihard cheese

o queijo curado
hard cheese

o requeijão
cottage
cheese

o queijo semicremoso
semisoft cheese

o queijo creme
cream cheese

o queijo azul
blue cheese

o queijo cremoso
soft cheese

o queijo fresco | fresh cheese

o leite • milk

o leite meio gordo
reduced-fat milk

o leite magro
fat-free milk

o leite gordo
whole milk

o pacote de leite
milk carton

o leite de cabra
goat's milk

o leite condensado
condensed milk

o leite de vaca | cow's milk

a manteiga
butter

a margarina
margarine

a nata
cream

a nata líquida
light cream

a nata gorda
heavy cream

a nata batida
whipped cream

a nata azeda
sour cream

o iogurte
yogurt

o gelado
ice cream

os ovos • eggs

a gema
yolk

a clara
egg white

a casca
shell

o oveiro
egg cup

o ovo cozido
boiled egg

o ovo de gansa
goose egg

o ovo de galinha
hen's egg

o ovo de codorniz
quail egg

o ovo de pata
duck egg

---

vocabulário • vocabulary

pasteurizado pasteurized	**o batido de leite** milkshake	**com sal** salted	**o leite de ovelha** sheep's milk	**a lactose** lactose	**homogeneizado** homogenised
não pasteurizado unpasteurized	**o iogurte congelado** frozen yogurt	**sem sal** unsalted	**o soro do leite** buttermilk	**sem gordura** fat-free	**o leite em pó** powdered milk

---

os pães e as farinhas • breads and flours

o pão fatiado
sliced bread

as sementes de papoila
poppy seeds

o pão de centeio
rye bread

a baguete
baguette

a padaria | bakery

fazendo pão • making bread

a farinha branca
white flour

a farinha com farelo
brown flour

a farinha integral
whole-wheat flour

o fermento
yeast

peneirar (v) | sift (v)

misturar (v) | mix (v)

a massa
dough

amassar (v) | knead (v)

cozer no forno (v) | bake (v)

a crosta
crust

o pão de forma
loaf

a fatia
slice

o pão branco
white bread

o pão escuro
brown bread

o pão integral
whole-wheat bread

o pão granary
multigrain bread

o pão de milho
corn bread

o pão com bicarbonato de soda
soda bread

o pão fermentado
sourdough bread

o pão sem levedura
flatbread

o bagel
bagel

o pãozinho de leite
bun

o pãozinho
roll

o pão de fruta
fruit bread

o pão com sementes
seeded bread

o pão naan
naan bread

o pão pitta
pita bread

o cracker
crispbread

vocabulário • vocabulary

a farinha para pão bread flour	**subir (v)** rise (v)	**levedar (v)** prove (v)	**o pão ralado** breadcrumbs	**o fatiador** slicer
a farinha com fermento self-raising flour	**a farinha sem fermento** all-purpose flour	**pôr cobertura (v)** glaze (v)	**o entalhe** flute	**o padeiro** baker

os bolos e as sobremesas • cakes and desserts

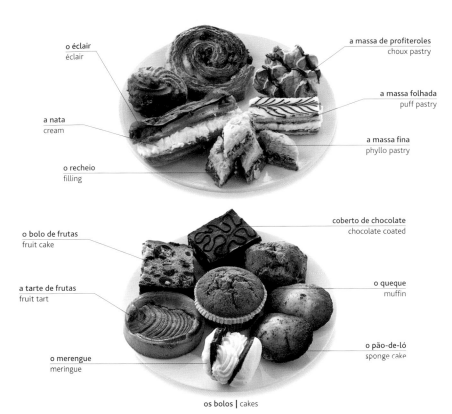

o éclair
éclair

a massa de profiteroles
choux pastry

a massa folhada
puff pastry

a nata
cream

a massa fina
phyllo pastry

o recheio
filling

coberto de chocolate
chocolate coated

o bolo de frutas
fruit cake

a tarte de frutas
fruit tart

o queque
muffin

o merengue
meringue

o pão-de-ló
sponge cake

os bolos | cakes

vocabulário • vocabulary

o creme pasteleiro crème patisserie	o pãozinho doce bun	a massa pastry	o arroz doce rice pudding	**Pode dar-me uma fatia, por favor?** May I have a slice, please?
o bolo de chocolate chocolate cake	o creme custard	a fatia slice	a celebração celebration	

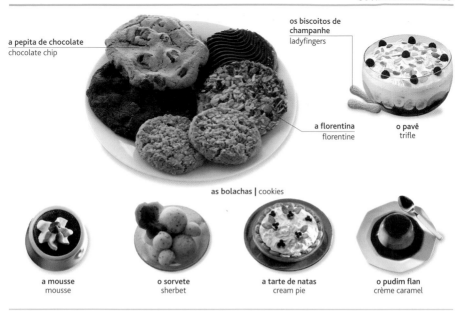

a pepita de chocolate
chocolate chip

os biscoitos de champanhe
ladyfingers

a florentina
florentine

o pavê
trifle

as bolachas | cookies

a mousse
mousse

o sorvete
sherbet

a tarte de natas
cream pie

o pudim flan
crème caramel

os bolos para celebrações • celebration cakes

a camada de cima
top tier

a fita
ribbon

a decoração
decoration

as velas de aniversário
birthday candles

soprar (v)
blow out (v)

a camada de baixo
bottom tier

a cobertura
icing

o maçapão
marzipan

o bolo de casamento | wedding cake

o bolo de aniversário | birthday cake

a charcutaria · delicatessen

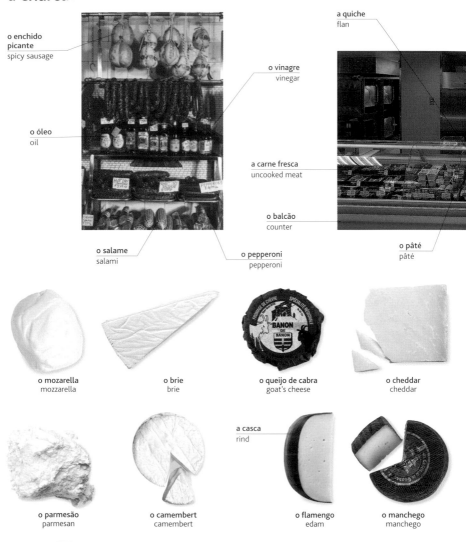

o enchido picante
spicy sausage

a quiche
flan

o vinagre
vinegar

o óleo
oil

a carne fresca
uncooked meat

o balcão
counter

o salame
salami

o pepperoni
pepperoni

o pâté
pâté

o mozarella
mozzarella

o brie
brie

o queijo de cabra
goat's cheese

o cheddar
cheddar

o parmesão
parmesan

o camembert
camembert

a casca
rind

o flamengo
edam

o manchego
manchego

as tartes
potpies

a azeitona preta
black olive

o paposseco
dinner roll

as carnes frias
cooked meat

a azeitona verde
green olive

o presunto
ham

a malagueta
chili pepper

o molho
sauce

o balcão de sanduíches | sandwich counter

o peixe fumado
smoked fish

as alcaparras
capers

o chouriço
chorizo

o presunto serrano
prosciutto

a azeitona recheada
stuffed olive

vocabulário · vocabulary

em óleo in oil	marinado marinated	fumado smoked
em salmoura in brine	salgado salted	curado cured

Tire uma senha numerada, por favor.
Take a number, please.

Posso provar um pouco disto, por favor?
Can I try some of that, please?

Podia dar-me seis fatias desse?
May I have six slices of that, please?

as bebidas • drinks

a água • water

a água engarrafada
bottled water

com gás
sparkling

sem gás
still

á água da torneira
tap water

a água tónica
tonic water

a água mineral | mineral water

a água gasosa
soda water

as bebidas quentes • hot drinks

o pacote de chá
teabag

o chá em folha
loose leaf tea

o chá
tea

os grãos
beans

o café moído
ground coffee

o café
coffee

o chocolate quente
hot chocolate

a bebida maltada
malted drink

os refrescos • soft drinks

a palhinha
straw

o sumo de tomate
tomato juice

o sumo de uva
grape juice

a limonada
lemonade

a laranjada
orangeade

a cola
cola

as bebidas alcoólicas • alcoholic drinks

o gin | gin

a lata
can

a cerveja
beer

a sidra
hard cider

a cerveja amarga
bitter

a cerveja preta
stout

a vodka | vodka

o whisky | whisky

o rum
rum

o brandy
brandy

o porto
port

seco
dry

o xerez
sherry

o campari
bitters

rosé
rosé

branco
white

tinto
red

o licor
liqueur

a tequila
tequila

o champanhe
champagne

o vinho | wine

comer fora
eating out

o café • café

o guarda-sol
umbrella

o toldo
awning

a ementa
menu

o café de esplanada
terrace café

o empregado
waiter

a máquina do café
coffee machine

a mesa
table

o café com mesas fora | pavement café

o snack-bar | snack bar

o café • coffee

o café com leite
white coffee

o café
black coffee

o cacau em pó
cocoa powder

a espuma
froth

o café de filtro
filter coffee

a bica
espresso

o cappuccino
cappuccino

o café com gelo
iced coffee

o chá • tea

o chá de
infusão
herbal tea

o chá de camomila
camomile tea

o chá verde
green tea

o chá com leite
tea with milk

o chá preto
black tea

o chá com limão
tea with lemon

o chá de hortelã
mint tea

o iced tea
iced tea

os sumos e os batidos • juices and milkshakes

o sumo de
laranja
orange juice

o sumo de
maçã
apple juice

o sumo de ananás
pineapple juice

o sumo de tomate
tomato juice

o batido de chocolate
chocolate milkshake

o batido de
morango
strawberry
milkshake

o batido de café
coffee milkshake

a comida • food

o pão escuro
brown bread

a sanduíche torrada
toasted sandwich

a salada
salad

a bola
scoop

o gelado
ice cream

o folhado
pastry

o bar · bar

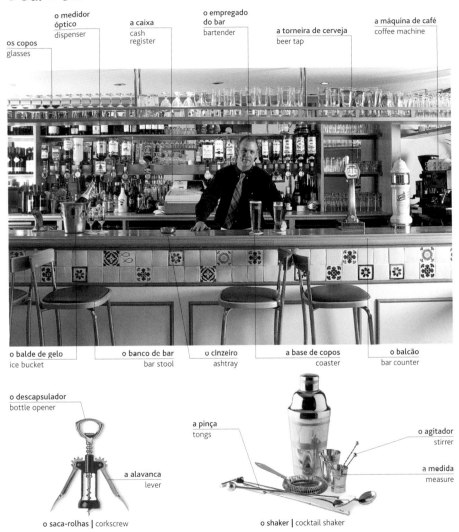

os copos
glasses

o medidor
óptico
dispenser

a caixa
cash
register

o empregado
do bar
bartender

a torneira de cerveja
beer tap

a máquina de café
coffee machine

o balde de gelo
ice bucket

o banco de bar
bar stool

o cinzeiro
ashtray

a base de copos
coaster

o balcão
bar counter

o descapsulador
bottle opener

a pinça
tongs

o agitador
stirrer

a medida
measure

a alavanca
lever

o saca-rolhas | corkscrew

o shaker | cocktail shaker

o jarro
pitcher

o cubo de gelo
ice cube

o gin tónico
gin and tonic

o whisky escocês com água
scotch and water

o rum com cola
rum and coke

a vodka com laranja
screwdriver

o martini
martini

o cocktail
cocktail

o vinho
wine

a cerveja
beer

duplo
double

simples
single

gelo e limão
ice and lemon

um shot
a shot

uma medida
measure

sem gelo
without ice

com gelo
with ice

os aperitivos • bar snacks

os cajus
cashewnuts

as amêndoas
almonds

os amendoins
peanuts

as batatas fritas | chips

os frutos secos | nuts

as azeitonas | olives

o restaurante · restaurant

a área de não fumadores
nonsmoking section

o guardanapo
napkin

o ajudante do chefe
commis chef

o lugar posto na mesa
table setting

o chefe de cozinha
chef

o copo
glass

o tabuleiro
tray

a cozinha | kitchen

o empregado | waiter

vocabulário · vocabulary

a ementa do jantar evening menu	os pratos do dia specials	o preço price	a gorjeta tip	o buffet buffet	o cliente customer
a carta de vinhos wine list	à la carte à la carte	a conta check	serviço incluído service included	o bar bar	o sal salt
a ementa do almoço lunch menu	o carrinho das sobremesas dessert cart	o recibo receipt	serviço não incluído service not included	a área de fumadores smoking section	a pimenta pepper

a ementa
menu

a refeição para crianças
child's meal

pedir (v) | order (v)

pagar (v) | pay (v)

os pratos • courses

o aperitivo
apéritif

a entrada
starter

a sopa
soup

o prato principal
main course

o acompanhamento
side order

o garfo
fork

a colher de café
coffee spoon

a sobremesa | dessert

o café | coffee

Uma mesa para dois, por favor.
A table for two please.

Podia ver a ementa/carta de vinhos,
por favor?
Can I see the menu/winelist please?

Há uma ementa de preço fixo?
Is there a fixed price menu?

Tem alguns pratos vegetarianos?
Do you have any vegetarian dishes?

Podia trazer-me a conta/o recibo,
por favor?
Could I have the check/a receipt please?

Podemos pagar separadamente?
Can we have separate checks?

Onde ficam as casas de banho?
Where are the restrooms, please?

a comida rápida · fast food

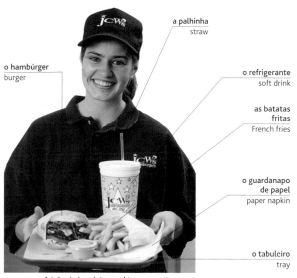

a palhinha
straw

o hambúrger
burger

o refrigerante
soft drink

as batatas
fritas
French fries

o guardanapo
de papel
paper napkin

o tabulciro
tray

a refeição de hambúrguer | burger meal

vocabulário · vocabulary

a pizzaria
pizzeria

a hamburgueria
burger bar

a ementa
menu

para comer no estabelecimento
eat-in

para levar
carry-out

reaquecer (v)
reheat (v)

o molho de tomate
ketchup

. . . .

Posso comprar para levar?
Can I have that to go, please?

Entrega em casa?
Do you deliver?

a lata de bebida
canned drink

a lista de preços
price list

a pizza
pizza

a entrega em casa | home delivery

a tenda de rua | street stand

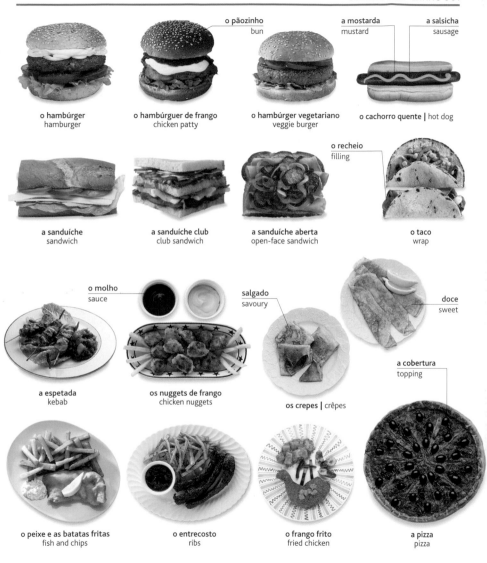

o pãozinho
bun

a mostarda
mustard

a salsicha
sausage

o hambúrger
hamburger

o hambúrguer de frango
chicken patty

o hambúrger vegetariano
veggie burger

o cachorro quente | hot dog

a sanduíche
sandwich

a sanduíche club
club sandwich

o recheio
filling

a sanduíche aberta
open-face sandwich

o taco
wrap

o molho
sauce

salgado
savoury

doce
sweet

a cobertura
topping

a espetada
kebab

os nuggets de frango
chicken nuggets

os crepes | crêpes

o peixe e as batatas fritas
fish and chips

o entrecosto
ribs

o frango frito
fried chicken

a pizza
pizza

o pequeno-almoço • breakfast

o leite
milk

os cereais
cereal

a compota
jam

a fruta seca
dried fruit

o presunto
ham

o queijo
cheese

as bolachas
crocantes
crispbread

o buffet do pequeno-almoço
breakfast buffet

o doce de laranja
marmalade

o pâté
pâté

a manteiga
butter

o sumo de frutas
fruit juice

o café
coffee

o chocolate quente
hot chocolate

o croissant
croissant

o chá
tea

a mesa do pequeno-almoço | breakfast table

as bebidas | drinks

o tomate
tomato

o chouriço
de sangue
blood sausage

a torrada
toast

a salsicha
sausage

o ovo estrelado
fried egg

o bacon
bacon

o pequeno-almoço inglês
English breakfast

o brioche
brioche

o pão
bread

a gema
yolk

os arenques fumados
kippers

a tosta
french toast

o ovo cozido
boiled egg

os ovos mexidos
scrambled eggs

a nata
cream

o iogurte de frutas
fruit yogurt

as panquecas
pancakes

as waffles
waffles

as papas de aveia
oatmeal

a fruta fresca
fresh fruit

o jantar • dinner

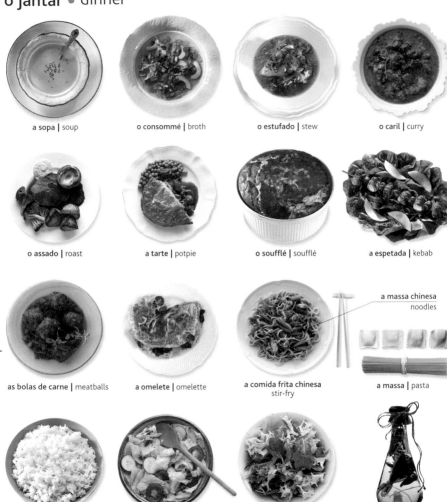

a sopa | soup

o consommé | broth

o estufado | stew

o caril | curry

o assado | roast

a tarte | potpie

o soufflé | soufflé

a espetada | kebab

as bolas de carne | meatballs

a omelete | omelette

a comida frita chinesa
stir-fry

a massa chinesa
noodles

a massa | pasta

o arroz | rice

a salada mista | tossed salad

a salada verde | green salad

o tempero de salada
dressing

as técnicas • techniques

recheado | stuffed

em molho | in sauce

grelhado | grilled

marinado | marinated

escalfado | poached

em puré | mashed

cozido no forno | baked

frito com pouco óleo | pan-fried

frito | fried

em vinagre | pickled

fumado | smoked

frito imerso em óleo
deep-fried

em calda | in syrup

temperado | dressed

ao vapor | steamed

curado | cured

o estudo
study

a escola • school

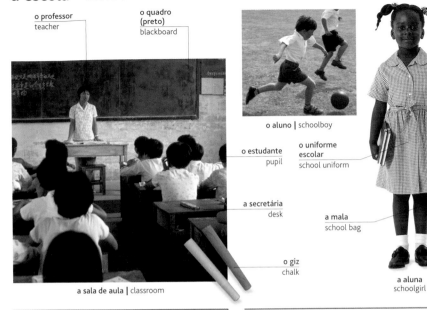

o professor
teacher

o quadro
(preto)
blackboard

a sala de aula | classroom

o giz
chalk

a secretária
desk

o aluno | schoolboy

o estudante
pupil

o uniforme
escolar
school uniform

a mala
school bag

a aluna
schoolgirl

---

vocabulário • vocabulary

a história history	as ciências science	a física physics
as línguas languages	a arte art	a química chemistry
a literatura literature	a música music	a biologia biology
a geografia geography	a matemática math	a educação física physical education

as actividades • activities

ler (v) | read (v)

escrever (v) | write (v)

soletrar (v) | spell (v)

desenhar (v) | draw (v)

162

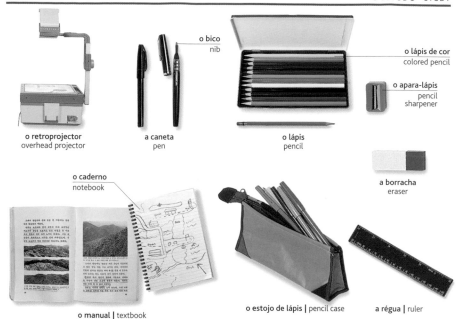

o bico
nib

o lápis de cor
colored pencil

o apara-lápis
pencil sharpener

o retroprojector
overhead projector

a caneta
pen

o lápis
pencil

a borracha
eraser

o caderno
notebook

o manual | textbook

o estojo de lápis | pencil case

a régua | ruler

perguntar (v) | question (v)

responder (v) | answer (v)

discutir (v) | discuss (v)

aprender (v) | learn (v)

vocabulário • vocabulary

o director principal	a resposta answer	a nota grade
a aula lesson	o trabalho de casa homework	o ano year
a pergunta question	o exame test	o dicionário dictionary
tirar apontamentos (v) take notes (v)	a redacção essay	a enciclopédia encyclopedia

a matemática · math

as formas · shapes

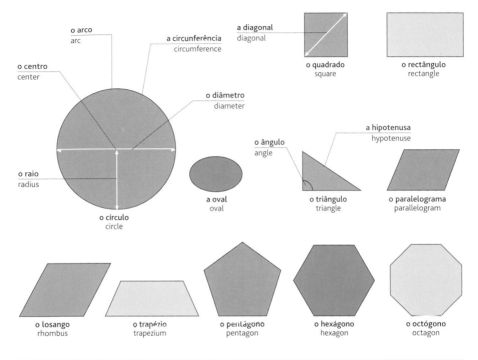

o arco
arc

a circunferência
circumference

a diagonal
diagonal

o quadrado
square

o rectângulo
rectangle

o centro
center

o diâmetro
diameter

o raio
radius

a hipotenusa
hypotenuse

o ângulo
angle

o círculo
circle

a oval
oval

o triângulo
triangle

o paralelograma
parallelogram

o losango
rhombus

o trapézio
trapezium

o pentágono
pentagon

o hexágono
hexagon

o octógono
octagon

os sólidos · solids

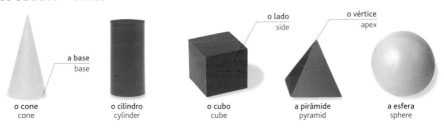

o lado
side

o vértice
apex

a base
base

o cone
cone

o cilindro
cylinder

o cubo
cube

a pirâmide
pyramid

a esfera
sphere

as linhas • lines

recta
straight

paralela
parallel

perpendicular
perpendicular

curva
curved

as medidas • measurements

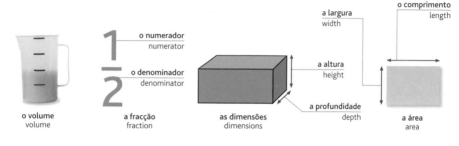

o volume
volume

a fracção
fraction

o numerador
numerator

o denominador
denominator

as dimensões
dimensions

a largura
width

a altura
height

a profundidade
depth

o comprimento
length

a área
area

o equipamento • equipment

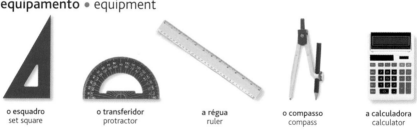

o esquadro
set square

o transferidor
protractor

a régua
ruler

o compasso
compass

a calculadora
calculator

---

vocabulário • vocabulary

a geometria geometry	mais plus	vezes times	é igual a equals	somar (v) add (v)	multiplicar (v) multiply (v)	a equação equation
a aritmética arithmetic	menos minus	dividido por divided by	contar (v) count (v)	subtrair (v) subtract (v)	dividir (v) divide (v)	a percentagem percentage

---

as ciências • science

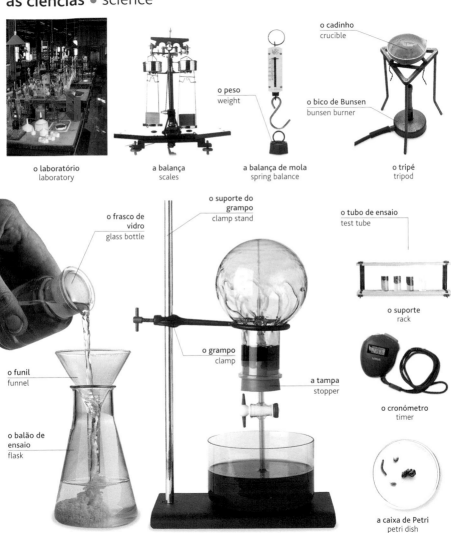

o laboratório
laboratory

a balança
scales

o peso
weight

a balança de mola
spring balance

o cadinho
crucible

o bico de Bunsen
bunsen burner

o tripé
tripod

o suporte do grampo
clamp stand

o frasco de vidro
glass bottle

o tubo de ensaio
test tube

o suporte
rack

o grampo
clamp

o funil
funnel

a tampa
stopper

o cronómetro
timer

o balão de ensaio
flask

a caixa de Petri
petri dish

a experiência | experiment

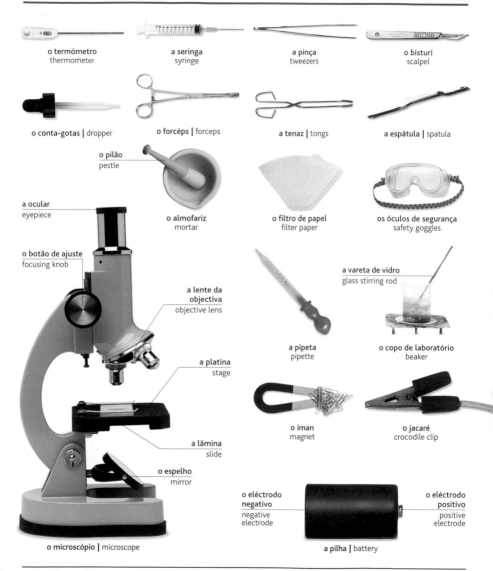

o termómetro
thermometer

a seringa
syringe

a pinça
tweezers

o bisturi
scalpel

o conta-gotas | dropper

o forcéps | forceps

a tenaz | tongs

a espátula | spatula

o pilão
pestle

o almofariz
mortar

o filtro de papel
filter paper

os óculos de segurança
safety goggles

a ocular
eyepiece

o botão de ajuste
focusing knob

a lente da objectiva
objective lens

a platina
stage

a lâmina
slide

o espelho
mirror

a vareta de vidro
glass stirring rod

a pipeta
pipette

o copo de laboratório
beaker

o íman
magnet

o jacaré
crocodile clip

o eléctrodo negativo
negative electrode

o eléctrodo positivo
positive electrode

o microscópio | microscope

a pilha | battery

o ensino superior • college

a secretaria
admissions

o campo de desportos
playing field

o refeitório
dining hall

a residência universitária
residence hall

o centro de saúde
health center

o campus | campus

o catálogo
card catalog

a bibliotecária
librarian

o balcão de empréstimos
circulation desk

vocabulário • vocabulary

o cartão da biblioteca
library card

a informação
help desk

o empréstimo
loan

pedir emprestado (v)
borrow (v)

o livro
book

a sala de leitura
reading room

o título
title

a lista de leitura
reading list

reservar (v)
reserve (v)

a prateleira
bookshelf

a data de devolução
return date

renovar (v)
renew (v)

o corredor
aisle

o periódico
periodical

o periódico especializado
journal

a biblioteca | library

o estudante
universitário
undergraduate

o professor
universitário
lecturer

a licenciada
graduate

a toga
robe

o anfiteatro | lecture hall

a cerimónia de graduação | graduation ceremony

as escolas • schools

a modelo
model

a escola de Belas Artes | art college

o conservatório | music school

a academia de dança | dance academy

vocabulário • vocabulary

a bolsa de estudos scholarship	a investigação research	a dissertação dissertation	a medicina medicine	a filosofia philosophy
o diploma diploma	o mestrado master's	o departamento department	a zoologia zoology	a literatura literature
o grau degree	o doutoramento doctorate	o direito law	a física physics	a história da arte art history
o pós-graduado postgraduate	a tese thesis	a engenharia engineering	a política politics	a economia economics

o trabalho
work

o escritório 1 · office 1
o escritório · office

o monitor
monitor

o organizador de secretária
desktop organizer

a pasta
file

o cesto de entrada
in-tray

o cesto de saída
out-tray

o computador
computer

o teclado
keyboard

o telefone
telephone

o caderno
notebook

a etiqueta
label

a secretária
desk

a gaveta
drawer

o armário de arquivo
filing cabinet

o cesto de papéis
wastebasket

a cadeira giratória
swivel chair

o módulo de gavetas
drawer unit

o equipamento de escritório · office equipment

o tabuleiro de papel
paper tray

a impressora | printer

a guia do papel
paper guide

o fax
fax

a máquina de fax | fax machine

vocabulário · vocabulary

imprimir (v)
print (v)

ampliar (v)
enlarge (v)

fotocopiar (v)
copy (v)

reduzir (v)
reduce (v)

Preciso de fazer umas fotocópias.
I need to make some copies.

office supplies • os materiais de escritório

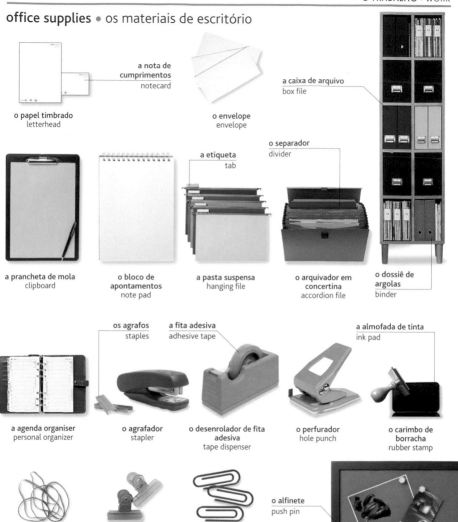

o papel timbrado
letterhead

a nota de cumprimentos
notecard

o envelope
envelope

a caixa de arquivo
box file

a prancheta de mola
clipboard

o bloco de apontamentos
note pad

a etiqueta
tab

o separador
divider

a pasta suspensa
hanging file

o arquivador em concertina
accordion file

o dossiê de argolas
binder

a agenda organiser
personal organizer

os agrafos
staples

a fita adesiva
adhesive tape

o agrafador
stapler

o desenrolador de fita adesiva
tape dispenser

o perfurador
hole punch

a almofada de tinta
ink pad

o carimbo de borracha
rubber stamp

o elástico
rubber band

a mola para papel
bulldog clip

o clip
paper clip

o alfinete
push pin

o quadro de avisos | notice board

o escritório 2 • office 2

o quadro de conferência
flipchart

a acta
minutes

o cavalete
easel

o relatório
report

o director
manager

a proposta
proposal

o executivo
executive

a reunião | meeting

vocabulário • vocabulary

a sala de reuniões
meeting room

a ordem de trabalhos
agenda

participar(v)
attend (v)

presidir (v)
chair (v)

A que horas é a reunião?
What time is the meeting?

Quais são as suas horas de trabalho?
What are your office hours?

o orador
speaker

o retroprojector
projector

a apresentação | presentation

os negócios • business

o laptop
laptop

as notas
notes

o homem de negócios
businessman

a mulher de negócios
businesswoman

o almoço de negócios | business lunch

a viagem de negócios | business trip

o cliente
client

a marcação
appointment

o PDA
palmtop

a agenda | diary

o director-geral
managing
director

o acordo comercial | business deal

vocabulário • vocabulary

a empresa
company

a sede
headquarters

a filial
branch

o pessoal
staff

o salário
salary

a folha de
pagamentos
payroll

o departamento de
contabilidade
accounts department

o departamento de
marketing
marketing department

o departamento de vendas
sales department

o departamento jurídico
legal department

o departamento de atendimento
ao cliente
customer service department

o departamento de pessoal
human resource department

o **computador** · computer

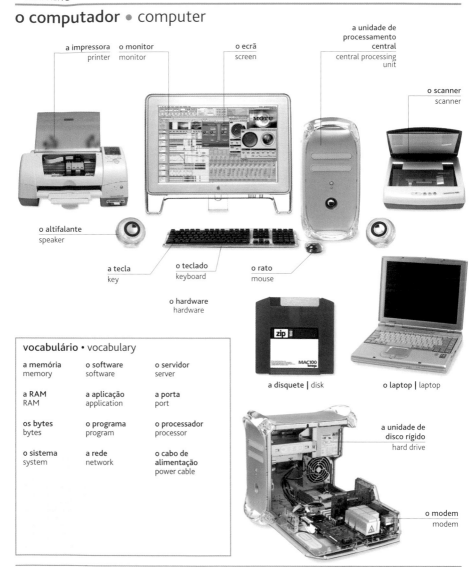

a impressora
printer

o monitor
monitor

o ecrã
screen

a unidade de
processamento
central
central processing
unit

o scanner
scanner

o altifalante
speaker

a tecla
key

o teclado
keyboard

o rato
mouse

o hardware
hardware

a disquete | disk

o laptop | laptop

a unidade de
disco rígido
hard drive

o modem
modem

vocabulário · vocabulary

a memória memory	o software software	o servidor server
a RAM RAM	a aplicação application	a porta port
os bytes bytes	o programa program	o processador processor
o sistema system	a rede network	o cabo de alimentação power cable

o computador de secretária · desktop

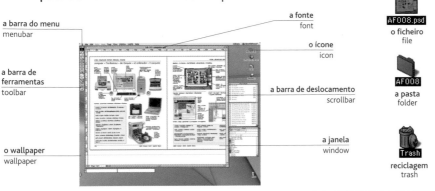

a barra do menu
menubar

a fonte
font

o ícone
icon

a barra de
ferramentas
toolbar

a barra de deslocamento
scrollbar

o wallpaper
wallpaper

a janela
window

AF008.psd
o ficheiro
file

AF008
a pasta
folder

Trash
reciclagem
trash

a internet · internet

o programa de
navegação
browser

pasta a
receber
inbox

o site da internet
website

navegar (v) | browse (v)

o e-mail · email

a morada de e-mail
email address

---

vocabulário · vocabulary

ligar (v) connect (v)	o fornecedor de serviços service provider	fazer log-in (v) log on (v)	fazer download download (v)	enviar (v) send (v)	guardar (v) save (v)
instalar (v) instal (v)	a conta de e-mail email account	on-line online	o anexo attachment	receber (v) receive (v)	procurar (v) search (v)

---

os meios de comunicação social • media

o estúdio de televisão • television studio

o apresentador
presenter

a iluminação
light

o plateau
set

a câmara
camera

a grua da câmara
camera crane

o operador de câmara
camera operator

vocabulário • vocabulary

o canal channel	as notícias news	a imprensa press	a telenovela soap	os desenhos animados cartoon	em directo live
a programação programming	o documentário documentary	a série televisiva series	o concurso game show	em diferido prerecorded	transmitir (v) broadcast (v)

o entrevistador | interviewer

o repórter | reporter

o teleponto | teleprompter

a apresentadora do telejornal | newsreader

os actores | actors

a girafa | sound boom

a claquete | clapper board

o plateau de rodagem
movie set

a rádio • radio

a mesa de mistura
mixing desk

o microfone
microphone

o técnico de som
sound technician

o disco-jóquei
DJ

o estúdio de gravação | recording studio

vocabulário • vocabulary

a estação de rádio radio station	a frequência frequency
o disco-jóquei DJ	o volume volume
a transmissão broadcast	sintonizar (v) tune (v)
o comprimento de onda wavelength	a onda curta short wave
a onda larga long wave	a onda média medium wave

a lei • law

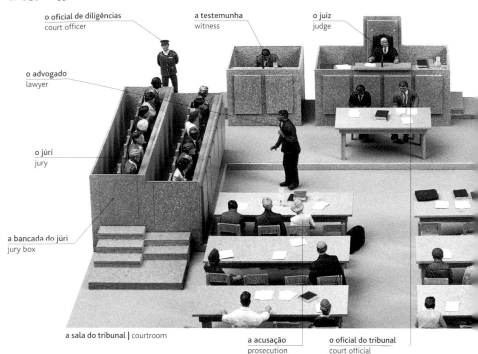

o oficial de diligências
court officer

a testemunha
witness

o juiz
judge

o advogado
lawyer

o júri
jury

a bancada do júri
jury box

a sala do tribunal | courtroom

a acusação
prosecution

o oficial do tribunal
court official

vocabulário • vocabulary

o escritório do advogado
lawyer's office

a citação
summons

a ordem judicial
writ

o processo de
tribunal
court case

a assessoria jurídica
legal advice

a declaração
statement

a data do julgamento
court date

a acusação
charge

o cliente
client

o mandado
warrant

a alegação do arguido
plea

o acusado
accused

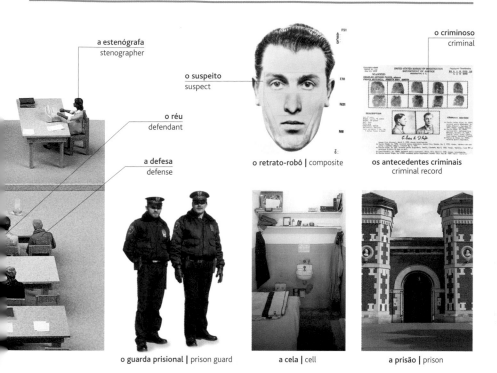

a estenógrafa
stenographer

o suspeito
suspect

o réu
defendant

a defesa
defense

o criminoso
criminal

o retrato-robô | composite

os antecedentes criminais
criminal record

o guarda prisional | prison guard

a cela | cell

a prisão | prison

vocabulário • vocabulary

a prova
evidence

o veredicto
verdict

inocente
innocent

culpado
guilty

absolvido
acquitted

a sentença
sentence

a caução
bail

o recurso
appeal

a liberdade condicional
parole

Quero falar com um
advogado.
I want to see a lawyer.

Onde fica o tribunal?
Where is the courthouse?

Posso pagar uma caução?
Can I post bail?

a quinta 1 · farm 1

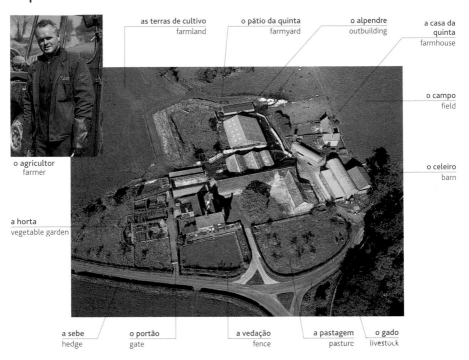

o agricultor
farmer

as terras de cultivo
farmland

o pátio da quinta
farmyard

o alpendre
outbuilding

a casa da quinta
farmhouse

o campo
field

o celeiro
barn

a horta
vegetable garden

a sebe
hedge

o portão
gate

a vedação
fence

a pastagem
pasture

o gado
livestock

o cultivador
cultivator

o tractor | tractor

a ceifeira-debulhadora | combine

português · english

os tipos de quinta • types of farm

a colheita
crop

a quinta de terras aráveis
crop farm

a exploração leiteira
dairy farm

o rebanho
flock

a criação de gado ovino
sheep farm

a criação de aves
poultry farm

a criação de suínos
pig farm

a exploração piscícola
fish farm

a exploração frutícola
fruit farm

a videira
vine

a vinha
vineyard

as actividades • actions

o sulco
furrow

lavrar (v)
plow (v)

semear (v)
sow (v)

ordenhar (v)
milk (v)

dar de comer (v)
feed (v)

regar (v) | water (v)

colher (v) | harvest (v)

vocabulário • vocabulary

o herbicida herbicide	**o rebanho** herd	**o comedouro** trough
o pesticida pesticide	**o silo** silo	**plantar (v)** plant (v)

a quinta 2 • farm 2

as colheitas • crops

o trigo
wheat

o milho
corn

a cevada
barley

a colza
rapeseed

o girassol
sunflower

o fardo
bale

o feno
hay

a alfafa
alfalfa

o tabaco
tobacco

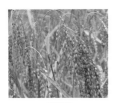
o arroz
rice

o chá
tea

o café
coffee

o linho
flax

a cana-de-açúcar
sugarcane

o algodão
cotton

o espantalho
scarecrow

o gado • livestock

o leitão
piglet

o porco
pig

a vitela
calf

a vaca
cow

o touro
bull

a ovelha
sheep

o cordeiro
lamb

o cabrito
kid

a cabra
goat

o potro
foal

o cavalo
horse

o burro
donkey

o pintainho
chick

a galinha
chicken

o galo
rooster

o peru
turkey

o patinho
duckling

o pato
duck

o estábulo
stable

o redil
pen

o galinheiro
chicken coop

a pocilga
pigsty

a construção • construction

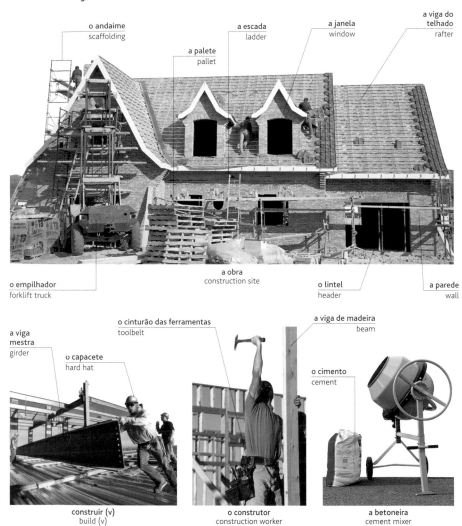

o andaime
scaffolding

a escada
ladder

a janela
window

a viga do
telhado
rafter

a palete
pallet

o empilhador
forklift truck

a obra
construction site

o lintel
header

a parede
wall

a viga
mestra
girder

o cinturão das ferramentas
toolbelt

a viga de madeira
beam

o capacete
hard hat

o cimento
cement

construir (v)
build (v)

o construtor
construction worker

a betoneira
cement mixer

os materiais • materials

o tijolo
brick

a madeira
timber

a telha
roof tile

o bloco de betão
concrete block

as ferramentas • tools

a argamassa
mortar

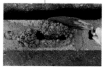

a colher de pedreiro
trowel

o nível de bolha de ar
level

o cabo
handle

a marreta
sledgehammer

a picareta
pickax

a pá
shovel

a maquinaria • machinery

o cilindro
roller

o camião basculante
dump truck

o suporte
support

o gancho
hook

a grua | crane

as obras na estrada • roadworks

o alcatrão
tarmac

o cone
cone

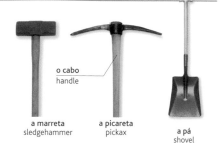

a britadeira
pneumatic drill

a repavimentação
resurfacing

a escavadora
mecânica
mechanical digger

as profissões 1 • occupations 1

o carpinteiro
carpenter

o electricista
electrician

o canalizador
plumber

o construtor
construction worker

o jardineiro
gardener

o aspirador
vacuum cleaner

o empregado da limpeza
cleaner

o mecânico
mechanic

o talhante
butcher

a tesoura
scissors

a peixeira
fishmonger

o vendedor de frutas e
legumes | greengrocer

a florista
florist

o cabeleireiro
hair stylist

o barbeiro
barber

o joalheiro
jeweler

a empregada da loja
store clerk

a agente imobiliária
real estate agent

o oftalmologista
optician

a máscara
mask

a dentista
dentist

o médico
doctor

a farmacêutica
pharmacist

a enfermeira
nurse

a veterinária
veterinarian

o agricultor
farmer

o pescador
fisherman

a metralhadora
machine-gun

o uniforme
uniform

o crachá de
identificação
identity badge

o guarda de segurança
security guard

o marinheiro
sailor

o soldado
soldier

o polícia
policeman

o bombeiro
firefighter

as profissões 2 • occupations 2

o advogado
lawyer

o contabilista
accountant

a maquete
model

o arquitecto | architect

o cientista
scientist

o professor
teacher

o bibliotecário
librarian

a recepcionista
receptionist

o saco do
correio
mailbag

o carteiro
mail carrier

o motorista de autocarro
bus driver

o camionista
truck driver

o motorista de táxi
cab driver

o piloto
pilot

a hospedeira do ar
flight attendant

a agente de viagens
travel agent

o chapéu de
cozinheiro
chef's hat

o chefe de cozinha
chef

o músico
musician

o tutu
tutu

a bailarina
dancer

o actor
actor

a cantora
singer

a empregada
waitress

o empregado de bar
bartender

o desportista
athlete

o escultor
sculptor

a pintora
painter

o fotógrafo
photographer

o apresentador
news anchor

as notas
notes

o jornalista
journalist

a redactora
editor

a desenhadora
designer

a costureira
textile worker

o alfaiate
tailor

os transportes
transportation

as estradas • roads

a auto-
estrada
highway

a cabina da
portagem
toll booth

as marcas rodoviárias
road markings

a via de
acesso
on-road

o sentido único
one-way

a linha divisória
divider

a saída
intersection

o semáforo
traffic light

o camião
truck

o separador central
median

a faixa da
esquerda
inside lane

a faixa central
middle lane

a faixa de
ultrapassagem
outside lane

a via de saída
exit ramp

o tráfego
traffic

o viaduto
overpass

a berma
pavimentada
hard shoulder

a passagem subterrânea
underpass

português • english

a passagem de peões
pedestrian crossing

o telefone de
emergência
emergency phone

o estacionamento para
deficientes
disabled parking

o engarrafamento de trânsito
traffic jam

o mapa
map

o parquímetro
parking meter

o polícia de trânsito
traffic police officer

vocabulário • vocabulary

a rotunda traffic circle	estacionar (v) park (v)	rebocar (v) tow away (v)
o desvio diversion	ultrapassar (v) pass (v)	a faixa dupla dual carriageway
as obras na estrada roadwork	conduzir (v) drive (v)	Esta é a estrada para...? Is this the road to...?
a barreira de segurança crash barrier	fazer marcha atrás (v) back up (v)	Onde posso estacionar? Where can I park?

os sinais de trânsito • road signs

sentido proibido
do not enter

o limite de
velocidade
speed limit

o perigo
hazard

proibido parar
no stopping

proibido virar à direita
no right turn

o autocarro • bus

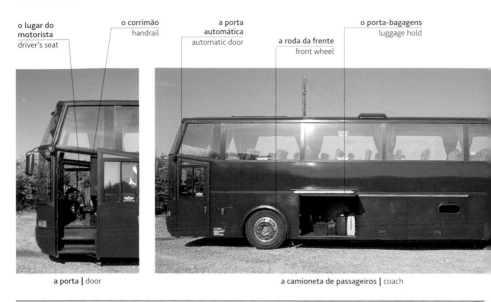

o lugar do motorista
driver's seat

o corrimão
handrail

a porta automática
automatic door

a roda da frente
front wheel

o porta-bagagens
luggage hold

a porta | door

a camioneta de passageiros | coach

os tipos de autocarros • types of buses

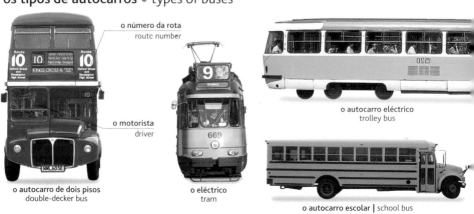

o número da rota
route number

o motorista
driver

o autocarro de dois pisos
double-decker bus

o eléctrico
tram

o autocarro eléctrico
trolley bus

o autocarro escolar | school bus

a roda traseira
rear wheel

a janela
window

o botão de paragem
stop button

o bilhete de autocarro
bus ticket

a campainha
bell

a estação de autocarros
bus station

a paragem de
autocarros
bus stop

vocabulário • vocabulary

a tarifa fare	o acesso para cadeiras de rodas wheelchair access
o horário timetable	o abrigo da paragem bus shelter
Pára em...? Do you stop at...?	Que autocarro vai para...? Which bus goes to...?

o miniautocarro
minibus

This is an official London Sightseeing Bus.

LONDON PRIDE

o autocarro turístico | tourist bus

AIRPORT EXPRESS
VIA CENTRAL RAILWAY & DOMESTIC TERMINALS

300 CITY

AIRPORT EXPRESS

o autocarro de ligação | shuttle bus

o carro 1 • car 1

o exterior • exterior

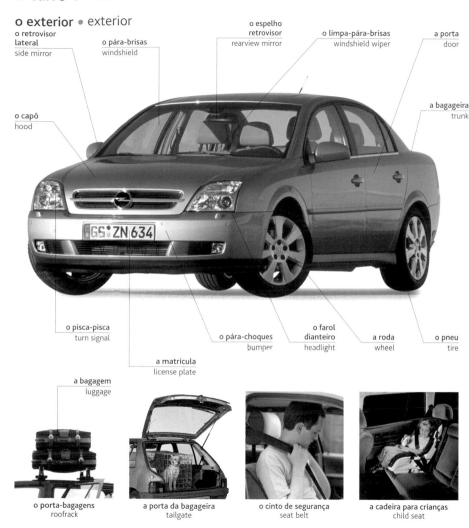

o espelho retrovisor
rearview mirror

o limpa-pára-brisas
windshield wiper

a porta
door

o retrovisor lateral
side mirror

o pára-brisas
windshield

a bagageira
trunk

o capô
hood

o pisca-pisca
turn signal

o pára-choques
bumper

o farol dianteiro
headlight

a roda
wheel

o pneu
tire

a matrícula
license plate

a bagagem
luggage

o porta-bagagens
roofrack

a porta da bagageira
tailgate

o cinto de segurança
seat belt

a cadeira para crianças
child seat

os tipos • types

o compacto
small car

o carro de cinco portas
hatchback

a berlina
sedan

a carrinha
station wagon

o carro descapotável
convertible

o carro desportivo
sports car

o monovolume
minivan

o todo-o-terreno
four-wheel drive

o carro de época
vintage

a limusina
limousine

o posto de abastecimento • gas station

a bomba de gasolina
gas pump

o preço
price

a zona de abastecimento
forecourt

a bomba de ar
air supply

vocabulário • vocabulary

o óleo oil	com chumbo leaded	a lavagem de carros car wash
a gasolina gasoline	o gasóleo diesel	o anticongelante antifreeze
sem chumbo unleaded	a oficina garage	o líquido limpa-pára-brisas windshield wash

Encha o depósito, por favor.
Fill the tank, please.

o carro 2 • car 2

o interior • interior

o apoio para a cabeça
headrest

o fecho da porta
door lock

o puxador
handle

o banco traseiro
backseat

o apoio do braço
armrest

vocabulário • vocabulary

de duas portas two-door	**de quatro portas** four-door	**automático** automatic	**o travão** brake	**o acelerador** accelerator
de três portas three-door	**manual** manual	**a ignição** ignition	**a embraiagem** clutch	**o ar condicionado** air-conditioning

Pode dizer-me como se vai para…?
Can you tell me the way to…?

Onde há um estacionamento?
Where is the car park?

Posso estacionar aqui?
Can I park here?

os controlos • controls

o volante
steering
wheel

a buzina
horn

o tablier
dashboard

as luzes de emergência
hazard lights

a navegação por satélite
satellite navigation

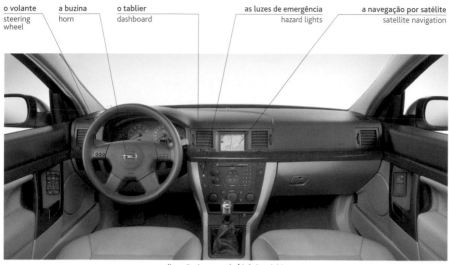

a direcção à esquerda | left-hand drive

o indicador de
temperatura
temperature gauge

o conta-rotações
tachometer

o velocímetro
speedometer

o indicador da gasolina
fuel gauge

o estéreo do carro
car stereo

o interruptor
das luzes
lights switch

os comandos de aquecimento
heater controls

o conta-
quilómetros
odometer

o airbag
air bag

a manete das mudanças
gearshift

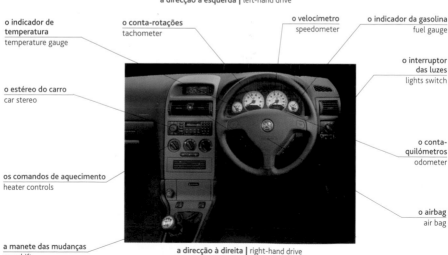

a direcção à direita | right-hand drive

o carro 3 • car 3

a mecânica • mechanics

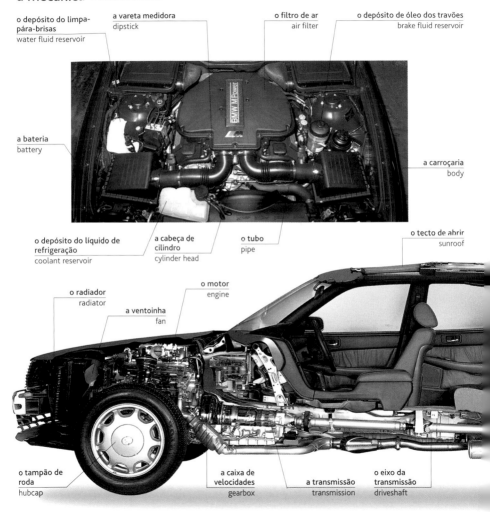

o depósito do limpa-pára-brisas
water fluid reservoir

a vareta medidora
dipstick

o filtro de ar
air filter

o depósito de óleo dos travões
brake fluid reservoir

a bateria
battery

a carroçaria
body

o depósito do líquido de refrigeração
coolant reservoir

a cabeça de cilindro
cylinder head

o tubo
pipe

o tecto de abrir
sunroof

o radiador
radiator

o motor
engine

a ventoinha
fan

o tampão de roda
hubcap

a caixa de velocidades
gearbox

a transmissão
transmission

o eixo da transmissão
driveshaft

o furo • puncture

o pneu sobresselente
spare tire

a chave
wrench

os parafusos da roda
lug nuts

o macaco
jack

mudar um pneu (v)
change a tire (v)

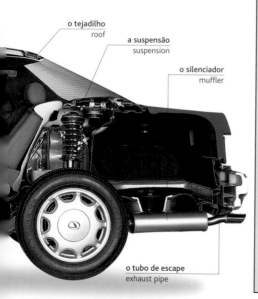

o tejadilho
roof

a suspensão
suspension

o silenciador
muffler

o tubo de escape
exhaust pipe

vocabulário • vocabulary

o acidente de carro
car accident

a avaria
breakdown

o seguro
insurance

o reboque
tow truck

o mecânico
mechanic

a pressão dos pneus
tire pressure

a caixa de fusíveis
fuse box

a vela de ignição
spark plug

a correia da ventoinha
fan belt

o depósito da gasolina
gas tank

a afinação
timing

o turbocompressor
turbocharger

o distribuidor
distributor

o chassis
chassis

o travão de mão
parking break

o alternador
alternator

a correia de comando
cam belt

O meu carro avariou.
I've had a breakdown.

O meu carro não arranca.
My car won't start.

Faz reparações?
Do you do repairs?

O motor está a
sobreaquecer.
The engine is overheating

a motocicleta • motorbike

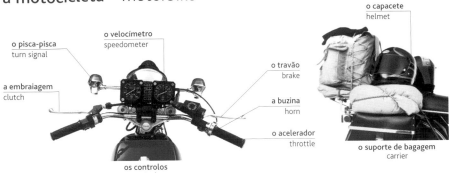

o capacete
helmet

o pisca-pisca
turn signal

o velocímetro
speedometer

o travão
brake

a embraiagem
clutch

a buzina
horn

o acelerador
throttle

os controlos
controls

o suporte de bagagem
carrier

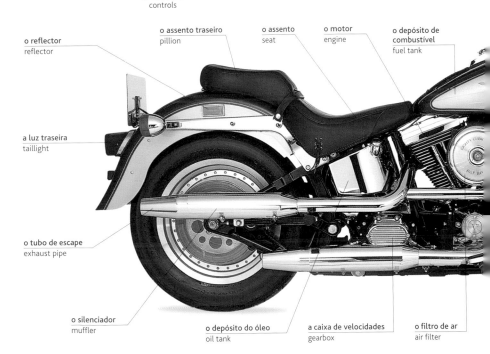

o reflector
reflector

o assento traseiro
pillion

o assento
seat

o motor
engine

o depósito de combustível
fuel tank

a luz traseira
taillight

o tubo de escape
exhaust pipe

o silenciador
muffler

o depósito do óleo
oil tank

a caixa de velocidades
gearbox

o filtro de ar
air filter

os tipos • types

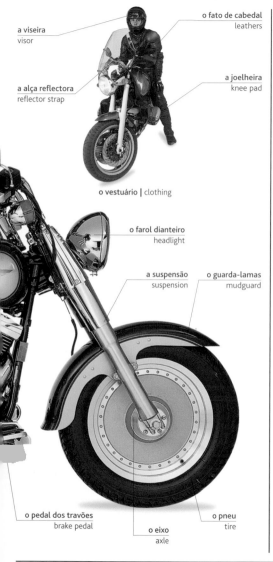

a viseira
visor

o fato de cabedal
leathers

a alça reflectora
reflector strap

a joelheira
knee pad

o vestuário | clothing

o farol dianteiro
headlight

a suspensão
suspension

o guarda-lamas
mudguard

o pedal dos travões
brake pedal

o pneu
tire

o eixo
axle

a moto de corridas | racing bike

o pára-brisas
windshield

a moto de passeio | tourer

a moto de cross | dirt bike

o suporte
stand

a vespa | scooter

a bicicleta • bicycle

a tandem
tandem

a bicicleta de corridas
racing bike

a bicicleta de montanha
mountain bike

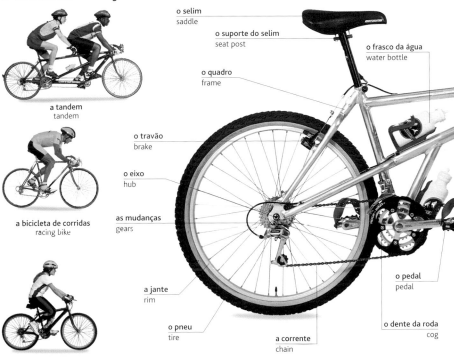

o selim
saddle

o suporte do selim
seat post

o frasco da água
water bottle

o quadro
frame

o travão
brake

o eixo
hub

as mudanças
gears

a jante
rim

o pneu
tire

a corrente
chain

o pedal
pedal

o dente da roda
cog

a bicicleta de passeio
touring bike

o capacete
helmet

a bicicleta de estrada
road bike

a ciclovia | cycle lane

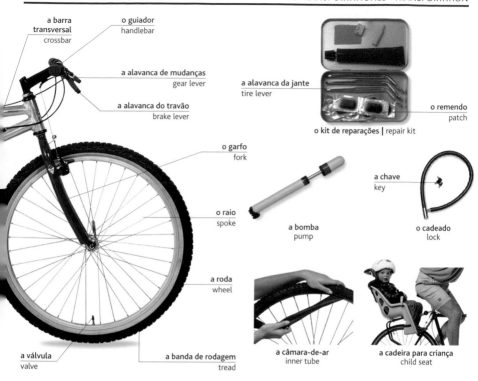

a barra transversal
crossbar

o guiador
handlebar

a alavanca de mudanças
gear lever

a alavanca do travão
brake lever

a alavanca da jante
tire lever

o remendo
patch

o kit de reparações | repair kit

o garfo
fork

a chave
key

o raio
spoke

a bomba
pump

o cadeado
lock

a roda
wheel

a válvula
valve

a banda de rodagem
tread

a câmara-de-ar
inner tube

a cadeira para criança
child seat

vocabulário • vocabulary

o farol headlight	a patilha de apoio kickstand	o calço de travão brake block	o cesto basket	o encaixe para o pé toe clip	travar (v) brake (v)
o farol traseiro rear light	o suporte para bicicletas bike rack	o cabo cable	o dínamo generator	a alça do pedal toe strap pedalar (v) pedal (v)	andar de bicicleta (v) cycle (v)
o reflector reflector	as rodas de apoio training wheels	a roda dentada sprocket	o furo flat tire		mudar de velocidade (v) change gear (v)

o comboio • train

a carruagem
car

a plataforma
platform

o carrinho
cart

o número da plataforma
platform number

o passageiro diário
commuter

a estação de caminho-de-ferro | train station

os tipos de comboio • types of train

a locomotiva
engine

a cabina do maquinista
driver's cab

o carril
rail

o comboio a vapor
steam train

o comboio a gasóleo | diesel train

o comboio eléctrico
electric train

o comboio de alta velocidade
high-speed train

o monocarril
monorail

o metro
subway

o tranvia
tram

o comboio de mercadorias
freight train

o porta-bagagens
luggage rack

a janela
window

a linha
track

a porta
door

o lugar
seat

o vagão
compartment

a barreira de acesso
ticket barrier

o sistema de comunicação pública
public address system

o horário
timetable

41213
KUPONG 7.00 kr

o bilhete
ticket

o vagão-restaurante | dining car

o átrio da estação | concourse

o vagão-cama
sleeping compartment

vocabulário · vocabulary

a rede ferroviária rail network	o diagrama do metro subway map	a bilheteira ticket office	o carril electrificado third rail
o comboio intercidades intercity train	a demora delay	o revisor conductor	o sinal signal
a hora de ponta rush hour	a tarifa fare	mudar (v) change (v)	a alavanca de emergência emergency handle

o avião • aircraft

o avião de passageiros • airliner

o nariz
nose

o cockpit
cockpit

o motor
engine

a fuselagem
fuselage

a asa
wing

a cauda
tail

o leme
rudder

a saída
exit

o trem de
aterragem dianteiro
nosewheel

o trem de aterragem
landing gear

o aileron
alleron

o estabilizador
vertical
fin

o estabilizador
tailplane

a cabina • cabin

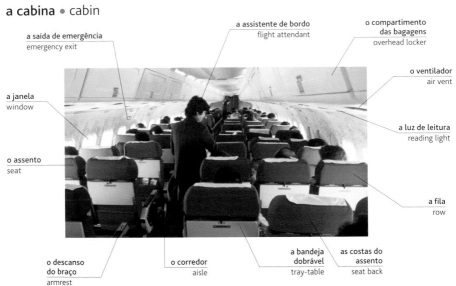

a saída de emergência
emergency exit

a assistente de bordo
flight attendant

o compartimento
das bagagens
overhead locker

a janela
window

o ventilador
air vent

a luz de leitura
reading light

o assento
seat

a fila
row

o descanso
do braço
armrest

o corredor
aisle

a bandeja
dobrável
tray-table

as costas do
assento
seat back

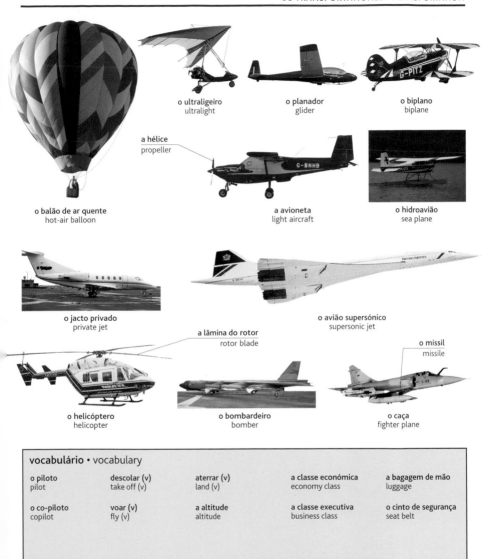

o ultraligeiro
ultralight

o planador
glider

o biplano
biplane

a hélice
propeller

o balão de ar quente
hot-air balloon

a avioneta
light aircraft

o hidroavião
sea plane

o jacto privado
private jet

o avião supersónico
supersonic jet

a lâmina do rotor
rotor blade

o míssil
missile

o helicóptero
helicopter

o bombardeiro
bomber

o caça
fighter plane

vocabulário • vocabulary

o piloto pilot	descolar (v) take off (v)	aterrar (v) land (v)	a classe económica economy class	a bagagem de mão luggage
o co-piloto copilot	voar (v) fly (v)	a altitude altitude	a classe executiva business class	o cinto de segurança seat belt

o aeroporto • airport

a área de tráfego
apron

o reboque de bagagem
baggage trailer

o terminal
terminal

o veículo de serviço
service vehicle

a ponte de embarque
walkway

o avião de linha | airliner

vocabulário • vocabulary

a pista runway	o número do voo flight number	o tapete das bagagens carousel	as férias holiday
o voo internacional international flight	a imigração immigration	a segurança security	fazer o check-in (v) check in (v)
o voo doméstico domestic flight	a alfândega customs	a máquina de raios X X-ray machine	a torre de controlo control tower
a ligação connection	o excesso de bagagem excess baggage	a brochura holiday brochure	reservar uma passagem (v) book a flight (v)

o visto
visa

o passaporte | passport

a bagagem de mão
carry-on luggage

a bagagem
luggage

o carrinho
cart

o balcão de check-in
check-in desk

o cartão de embarque
boarding pass

o controlo de passaportes
passport control

o bilhete
ticket

o número da porta de embarque
gate number

as partidas
departures

a sala de embarque
departure lounge

o destino
destination

as chegadas
arrivals

o ecrã de informação
information screen

a loja franca
duty-free shop

a recolha de bagagens
baggage claim

a paragem de táxis
cab stand

o aluguer de carros
car rental

o navio · ship

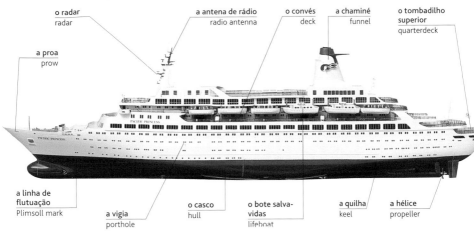

o radar | radar

a antena de rádio | radio antenna

o convés | deck

a chaminé | funnel

o tombadilho superior | quarterdeck

a proa | prow

a linha de flutuação | Plimsoll mark

a vigia | porthole

o casco | hull

o bote salva-vidas | lifeboat

a quilha | keel

a hélice | propeller

o transatlântico | ocean liner

a ponte de comando
bridge

a casa das máquinas
engine room

o camarote
cabin

a cozinha
galley

vocabulário · vocabulary

a doca dock	o cabrestante windlass
o porto port	o capitão captain
o portaló gangway	a lancha rápida speedboat
a âncora anchor	o barco a remos rowboat
o cabeço bollard	a canoa canoe

outras embarcações • other ships

o ferry
ferry

o motor fora-de-borda
outboard motor

o barco salva-vidas insuflável
inflatable dinghy

o hidrofoil
hydrofoil

o iate
yacht

o catamarã
catamaran

o rebocador
tugboat

o hovercraft
hovercraft

o navio porta-contentores
container ship

o cordame
rigging

o barco à vela
sailboat

o porão
hold

o navio de carga
freighter

o petroleiro
oil tanker

o porta-aviões
aircraft carrier

o navio de guerra
battleship

a torre de comando
conning tower

o submarino
submarine

o porto · port

o armazém
warehouse

a grua
crane

a empilhadeira
forklift

a estrada de acesso
access road

a alfândega
customs house

a doca
dock

o contentor
container

o cais
quay

a carga
cargo

o terminal de ferries
ferry terminal

o ferry
ferry

a bilheteira
ticket office

o passageiro
passenger

o porto de contentores | container port

o porto de passageiros | passenger port

a rede
net

o barco de pesca
fishing boat

a ancoragem
mooring

a marina | marina

o porto de pesca | fishing port

o porto | harbor

o embarcadouro | pier

o pontão
jetty

o estaleiro
shipyard

a lâmpada
lamp

o farol
lighthouse

a bóia
buoy

vocabulário • vocabulary

o guarda-costeiro coastguard	a doca seca dry dock	embarcar (v) board (v)
o capitão do porto harbor master	amarrar (v) moor (v)	desembarcar (v) disembark (v)
fundear (v) drop anchor (v)	atracar (v) dock (v)	zarpar (v) set sail (v)

os desportos
sports

o futebol americano · football

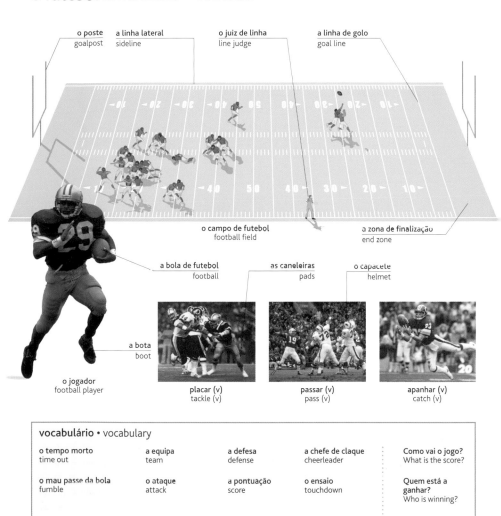

o poste
goalpost

a linha lateral
sideline

o juiz de linha
line judge

a linha de golo
goal line

o campo de futebol
football field

a zona de finalização
end zone

a bola de futebol
football

as caneleiras
pads

o capacete
helmet

a bota
boot

o jogador
football player

placar (v)
tackle (v)

passar (v)
pass (v)

apanhar (v)
catch (v)

vocabulário · vocabulary

o tempo morto time out	a equipa team	a defesa defense	a chefe de claque cheerleader	Como vai o jogo? What is the score?
o mau passe da bola fumble	o ataque attack	a pontuação score	o ensaio touchdown	Quem está a ganhar? Who is winning?

o râguebi • rugby

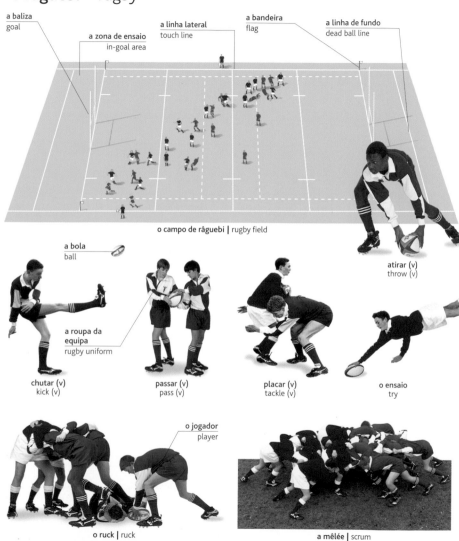

a baliza
goal

a zona de ensaio
in-goal area

a linha lateral
touch line

a bandeira
flag

a linha de fundo
dead ball line

o campo de râguebi | rugby field

atirar (v)
throw (v)

a bola
ball

a roupa da
equipa
rugby uniform

chutar (v)
kick (v)

passar (v)
pass (v)

placar (v)
tackle (v)

o ensaio
try

o jogador
player

o ruck | ruck

a mêlée | scrum

o futebol • soccer

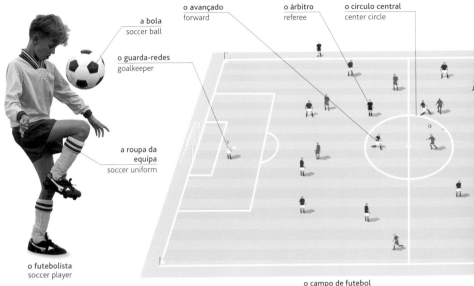

o avançado
forward

o árbitro
referee

o círculo central
center circle

a bola
soccer ball

o guarda-redes
goalkeeper

a roupa da
equipa
soccer uniform

o futebolista
soccer player

o campo de futebol
soccer field

o poste da
baliza
goalpost

a rede
net

a barra
transversal
crossbar

a baliza | goal

driblar (v) | dribble (v)

cabecear (v)
head (v)

a barreira
wall

o pontapé livre | free kick

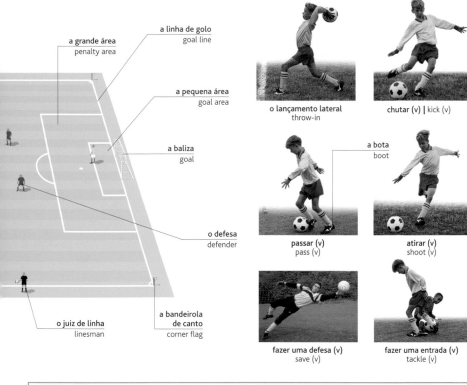

a grande área
penalty area

a linha de golo
goal line

a pequena área
goal area

a baliza
goal

o defesa
defender

o juiz de linha
linesman

a bandeirola
de canto
corner flag

o lançamento lateral
throw-in

chutar (v) | kick (v)

a bota
boot

passar (v)
pass (v)

atirar (v)
shoot (v)

fazer uma defesa (v)
save (v)

fazer uma entrada (v)
tackle (v)

vocabulário • vocabulary

o estádio stadium	a falta foul	o cartão amarelo yellow card	a liga league	o prolongamento extra time
marcar um golo (v) score a goal (v)	o canto corner	o fora de jogo off-side	o empate draw	o suplente substitute
a grande penalidade penalty	o cartão vermelho red card	a expulsão send off	o intervalo half time	a substituição substitution

o hóquei • hockey

o hóquei no gelo • ice hockey

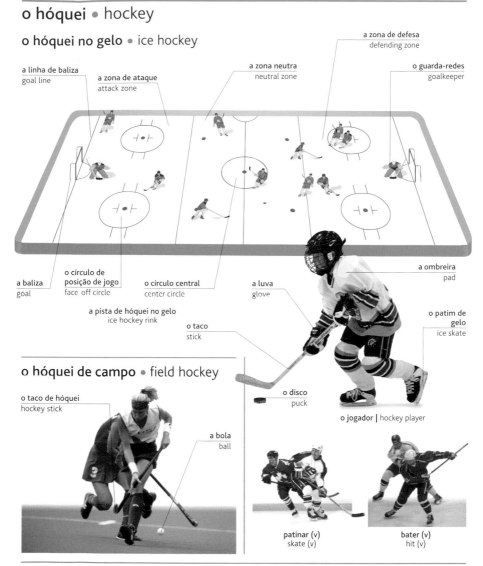

a zona de defesa
defending zone

a linha de baliza
goal line

a zona de ataque
attack zone

a zona neutra
neutral zone

o guarda-redes
goalkeeper

a baliza
goal

o círculo de
posição de jogo
face off circle

o círculo central
center circle

a luva
glove

a ombreira
pad

a pista de hóquei no gelo
ice hockey rink

o taco
stick

o patim de
gelo
ice skate

o disco
puck

o jogador | hockey player

o hóquei de campo • field hockey

o taco de hóquei
hockey stick

a bola
ball

patinar (v)
skate (v)

bater (v)
hit (v)

o críquete · cricket

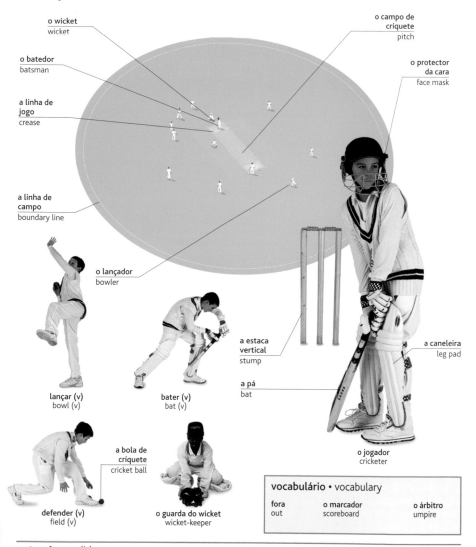

o wicket
wicket

o campo de críquete
pitch

o batedor
batsman

o protector da cara
face mask

a linha de jogo
crease

a linha de campo
boundary line

o lançador
bowler

a estaca vertical
stump

a caneleira
leg pad

a pá
bat

lançar (v)
bowl (v)

bater (v)
bat (v)

o jogador
cricketer

defender (v)
field (v)

a bola de críquete
cricket ball

o guarda do wicket
wicket-keeper

vocabulário · vocabulary		
fora	o marcador	o árbitro
out	scoreboard	umpire

o basquetebol • basketball

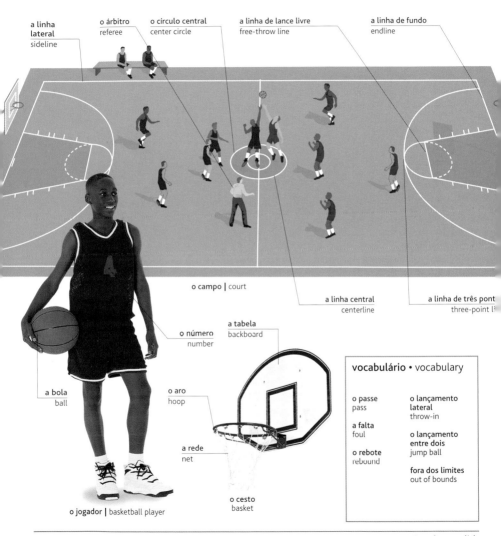

a linha lateral
sideline

o árbitro
referee

o círculo central
center circle

a linha de lance livre
free-throw line

a linha de fundo
endline

o campo | court

a linha central
centerline

a linha de três pont
three-point l

o número
number

a tabela
backboard

a bola
ball

o aro
hoop

a rede
net

o cesto
basket

o jogador | basketball player

vocabulário • vocabulary

o passe pass	o lançamento lateral throw-in
a falta foul	o lançamento entre dois jump ball
o rebote rebound	fora dos limites out of bounds

as acções • actions

lançar (v)
throw (v)

apanhar (v)
catch (v)

arremessar (v)
shoot (v)

saltar (v)
jump (v)

marcar (v)
mark (v)

bloquear (v)
block (v)

bater (v)
bounce (v)

encestar (v)
dunk (v)

o voleibol • volleyball

bloquear (v)
block (v)

a rede
net

defender baixo (v)
dig (v)

o árbitro
referee

a joelheira
knee support

o campo | court

o basebol · baseball

o campo · field

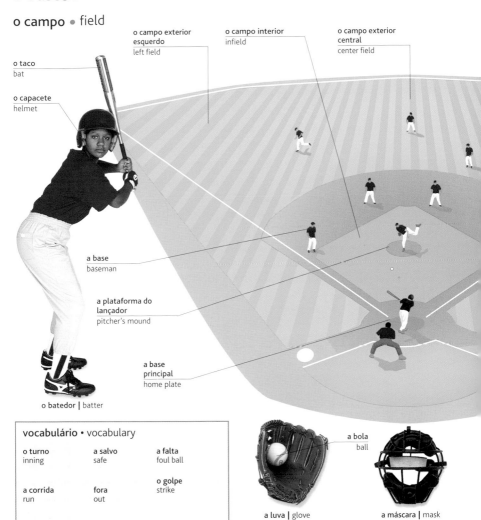

o campo exterior esquerdo
left field

o campo interior
infield

o campo exterior central
center field

o taco
bat

o capacete
helmet

a base
baseman

a plataforma do lançador
pitcher's mound

a base principal
home plate

o batedor | batter

vocabulário · vocabulary

o turno inning	a salvo safe	a falta foul ball
		o golpe strike
a corrida run	fora out	

a bola
ball

a luva | glove

a máscara | mask

as acções • actions

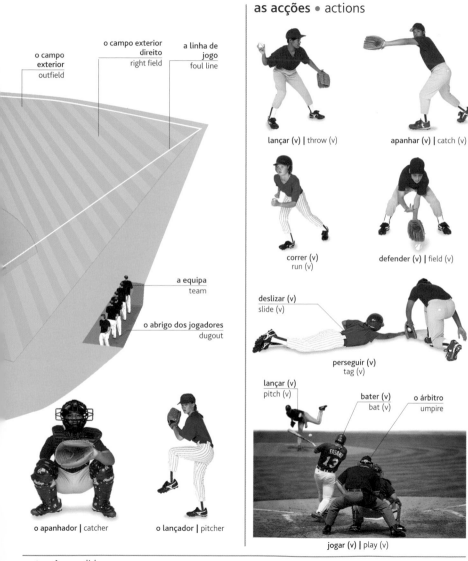

o campo exterior
outfield

o campo exterior direito
right field

a linha de jogo
foul line

a equipa
team

o abrigo dos jogadores
dugout

o apanhador | catcher

o lançador | pitcher

lançar (v) | throw (v)

apanhar (v) | catch (v)

correr (v)
run (v)

defender (v) | field (v)

deslizar (v)
slide (v)

perseguir (v)
tag (v)

lançar (v)
pitch (v)

bater (v)
bat (v)

o árbitro
umpire

jogar (v) | play (v)

o ténis • tennis

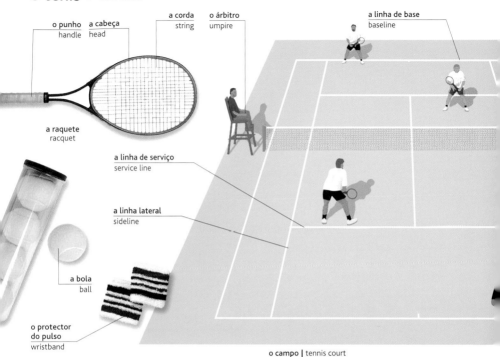

o punho
handle

a cabeça
head

a corda
string

o árbitro
umpire

a linha de base
baseline

a raquete
racquet

a linha de serviço
service line

a linha lateral
sideline

a bola
ball

o protector
do pulso
wristband

o campo | tennis court

vocabulário • vocabulary

os singulares singles	o set set	o empate deuce	a falta fault	o golpe com efeito slice	o efeito spin
as duplas doubles	a partida match	a vantagem advantage	o ás ace	a troca de bolas rally	o juiz de linha linesman
o jogo game	o tiebreak tiebreak	zero love	o golpe curto dropshot	rede! let!	o campeonato championship

os golpes · strokes

a rede
net

o smash
smash

o apanha-bolas
ballboy

servir (v)
serve (v)

os ténis
tennis shoes

o jogador | player

o serviço
serve

o voleio
volley

a devolução
return

o lob
lob

o golpe de direita
forehand

o golpe de esquerda
backhand

os jogos de raquete · racquet games

o volante
shuttlecock

a raquete
bat

o badminton
badminton

o ténis de mesa
table tennis

o squash
squash

o raquetebol
racquetball

o golfe · golf

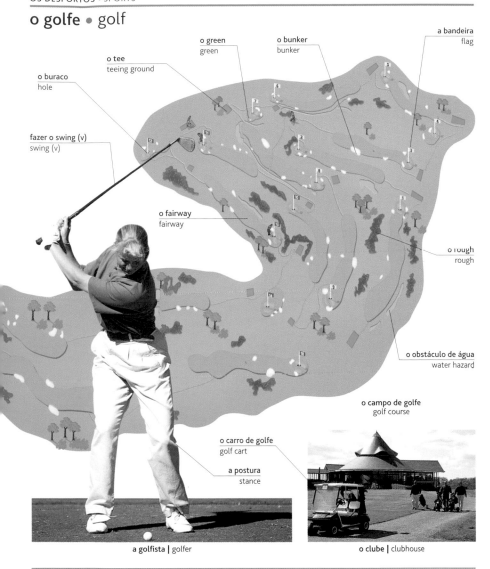

o buraco
hole

o tee
teeing ground

o green
green

o bunker
bunker

a bandeira
flag

fazer o swing (v)
swing (v)

o fairway
fairway

o rough
rough

o obstáculo de água
water hazard

o campo de golfe
golf course

o carro de golfe
golf cart

a postura
stance

a golfista | golfer

o clube | clubhouse

o equipamento • equipment

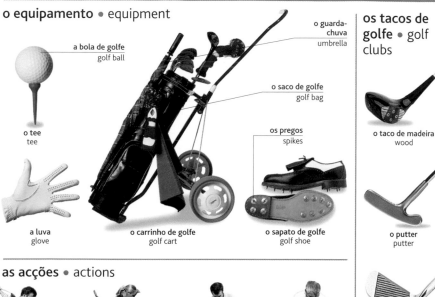

a bola de golfe
golf ball

o tee
tee

a luva
glove

o carrinho de golfe
golf cart

o guarda-chuva
umbrella

o saco de golfe
golf bag

os pregos
spikes

o sapato de golfe
golf shoe

os tacos de golfe • golf clubs

o taco de madeira
wood

o putter
putter

o taco de ferro
iron

o wedge
wedge

as acções • actions

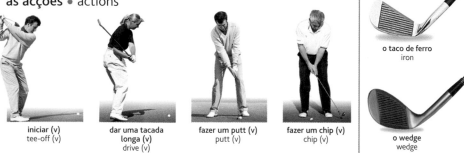

iniciar (v)
tee-off (v)

dar uma tacada longa (v)
drive (v)

fazer um putt (v)
putt (v)

fazer um chip (v)
chip (v)

vocabulário • vocabulary

o par par	acima do par over par	o handicap handicap	o caddie caddy	o backswing backswing	o golpe stroke
abaixo do par under par	o buraco com uma tacada hole in one	o torneio tournament	os espectadores spectators	o swing de prática practice swing	a linha de jogo line of play

o atletismo • track and field

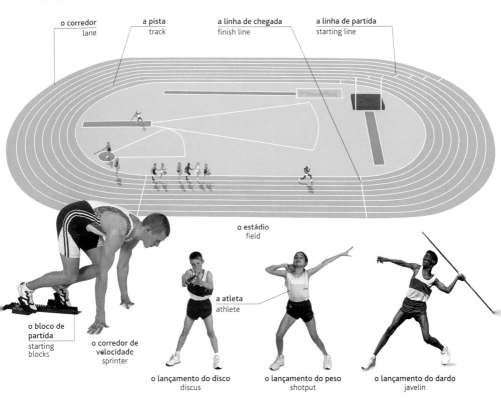

o corredor
lane

a pista
track

a linha de chegada
finish line

a linha de partida
starting line

o estádio
field

o bloco de partida
starting blocks

o corredor de velocidade
sprinter

a atleta
athlete

o lançamento do disco
discus

o lançamento do peso
shotput

o lançamento do dardo
javelin

vocabulário • vocabulary

a corrida race	o recorde record	o photo finish photo finish	o salto à vara pole vault
o tempo time	bater recorde (v) break a record (v)	a maratona marathon	a melhor marca pessoal personal best

o cronómetro
stopwatch

português • english

o bastão
baton

a barra
crossbar

a corrida de estafetas
relay race

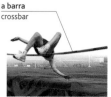

o salto em altura
high jump

o salto em comprimento
long jump

a corrida de barreiras
hurdles

a ginástica • gymnastics

o trampolim
springboard

o cavalo
horse

o salto mortal
somersault

a ginasta
gymnast

a trave | beam

a fita
ribbon

o tapete
praticável
mat

o salto de cavalo
vault

os exercícios de solo
floor exercises

a pirueta
tumble

ginástica rítmica
rhythmic gymnastics

vocabulário • vocabulary

a barra horizontal horizontal bar	o cavalo com arções pommel horse	as argolas rings	as medalhas medals	de prata silver
as paralelas parallel bars	as paralelas assimétricas asymmetric bars	o pódio podium	de ouro gold	de bronze bronze

os desportos de combate · combat sports

o adversário
opponent

o protector
guard

a luva
glove

a faixa
belt

o tae kwon do | tae-kwon-do

o karaté | karate

o judo | judo

a máscara
mask

a espada
sword

o aikido | aikido

o kendo | kendo

o kung fu | kung fu

o kickboxing | kickboxing

a luta livre | wrestling

o jogo de boxe | boxing

as acções • actions

a queda | fall

o agarrar | hold

a projecção | throw

a imobilização | pin

o pontapé | kick

o soco | punch

o ataque | strike

o ataque de mão aberta
chop

o pontapé em salto | jump

o bloqueio | block

---

vocabulário • vocabulary

o ringue de boxe boxing ring	o assalto round	o punho fist	a faixa preta black belt	a capoeira capoeira
as luvas de boxe boxing gloves	o combate bout	o nocaute knock out	a defesa pessoal self defense	a luta sumo sumo wrestling
o protector dos dentes mouth guard	o treinamento sparring	o saco de boxe punch bag	as artes marciais martial arts	o tai-chi tai-chi

a natação • swimming
o equipamento • equipment

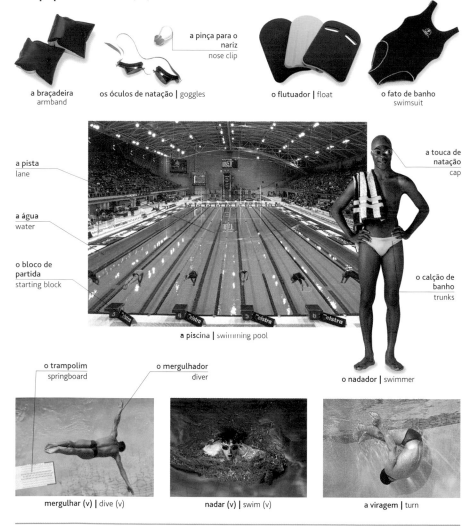

a braçadeira
armband

os óculos de natação | goggles

a pinça para o nariz
nose clip

o flutuador | float

o fato de banho
swimsuit

a pista
lane

a água
water

o bloco de partida
starting block

a touca de natação
cap

o calção de banho
trunks

a piscina | swimming pool

a touca de natação

o nadador | swimmer

o trampolim
springboard

o mergulhador
diver

mergulhar (v) | dive (v)

nadar (v) | swim (v)

a viragem | turn

os estilos • styles

crawl | front crawl

bruços | breaststroke

a braçada
stroke

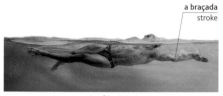

costas | backstroke

a pernada
kick

mariposa | butterfly

o mergulho submarino • scuba diving

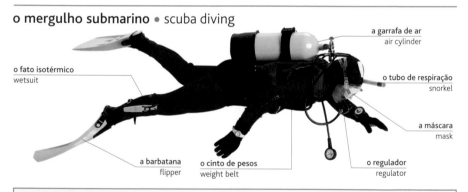

a garrafa de ar
air cylinder

o fato isotérmico
wetsuit

o tubo de respiração
snorkel

a máscara
mask

a barbatana
flipper

o cinto de pesos
weight belt

o regulador
regulator

vocabulário • vocabulary

o mergulho dive	fazer água (v) tread water (v)	os cacifos lockers	o pólo aquático water polo	a parte pouco profunda shallow end	a cãibra cramp
o mergulho alto high dive	o mergulho de partida racing dive	o salva-vidas lifeguard	a parte profunda deep end	a natação sincronizada synchronized swimming	afogar-se (v) drown (v)

a vela • sailing

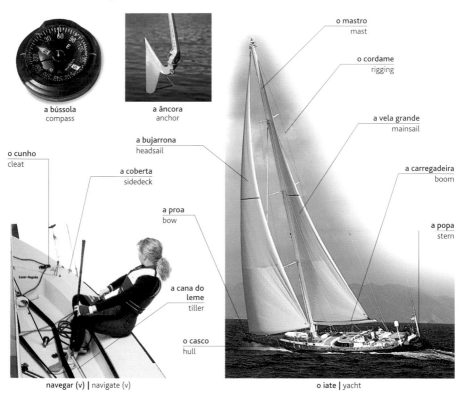

a bússola
compass

a âncora
anchor

o mastro
mast

o cordame
rigging

a vela grande
mainsail

a bujarrona
headsail

o cunho
cleat

a coberta
sidedeck

a carregadeira
boom

a proa
bow

a popa
stern

a cana do leme
tiller

o casco
hull

navegar (v) | navigate (v)

o iate | yacht

a segurança • safety

o sinal luminoso
flare

a bóia de salvação
lifebuoy

o colete de salvação
life jacket

a balsa de salvamento
life raft

os desportos aquáticos • watersports

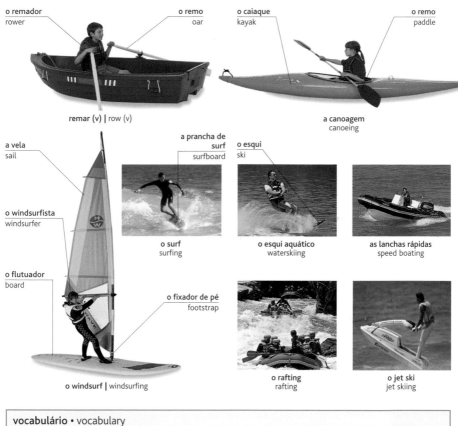

o remador
rower

o remo
oar

remar (v) | row (v)

o caiaque
kayak

o remo
paddle

a canoagem
canoeing

a vela
sail

o windsurfista
windsurfer

o flutuador
board

a prancha de surf
surfboard

o surf
surfing

o fixador de pé
footstrap

o windsurf | windsurfing

o esqui
ski

o esqui aquático
waterskiing

as lanchas rápidas
speed boating

o rafting
rafting

o jet ski
jet skiing

vocabulário • vocabulary

o esquiador aquático waterskier	a tripulação crew	o vento wind	a rebentação surf	a escota sheet	o patilhão centerboard
o surfista surfer	virar (v) tack (v)	a onda wave	os rápidos rapids	o leme rudder	virar (v) capsize (v)

a equitação · horse riding

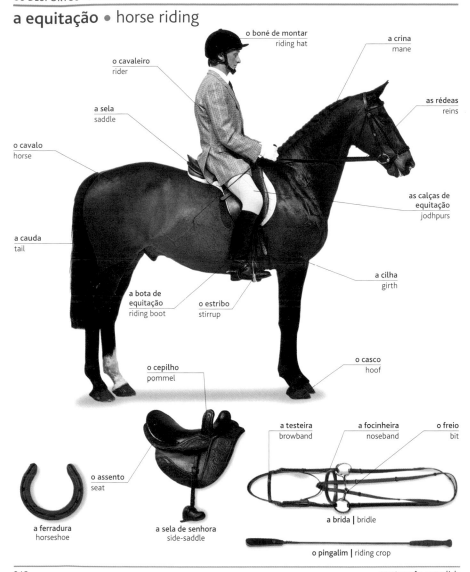

o boné de montar
riding hat

a crina
mane

o cavaleiro
rider

as rédeas
reins

a sela
saddle

o cavalo
horse

as calças de
equitação
jodhpurs

a cauda
tail

a cilha
girth

a bota de
equitação
riding boot

o estribo
stirrup

o casco
hoof

o cepilho
pommel

a testeira
browband

a focinheira
noseband

o freio
bit

o assento
seat

a ferradura
horseshoe

a sela de senhora
side-saddle

a brida | bridle

o pingalim | riding crop

as modalidades • events

o cavalo de corridas
racehorse

a barreira
fence

a corrida de cavalos
horse race

a corrida de obstáculos
steeplechase

a corrida de trote
harness race

o rodeio
rodeo

o concurso hípico de saltos
showjumping

a corrida de carruagens
carriage race

o passeio a cavalo | trekking

a dressage | dressage

o pólo | polo

vocabulário • vocabulary

o passo walk	**o galope leve** canter	**o salto** jump	**o cabresto** halter	**o cercado** paddock	**a corrida plana** flat race
o trote trot	**o galope** gallop	**o moço de estrebaria** groom	**o estábulo** stable	**a arena** arena	**o hipódromo** racecourse

a pesca • fishing

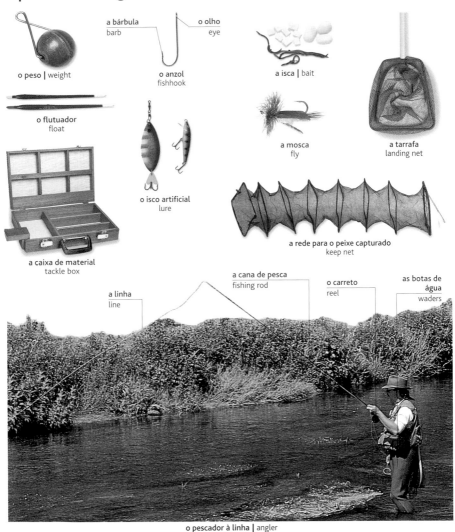

o peso | weight

a bárbula
barb

o olho
eye

o anzol
fishhook

a isca | bait

o flutuador
float

a mosca
fly

a tarrafa
landing net

o isco artificial
lure

a caixa de material
tackle box

a rede para o peixe capturado
keep net

a linha
line

a cana de pesca
fishing rod

o carreto
reel

as botas de
água
waders

o pescador à linha | angler

os tipos de pesca · types of fishing

a pesca em água doce
freshwater fishing

a pesca com mosca
fly fishing

a pesca desportiva
sport fishing

a pesca de alto mar
deep sea fishing

a pesca surfcasting
surfcasting

---

as acções · activities

lançar (v)
cast (v)

apanhar (v)
catch (v)

recolher (v)
reel in (v)

apanhar com a rede (v)
net (v)

libertar (v)
release (v)

---

vocabulário · vocabulary

iscar (v) bait (v)	**o material** tackle	**a roupa impermeável** waterproofs	**a licença de pesca** fishing license	**o cesto** creel
morder (v) bite (v)	**o tambor** spool	**a vara** pole	**a pesca marítima** marine fishing	**a pesca com arpão** spearfishing

o esqui • skiing

a pista de equi
ski slope

a telecadeira
chairlift

o teleférico
cable car

o fato de esqui
ski suit

o bastão
ski pole

a luva
glove

a pista de esqui
ski run

a barreira de segurança
safety barrier

a bota de esqui
ski boot

o esqui
ski

a lâmina
edge

a ponta
tip

a esquiadora
skier

português • english

as modalidades • events

o esqui downhill
downhill skiing

a porta
gate

o slalom
slalom

o salto
ski jump

o esqui de fundo
cross-country skiing

os desportos de inverno • winter sports

a escalada no gelo
ice climbing

a patinagem no gelo
ice skating

os óculos
goggles

o patim
skate

a patinagem artística
figure skating

o snowboarding
snowboarding

o bobsleigh
bobsled

o luge
luge

a mota de neve
snowmobile

andar de trenó
sledding

vocabulário • vocabulary

o esqui alpino alpine skiing	**o trenó com cães** dog sledding
o slalom gigante giant slalom	**a patinagem de velocidade** speed skating
fora da pista Backcountry skiing	**o biatlo** biathlon
o curling curling	**a avalanche** avalanche

outros desportos · other sports

o planador
glider

a asa delta
hang-glider

o voo planado
gliding

o pára-quedas
parachute

o voo com asa delta
hang-gliding

a corda
rope

a escalada
rock climbing

o paraquedismo
parachuting

o parapente
paragliding

o paraquedismo em queda livre
skydiving

o rapel
rapelling

o bungee-jumping
bungee jumping

o rally
rally driving

o piloto de corridas
racing driver

o automobilismo
motor racing

o motocross
motorcross

o motociclismo
motorcycle racing

o skate
skateboard

o patim de rodas
rollerskate

andar de skate
skateboarding

a patinagem
roller skating

a raquete
stick

o lacrosse
lacrosse

a máscara
mask

o florete
foil

a esgrima
fencing

o paulito
pin

o arco
bow

o alvo
target

a flecha
arrow

a aljava
quiver

o tiro ao arco
archery

o tiro ao alvo
target shooting

a bola de bowling
bowling ball

o bowling
bowling

o bilhar americano
pool

o snooker
snooker

a forma física · fitness

a bicicleta fixa
exercise bike

a máquina de exercício
gym machine

o banco
bench

os pesos
free weights

a barra
bar

o ginásio
gym

a máquina de remo
rowing machine

a passadeira
treadmill

a bicicleta elíptica
cross trainer

a treinadora pessoal
personal trainer

a máquina de step
step machine

a piscina
swimming pool

a sauna
sauna

os exercícios • exercises

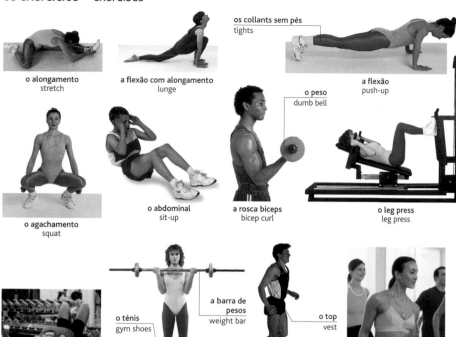

o alongamento
stretch

a flexão com alongamento
lunge

os collants sem pés
tights

a flexão
push-up

o abdominal
sit-up

o peso
dumb bell

a rosca bíceps
bicep curl

o leg press
leg press

o agachamento
squat

o chest press
chest press

o ténis
gym shoes

a barra de pesos
weight bar

o levantamento de pesos
weight training

o top
vest

o jogging
jogging

a aeróbica
aerobics

vocabulário • vocabulary

treinar (v) train (v)	fazer corrida estática (v) run in place (v)	alongar (v) extend (v)	o Pilates Pilates	o treino em circuito circuit training
aquecer (v) warm up (v)	flexionar (v) flex (v)	levantar (v) pull up (v)	o boxercise boxercise	saltar à corda (v) skipping

o lazer
leisure

o teatro · theater

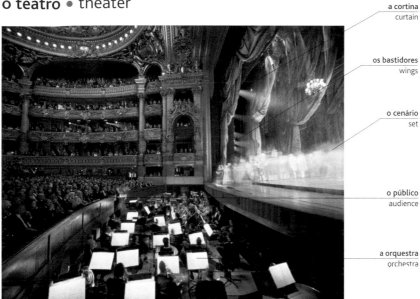

a cortina
curtain

os bastidores
wings

o cenário
set

o público
audience

a orquestra
orchestra

o palco | stage

o lugar
seat

o segundo balcão
upper circle

a fila
row

o camarote
box

o balcão
circle

a geral
balcony

o corredor
aisle

a plateia
orchestra seats

os lugares | seating

vocabulário · vocabulary

o elenco cast	o guião script	a estreia opening night
o actor actor	o pano de fundo backdrop	o intervalo intermission
a actriz actress	o director director	o programa program
a peça play	o produtor producer	o fosso da orquestra orchestra pit

o concerto | concert

o musical | musical

o traje
costume

o bailado | ballet

vocabulário • vocabulary

o arrumador usher	a banda sonora soundtrack	**A que horas começa?** What time does it start?
a música clássica classical music	aplaudir (v) applaud (v)	**Queria dois bilhetes para a sessão desta noite.** I'd like two tickets for tonight's performance.
a partitura musical score	o bis encore	

a ópera | opera

o cinema • cinema

as pipocas
popcorn

o foyer
lobby

a bilheteira
box office

o cartaz
poster

o cinema
movie theater

o ecrã
screen

vocabulário • vocabulary

a comédia comedy	o filme romântico romance
o filme de suspense thriller	o filme de ficção científica science fiction film
o filme de terror horror film	o filme de aventura adventure
o filme do oeste western	o filme de desenhos animados animated film

a orquestra · orchestra

os instrumentos de corda · strings

a harpa
harp

o maestro
conductor

o contrabaixo
double bass

o violino
violin

o pódio
podium

a viola
viola

o violoncelo
cello

a partitura
score

a clave de sol
treble clef

a nota
note

a pauta
staff

a clave de fá
bass clef

Andante

rit.

a notação | notation

o piano | piano

---

vocabulário · vocabulary

a abertura overture	a sonata sonata	a pausa rest	sustenido sharp	natural natural	a escala scale
a sinfonia symphony	os instrumentos instruments	o tom pitch	bemol flat	a barra bar	a batuta baton

---

os instrumentos de sopro de madeira · woodwind

o flautim
piccolo

a flauta
flute

o oboé
oboe

o corne inglês
English horn

o clarinete
clarinet

o clarinete baixo
bass clarinet

o fagote
bassoon

o contrafagote
double bassoon

o saxofone
saxophone

os instrumentos de percussão · percussion

o tímbale
kettledrum

o tantã
gong

os bongos
bongos

o tambor pequeno
snare drum

o címbalo
cymbals

a pandeireta
tambourine

o vibrafone
vibraphone

o triângulo
triangle

as maracas
maracas

os instrumentos de sopro de metal · brass

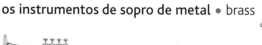

o trompete
trumpet

o trombone
trombone

a trompa
French horn

a tuba
tuba

o concerto · concert

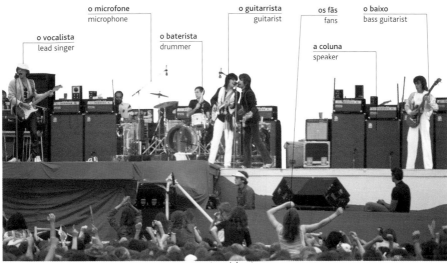

o vocalista
lead singer

o microfone
microphone

o baterista
drummer

o guitarrista
guitarist

os fãs
fans

o baixo
bass guitarist

a coluna
speaker

o concerto de rock | rock concert

os instrumentos · instruments

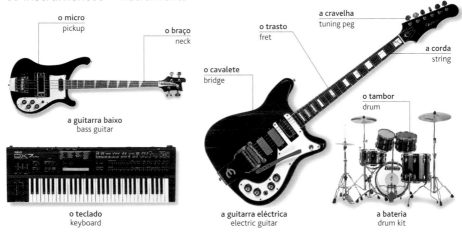

o micro
pickup

o braço
neck

o cavalete
bridge

o trasto
fret

a cravelha
tuning peg

a corda
string

o tambor
drum

a guitarra baixo
bass guitar

o teclado
keyboard

a guitarra eléctrica
electric guitar

a bateria
drum kit

os estilos musicais • musical styles

o jazz | jazz

o blues | blues

o punk | punk

a música folk | folk music

a pop | pop

a música de dança | dance

o rap | rap

o heavy metal | heavy metal

a música clássica | classical music

vocabulário • vocabulary

| a canção
song | a letra
lyrics | a melodia
melody | o ritmo
beat | o reggae
reggae | a música
country
country | o holofote
spotlight |

o turismo • sightseeing

o turista
tourist

a atracção turística | tourist attraction

o itinerário
itinerary

descoberto
open-top

o autocarro turístico | tour bus

a guia
turística
tour guide

a estatueta
statuette

a visita guiada
guided tour

as recordações
souvenirs

---

vocabulário • vocabulary

aberto open	**o guia** guide book	**a câmara de vídeo** camcorder	**esquerda** left	**Onde fica…?** Where is…?
fechado closed	**o filme** film	**a máquina fotográfica** camera	**direita** right	**Perdi-me.** I'm lost.
o preço da entrada admission charge	**as pilhas** batteries	**as indicações** directions	**a direito** straight ahead	**Pode indicar-me o caminho para…?** Can you tell me the way to….?

as atracções • attractions

o quadro
painting

a peça exposta
exhibit

a exposição
exhibition

as ruínas famosas
famous ruin

a galeria de arte
art gallery

o monumento
monument

o museu
museum

o edifício histórico
historic building

o casino
casino

os jardins
gardens

o parque nacional
national park

---

a informação • information

as horas
times

a planta
floor plan

o mapa
map

o horário
timetable

o posto de informação
turística
tourist information

---

português • english

as actividades ao ar livre · outdoor activities

o caminho
para peões
footpath

o relógio de sol
sundial

o café
café

o parque | park

a relva
grass

o banco
bench

os jardins
clássicos
formal gardens

a montanha russa
roller coaster

a feira
fairground

o parque temático
theme park

o parque de safari
safari park

o jardim zoológico
zoo

as actividades • activites

o ciclismo
cycling

o jogging
jogging

andar de skate
skateboarding

a patinagem
rollerblading

o caminho equestre
bridle path

a cesta
hamper

a ornitologia
bird watching

a equitação
horseback riding

o pedestrianismo
hiking

o piquenique
picnic

---

o parque infantil • playground

a caixa de areia
sandpit

a piscina plástica
paddling pool

os baloiços
swings

o balancé | seesaw

o escorrega | slide

a estrutura para escalar
climbing frame

a praia • beach

o hotel
hotel

o guarda-sol
beach umbrella

o toldo
beach hut

a areia
sand

a onda
wave

o mar
sea

o saco de praia
beach bag

o biquini
bikini

tomar banhos de sol (v) | sunbathe (v)

o salva-vidas
lifeguard

a torre de vigilância
lifeguard tower

o corta-vento
windbreak

o passeio marítimo
promenade

a espreguiçadeira
deck chair

os óculos de sol
sunglasses

o chapéu de sol
sunhat

o creme solar
suntan lotion

o protector solar total
sunblock

a bola de praia
beach ball

a bóia
rubber ring

o fato de banho
swimsuit

a pá
shovel

o balde
bucket

o castelo de areia
sandcastle

a concha
shell

a toalha de praia
beach towel

o campismo • camping

as casas de banho
toilets

o contentor
do lixo
waste disposal

os duches
shower block

o ponto de ligação
eléctrica
electric hook-up

o tecto duplo
flysheet

a estaca da tenda
tent peg

a corda
guy rope

a caravana
camper

o parque de campismo | campsite

---

vocabulário • vocabulary

acampar (v)
camp (v)

o escritório do chefe
do parque
site manager's office

há lugares
disponíveis
pitches available

cheio
full

o lugar
pitch

montar uma
tenda (v)
pitch a tent (v)

a estaca da
tenda
tent pole

a cama de
campismo
camp bed

a mesa de piquenique
picnic bench

a cama de rede
hammock

a roulotte
camper van

o atrelado
trailer

o carvão
charcoal

a acendalha
firelighter

acender uma
fogueira (v)
light a fire (v)

a fogueira
campfire

a estrutura
frame

a base isolante
tarp

a mochila
backpack

o termo
vacuum flask

o cantil
water bottle

a tenda
tent

o repelente de insectos
insect repellent

a lanterna
flashlight

o mosquiteiro
mosquito net

a roupa termo-isolante
thermals

as botas de trekking
hiking boots

a roupa impermeável
rain slicker

o saco de dormir
sleeping bag

a esteira
sleeping mat

o fogão de campismo
camping stove

o churrasco
barbecue

o colchão insuflável | air mattress

português • english

o entretenimento no lar • home entertainment

o discman
personal CD player

**o gravador de
minidiscos**
mini disk recorder

o leitor de MP3
MP3 player

o DVD
DVD disk

o leitor de DVD
DVD player

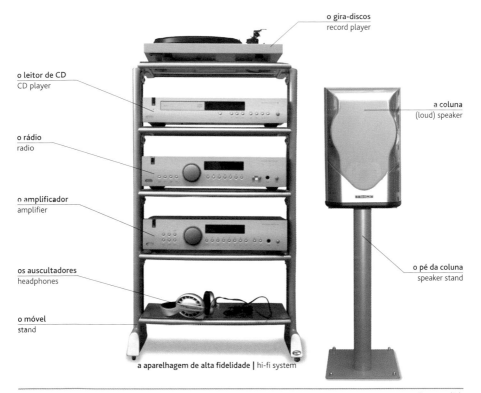

o gira-discos
record player

o leitor de CD
CD player

o rádio
radio

o amplificador
amplifier

os auscultadores
headphones

o móvel
stand

a coluna
(loud) speaker

o pé da coluna
speaker stand

a aparelhagem de alta fidelidade | hi-fi system

português • english

a cassete de vídeo
video tape

o gravador de vídeo
video recorder

o ecrã
screen

a viseira
eyecup

a câmara de vídeo
camcorder

a antena parabólica
satellite dish

o televisor de ecrã panorâmico
widescreen television

a consola
console

o comando
controller

o jogo de vídeo | video game

o avanço rápido
fast forward

a pausa
pause

gravar
record

o volume
volume

rebobinar (v)
rewind

parar
stop

ler
play

o telecomando | remote control

vocabulário • vocabulary

o disco compacto compact disc	o longa metragem feature film	o programa program	o canal pay-per-view pay per view channel	ver a televisão (v) watch television (v)
a cassete cassette tape	o anúncio advertisement	o estéreo stereo	mudar de canal (v) change channel (v)	desligar a televisão (v) turn the television off (v)
o leitor de cassetes cassette player	digital digital	a televisão por cabo cable television	ligar a televisão (v) turn the television on (v)	sintonizar o rádio (v) tune the radio (v)

a fotografia • photography

o indicador de fotos
frame counter

o flash
flash

o botão da abertura
do diafragma
aperture dial

o filtro
filter

o disparador
shutter release

a tampa da objectiva
lens cap

o botão de velocidade
shutter-speed dial

a objectiva
lens

a câmara SLR | SLR camera

o flash electrónico
flash gun

o fotómetro
lightmeter

a teleobjectiva
zoom lens

o tripé
tripod

os tipos de câmara • types of camera

a câmara digital
digital camera

a câmara APS
APS camera

a câmara Polaroid
instant camera

a câmara descartável
disposable camera

fotografar (v) • photograph (v)

a película
film

o rolo
film spool

focar (v)
focus (v)

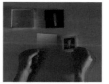

revelar (v)
develop (v)

o negativo
negative

o formato
horizontal
landscape

o formato
vertical
portrait

a fotografia | photograph

o álbum de fotografias
photo album

a moldura
photo frame

os problemas • problems

subexposto
underexposed

sobrexposto
overexposed

desfocado
out of focus

os olhos vermelhos
red eye

vocabulário • vocabulary

o visor
viewfinder

o estojo da câmara
camera case

a exposição
exposure

a câmara escura
darkroom

a foto (revelada)
print

mate
matte

brilhante
gloss

a ampliação
enlargement

Gostaria de revelar este rolo.
I'd like this film processed

os jogos • games

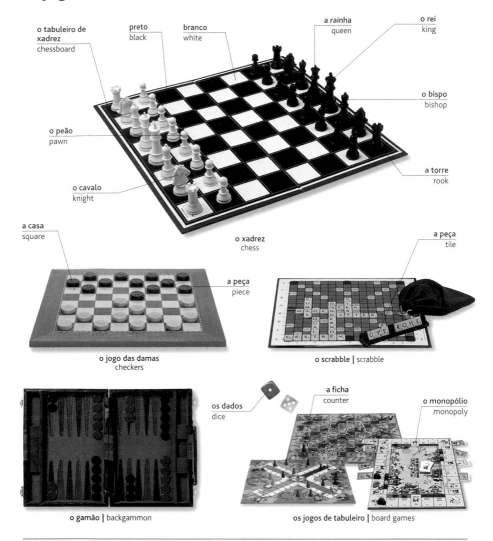

o tabuleiro de xadrez
chessboard

preto
black

branco
white

a rainha
queen

o rei
king

o bispo
bishop

o peão
pawn

o cavalo
knight

a torre
rook

a casa
square

o xadrez
chess

a peça
tile

a peça
piece

o jogo das damas
checkers

o scrabble | scrabble

os dados
dice

a ficha
counter

o monopólio
monopoly

o gamão | backgammon

os jogos de tabuleiro | board games

português • english

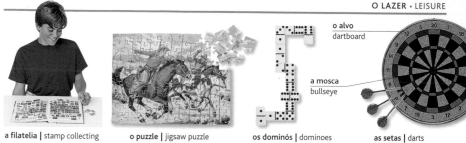

a filatelia | stamp collecting

o puzzle | jigsaw puzzle

os dominós | dominoes

o alvo
dartboard

a mosca
bullseye

as setas | darts

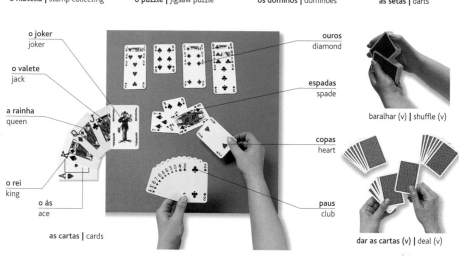

o joker
joker

o valete
jack

a rainha
queen

o rei
king

o ás
ace

ouros
diamond

espadas
spade

copas
heart

paus
club

as cartas | cards

baralhar (v) | shuffle (v)

dar as cartas (v) | deal (v)

vocabulário • vocabulary

a jogada move	ganhar (v) win (v)	o perdedor loser	o ponto point	o bridge bridge	Lança os dados. Roll the dice.
jogar (v) play (v)	o vencedor winner	o jogo game	a pontuação score	o baralho pack of cards	É a vez de quem? Whose turn is it?
o jogador player	perder (v) lose (v)	a aposta bet	o poker poker	o naipe suit	É a tua vez. It's your move.

português • english

273

as artes manuais · arts and crafts 1

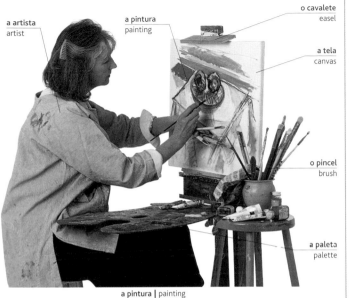

as tintas · paints

as tintas de óleo
oil paints

as aguarelas
watercolor paint

os pastéis
pastels

a artista / artist	a pintura / painting
o cavalete / easel	a tela / canvas
o pincel / brush	a paleta / palette

a pintura | painting

a tinta acrílica
acrylic paint

as cores · colors

 vermelho | red

 azul | blue

 amarelo | yellow

 verde | green

 laranja orange

 roxo | purple

 branco | white

 preto | black

 cinzento | grey

 rosa | pink

 castanho | brown

 anil | indigo

o guache
poster paint

outras artes manuais • other crafts

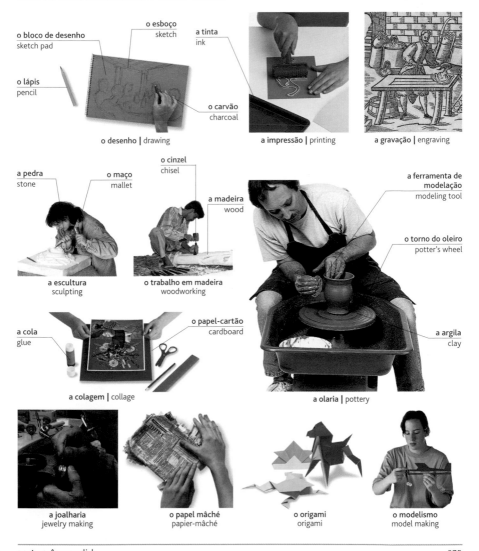

o bloco de desenho
sketch pad

o esboço
sketch

a tinta
ink

o lápis
pencil

o carvão
charcoal

o desenho | drawing

a impressão | printing

a gravação | engraving

a pedra
stone

o maço
mallet

o cinzel
chisel

a madeira
wood

a ferramenta de
modelação
modeling tool

o torno do oleiro
potter's wheel

a escultura
sculpting

o trabalho em madeira
woodworking

a cola
glue

o papel-cartão
cardboard

a argila
clay

a colagem | collage

a olaria | pottery

a joalharia
jewelry making

o papel mâché
papier-mâché

o origami
origami

o modelismo
model making

as artes manuais 2 • arts and crafts 2

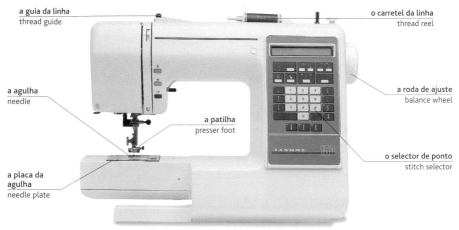

a guia da linha
thread guide

o carretel da linha
thread reel

a agulha
needle

a roda de ajuste
balance wheel

a patilha
presser foot

a placa da agulha
needle plate

o selector de ponto
stitch selector

a máquina de costura | sewing machine

a tesoura
scissors

o molde
pattern

a almofada de alfinetes
pin cushion

a fita métrica
tape measure

o tecido
material

o alfinete
pin

a linha
thread

o colchete fêmea
eye

o cesto de costura
sewing basket

a bobina
bobbin

o colchete macho
hook

o dedal
thimble

o marcador
tailor's chalk

o manequim
tailor's dummy

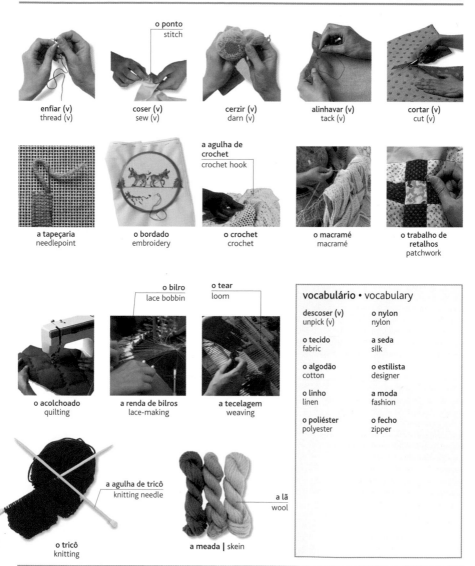

enfiar (v)
thread (v)

o ponto
stitch

coser (v)
sew (v)

cerzir (v)
darn (v)

alinhavar (v)
tack (v)

cortar (v)
cut (v)

a tapeçaria
needlepoint

o bordado
embroidery

a agulha de crochet
crochet hook

o crochet
crochet

o macramé
macramé

o trabalho de retalhos
patchwork

o bilro
lace bobbin

o tear
loom

o acolchoado
quilting

a renda de bilros
lace-making

a tecelagem
weaving

vocabulário · vocabulary

descoser (v)
unpick (v)

o nylon
nylon

o tecido
fabric

a seda
silk

o algodão
cotton

o estilista
designer

o linho
linen

a moda
fashion

o poliéster
polyester

o fecho
zipper

a agulha de tricô
knitting needle

a lã
wool

o tricô
knitting

a meada | skein

o ambiente
environment

o espaço · space

Mercúrio
Mercury

Terra
Earth

Marte
Mars

Júpiter
Jupiter

Urano
Uranus

Neptuno
Neptune

Plutão
Pluto

Vénus
Venus

Sol
Sun

Lua
Moon

Saturno
Saturn

o sistema solar | solar system

a cauda
tail

a estrela
star

a galáxia
galaxy

a nebulosa
nebula

o asteróide
asteroid

o cometa
comet

vocabulário · vocabulary

o universo universe	**o buraco negro** black hole	**a lua cheia** full moon
a órbita orbit	**o planeta** planet	**a lua nova** new moon
a gravidade gravity	**o meteoro** meteor	**o quarto crescente** crescent moon

o eclipse | eclipse

a exploração do espaço · space exploration

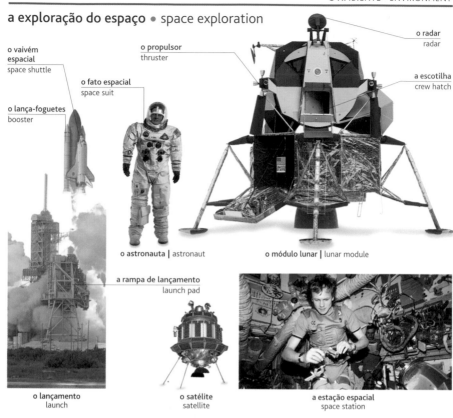

o radar
radar

o propulsor
thruster

a escotilha
crew hatch

o vaivém
espacial
space shuttle

o fato espacial
space suit

o lança-foguetes
booster

o astronauta | astronaut

o módulo lunar | lunar module

a rampa de lançamento
launch pad

o lançamento
launch

o satélite
satellite

a estação espacial
space station

a astronomia · astronomy

a constelação
constellation

o binóculo
binoculars

o telescópio
telescope

o tripé
tripod

português · english

a Terra · Earth

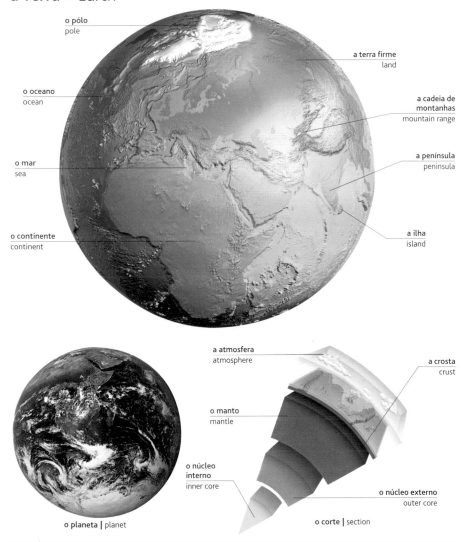

o pólo
pole

a terra firme
land

o oceano
ocean

a cadeia de
montanhas
mountain range

o mar
sea

a península
peninsula

o continente
continent

a ilha
island

a atmosfera
atmosphere

a crosta
crust

o manto
mantle

o núcleo
interno
inner core

o núcleo externo
outer core

o planeta | planet

o corte | section

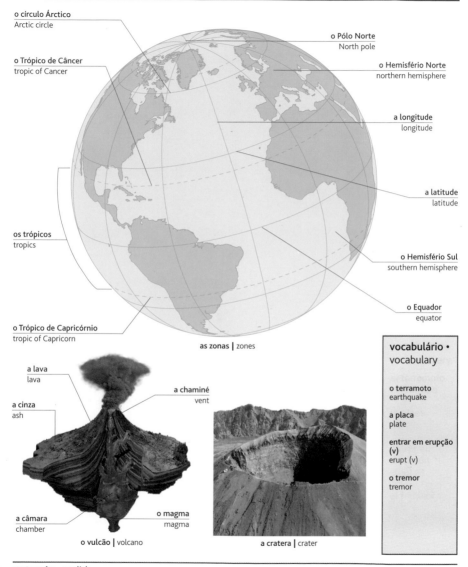

o círculo Árctico
Arctic circle

o Trópico de Câncer
tropic of Cancer

o Pólo Norte
North pole

o Hemisfério Norte
northern hemisphere

a longitude
longitude

a latitude
latitude

os trópicos
tropics

o Hemisfério Sul
southern hemisphere

o Equador
equator

o Trópico de Capricórnio
tropic of Capricorn

as zonas | zones

a lava
lava

a chaminé
vent

a cinza
ash

a câmara
chamber

o magma
magma

o vulcão | volcano

a cratera | crater

vocabulário • vocabulary

o terramoto
earthquake

a placa
plate

entrar em erupção (v)
erupt (v)

o tremor
tremor

a paisagem · landscape

a montanha
mountain

a encosta
slope

a margem
bank

o rio
river

os rápidos
rapids

as rochas
rocks

o glaciar
glacier

o vale | valley

a colina
hill

o planalto
plateau

o desfiladeiro
gorge

a caverna
cave

a planície | plain

o deserto | desert

a floresta | forest

o bosque | wood

a floresta tropical
rain forest

o pântano
swamp

o prado
meadow

a pradaria
grassland

a queda de água
waterfall

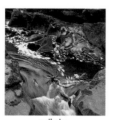

o ribeiro
stream

o lago
lake

o géiser
geyser

a costa
coast

o penhasco
cliff

o recife de coral
coral reef

o estuário
estuary

português • english

o tempo • weather

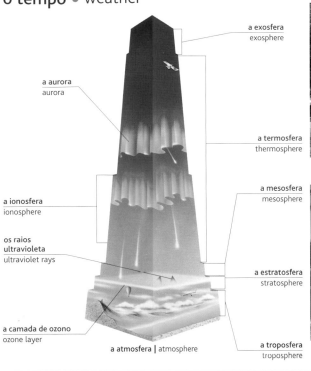

a exosfera
exosphere

a aurora
aurora

a termosfera
thermosphere

a mesosfera
mesosphere

a ionosfera
ionosphere

os raios
ultravioleta
ultraviolet rays

a estratosfera
stratosphere

a camada de ozono
ozone layer

a atmosfera | atmosphere

a troposfera
troposphere

o sol | sunshine

o vento | wind

vocabulário • vocabulary

a chuva com neve sleet	o aguaceiro shower	muito quente hot	seco dry	ventoso windy	Tenho calor/frio. I'm hot/cold.
o granizo hail	soalheiro sunny	frio cold	chuvoso wet	o temporal gale	Está a chover. It's raining.
o trovão thunder	nublado cloudy	quente warm	húmido humid	a temperatura temperature	A temperatura é de... graus. It's ... degrees.

a nuvem | cloud

a chuva | rain

o relâmpago
lightning

a tempestade | storm

a neblina | mist

o nevoeiro | fog

o arco-íris | rainbow

a neve | snow

a geada | frost

o gelo | ice

o sincelo
icicle

a vaga de frio | freeze

o furacão | hurricane

o tornado | tornado

a monção | monsoon

a inundação | flood

as rochas • rocks

ígneas • igneous

o granito
granite

a obsidiana
obsidian

o basalto
basalt

a pedra-pomes
pumice

sedimentares • sedimentary

o arenito
sandstone

a pedra calcária
limestone

o cré
chalk

a pederneira
flint

o conglomerado
conglomerate

o carvão
coal

metamórficas • metamorphic

a ardósia
slate

o xisto
schist

o gnaisse
gneiss

o mármore
marble

as pedras preciosas • gems

o rubi
ruby

a água-marinha
aquamarine

a ametista
amethyst

o jade
jade

o diamante
diamond

o azeviche
jet

a esmeralda
emerald

a opala
opal

a safira
sapphire

a pedra lunar
moonstone

a granada
garnet

o topázio
topaz

a turmalina
tourmaline

os minerais · minerals

o quartzo
quartz

a mica
mica

a pirite
sulfur

a hematite
hematite

a calcite
calcite

a malaquite
malachite

a turquesa
turquoise

o ónix
onyx

a ágata
agate

a grafite
graphite

os metais · metals

o ouro
gold

a prata
silver

a platina
platinum

o níquel
nickel

o ferro
iron

o cobre
copper

o estanho
tin

o alumínio
aluminum

o mercúrio
mercury

o zinco
zinc

os animais 1 • animals 1
os mamíferos • mammals

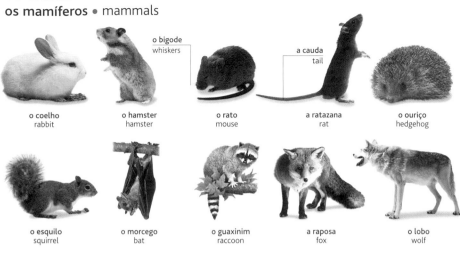

o bigode
whiskers

a cauda
tail

o coelho
rabbit

o hamster
hamster

o rato
mouse

a ratazana
rat

o ouriço
hedgehog

o esquilo
squirrel

o morcego
bat

o guaxinim
raccoon

a raposa
fox

o lobo
wolf

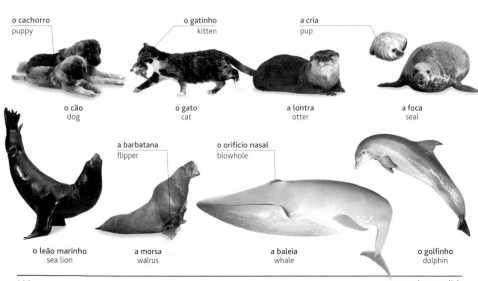

o cachorro
puppy

o gatinho
kitten

a cria
pup

o cão
dog

o gato
cat

a lontra
otter

a foca
seal

a barbatana
flipper

o orifício nasal
blowhole

o leão marinho
sea lion

a morsa
walrus

a baleia
whale

o golfinho
dolphin

o chifre
antler

a crina
mane

a corcova
hump

o casco
hoof

o veado
deer

a zebra
zebra

a girafa
giraffe

o dromedário
camel

a tromba
trunk

o corno
horn

o dente
tusk

o hipopótamo
hippopotamus

o elefante
elephant

o rinoceronte
rhinoceros

o tigre
tiger

a juba
mane

o leão
lion

o macaco
monkey

o gorila
gorilla

o koala
koala

a bolsa
pouch

o panda
panda

a garra
claw

o canguru
kangaroo

o urso
bear

o urso polar
polar bear

português · english

os animais 2 · animals 2
as aves · birds

a cauda
tail

o canário
canary

o pardal
sparrow

o colibri
hummingbird

a andorinha
swallow

o corvo
crow

o pombo
pigeon

o pica-pau
woodpecker

o falcão
falcon

o mocho
owl

a gaivota
gull

a águia
eagle

o pelicano
pelican

o flamingo
flamingo

a cegonha
stork

o grou
crane

o pinguim
penguin

a avestruz
ostrich

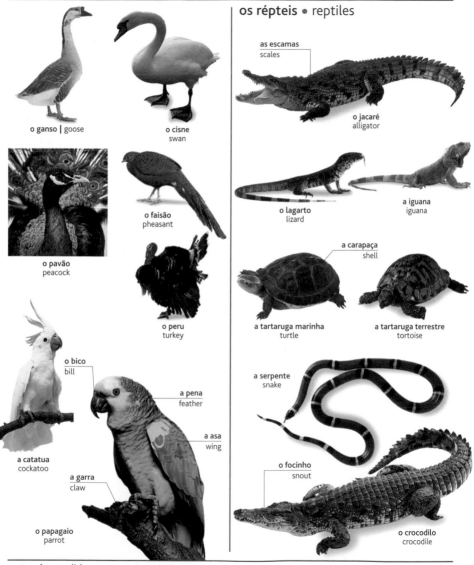

os répteis • reptiles

o ganso | goose

o cisne
swan

o pavão
peacock

o faisão
pheasant

o peru
turkey

a catatua
cockatoo

o bico
bill

a pena
feather

a asa
wing

a garra
claw

o papagaio
parrot

as escamas
scales

o jacaré
alligator

o lagarto
lizard

a iguana
iguana

a carapaça
shell

a tartaruga marinha
turtle

a tartaruga terrestre
tortoise

a serpente
snake

o focinho
snout

o crocodilo
crocodile

os animais 3 • animals 3
os anfíbios • amphibians

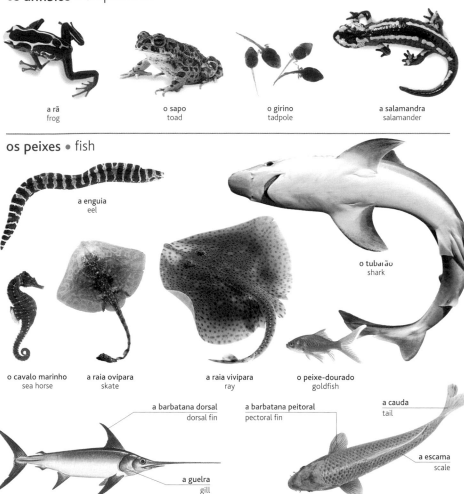

a rã
frog

o sapo
toad

o girino
tadpole

a salamandra
salamander

os peixes • fish

a enguia
eel

o tubarão
shark

o cavalo marinho
sea horse

a raia ovípara
skate

a raia vivípara
ray

o peixe-dourado
goldfish

a barbatana dorsal
dorsal fin

a barbatana peitoral
pectoral fin

a cauda
tail

a escama
scale

a guelra
gill

o peixe-espada | swordfish

a carpa koi | koi carp

os invertebrados • invertebrates

a formiga
ant

a térmite
termite

a abelha
bee

a vespa
wasp

o escaravelho
beetle

a barata
cockroach

a mariposa
moth

a antena
antenna

a borboleta
butterfly

o casulo
cocoon

a lagarta
caterpillar

o grilo | cricket

o gafanhoto
grasshopper

o louva-a-deus
praying mantis

a picada
sting

o escorpião
scorpion

a centopeia
centipede

a libelinha
dragonfly

a mosca
fly

o mosquito
mosquito

a joaninha
ladybug

a aranha
spider

a lesma
slug

o caracol
snail

a minhoca | worm

a estrela-do-mar
starfish

o mexilhão
mussel

o caranguejo | crab

homar | lobster

o polvo | octopus

a lula | squid

a alforreca | jellyfish

as plantas • plants

a árvore • tree

a folha
leaf

o raminho
twig

o ramo
branch

a casca
bark

a raiz
root

o tronco
trunk

o carvalho | oak

o salgueiro
willow

o álamo
poplar

o eucalipto
eucalyptus

o larício
larch

a faia
beech

a bétula
birch

o pinheiro
pine

o cedro
cedar

o ácer
maple

o olmo
elm

a tília
linden

o azevinho
holly

a baga
berry

a palmeira
palm

a planta de flor • flowering plant

a flor
flower

o estame
stamen

a pétala
petal

o cálice
calyx

a haste
stalk

o caule
stem

o botão
bud

o rainúnculo amarelo
buttercup

a margarida
daisy

o cardo
thistle

o dente-de-leão
dandelion

a urze
heather

a papoila
poppy

a dedaleira
foxglove

a madressilva
honeysuckle

o girassol
sunflower

o trevo
clover

as campainhas
bluebells

a prímula
primrose

os lupinos
lupins

a urtiga
nettle

a cidade · town

a rua
street

a berma do passeio
curb

a esquina
street corner

a loja
store

o cruzamento
intersection

a rua de
sentido único
one-way street

o passeio
pavement

o edifício de
escritórios
office building

o prédio de
habitação
apartment
buildimg

a viela
alley

o parque de
estaciona-mento
parking lot

o sinal de trânsito
street sign

o pegão
traffic post

o poste de
iluminação
street light

os edifícios • buildings

a câmara municipal
town hall

a biblioteca
library

o cinema
movie theater

o teatro
theater

a universidade
university

o arranha-céus
skyscraper

as zonas • areas

a zona industrial
industrial complex

a cidade
city

a escola
school

a periferia
suburb

a aldeia
village

---

vocabulário • vocabulary

a zona pedonal pedestrian zone	**a rua lateral** side street	**a porta de inspecção** manhole	**a sarjeta** gutter	**a igreja** church
a avenida avenue	**a praça** square	**a paragem de autocarro** bus stop	**a fábrica** factory	**o esgoto** drain

a arquitectura · architecture

os edifícios e as estruturas · buildings and structures

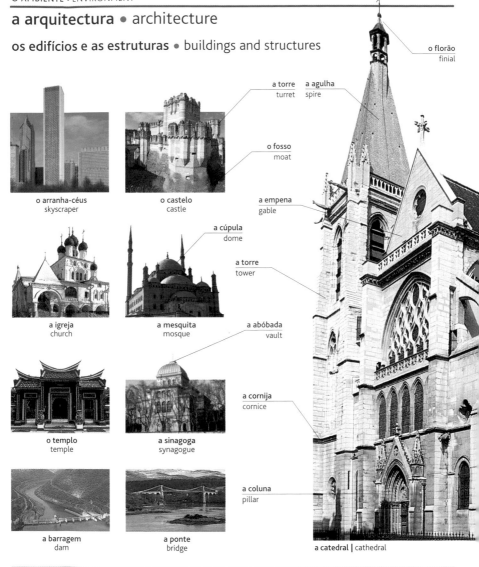

o arranha-céus
skyscraper

o castelo
castle

a torre
turret

a agulha
spire

o florão
finial

o fosso
moat

a empena
gable

a cúpula
dome

a torre
tower

a abóbada
vault

a cornija
cornice

a coluna
pillar

a igreja
church

a mesquita
mosque

o templo
temple

a sinagoga
synagogue

a barragem
dam

a ponte
bridge

a catedral | cathedral

os estilos · styles

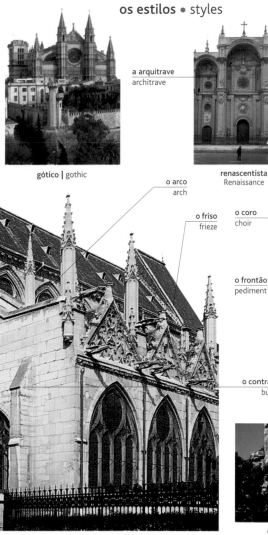

a arquitrave
architrave

renascentista
Renaissance

gótico | gothic

barroco
baroque

o arco
arch

o friso
frieze

o coro
choir

rococó
rococo

o frontão
pediment

o contraforte
buttress

neoclássico
neoclassical

arte nova
art nouveau

arte deco
art deco

referência
reference

as horas • time

o ponteiro dos
minutos
minute hand

o ponteiro
das horas
hour hand

o relógio
clock

vocabulário • vocabulary

o segundo second	**agora** now	**um quarto de hora** a quarter of an hour
o minuto minute	**mais tarde** later	**vinte minutos** twenty minutes
a hora hour	**meia hora** half an hour	**quarenta minutos** forty minutes

Que horas são?
What time is it?

São três horas.
It's three o'clock.

uma e cinco
five past one

uma e dez
ten past one

uma e um quarto
quarter past one

uma e vinte
twenty past one

o ponteiro dos
segundos
second hand

uma e vinte e cinco
twenty five past one

uma e meia
one thirty

vinte e cinco para as duas
twenty five to two

vinte para as duas
twenty to two

um quarto para as duas
quarter to two

dez para as duas
ten to two

cinco para as duas
five to two

duas horas
two o'clock

a noite e o dia • night and day

a meia-noite | midnight

o nascer do sol | sunrise

a aurora | dawn

a manhã | morning

o pôr-do-sol
sunset

o meio-dia
midday

o anoitecer | dusk

a noite | evening

a tarde | afternoon

vocabulário • vocabulary

cedo early	**Chegaste cedo.** You're early.	**Por favor não te atrases.** Please be on time.	**A que horas termina?** What time does it finish?
a horas on time	**Estás atrasado.** You're late.	**Até logo.** I'll see you later.	**Está a ficar tarde.** It's getting late.
atrasado late	**Chegarei daqui a pouco.** I'll be there soon.	**A que horas começa?** What time does it start?	**Quanto tempo vai durar?** How long will it last?

o calendário • calendar

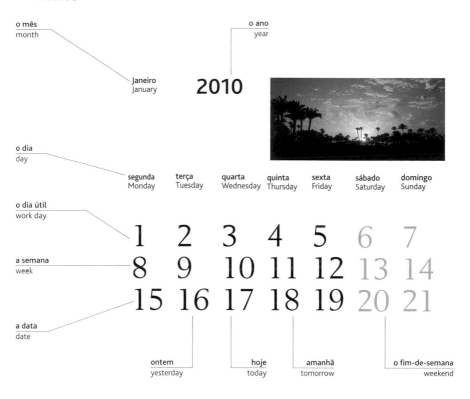

o mês
month

Janeiro
January

o ano
year

2010

o dia
day

segunda	terça	quarta	quinta	sexta	sábado	domingo
Monday	Tuesday	Wednesday	Thursday	Friday	Saturday	Sunday

o dia útil
work day

1	2	3	4	5	6	7

a semana
week

| 8 | 9 | 10 | 11 | 12 | 13 | 14 |

a data
date

| 15 | 16 | 17 | 18 | 19 | 20 | 21 |

ontem
yesterday

hoje
today

amanhã
tomorrow

o fim-de-semana
weekend

---

vocabulário • vocabulary

Janeiro	Março	Maio	Julho	Setembro	Novembro
January	March	May	July	September	November
Fevereiro	Abril	Junho	Agosto	Outubro	Dezembro
February	April	June	August	October	December

os anos • years

1900	**mil e novecentos** • nineteen hundred
1901	**mil novecentos e um** • nineteen hundred and one
1910	**mil novecentos e dez** • nineteen ten
2000	**dois mil** • two thousand
2001	**dois mil e um** • two thousand and one

as estações • seasons

a Primavera
spring

o Verão
summer

o Outono
fall

o Inverno
winter

vocabulário • vocabulary

o século century	**esta semana** this week	**semanal** weekly	**Que dia é hoje?** What's the date today?
a década decade	**na semana passada** last week	**mensal** monthly	**É o dia sete de Fevereiro de dois mil e dois.** It's February seventh, two thousand and two.
o milénio millennium	**na próxima semana** next week	**anual** annual	
a quinzena two weeks	**anteontem** the day before yesterday		
	depois de amanhã the day after tomorrow		

os números • numbers

0	zero • zero	20	vinte • twenty
1	um • one	21	vinte e um • twenty-one
2	dois • two	22	vinte e dois • twenty-two
3	três • three	30	trinta • thirty
4	quatro • four	40	quarenta • forty
5	cinco • five	50	cinquenta • fifty
6	seis • six	60	sessenta • sixty
7	sete • seven	70	setenta • seventy
8	oito • eight	80	oitenta • eighty
9	nove • nine	90	noventa • ninety
10	dez • ten	100	cem • one hundred
11	onze • eleven	110	cento e dez • one hundred and ten
12	doze • twelve	200	duzentos • two hundred
13	treze • thirteen	300	trezentos • three hundred
14	catorze • fourteen	400	quatrocentos • four hundred
15	quinze • fifteen	500	quinhentos • five hundred
16	dezasseis • sixteen	600	seiscentos • six hundred
17	dezassete • seventeen	700	setecentos • seven hundred
18	dezoito • eighteen	800	oitocentos • eight hundred
19	dezanove • nineteen	900	novecentos • nine hundred

1,000 **mil** • one thousand

10,000 **dez mil** • ten thousand

20,000 **vinte mil** • twenty thousand

50,000 **cinquenta mil** • fifty thousand

55,500 **cinquenta e cinco mil e quinhentos** • fifty-five thousand five hundred

100,000 **cem mil** • one hundred thousand

1,000,000 **um milhão** • one million

1,000,000,000 **mil milhões** • one billion

---

primeiro
first

segundo
second

terceiro
third

quarto • fourth

quinto • fifth

sexto • sixth

sétimo • seventh

oitavo • eighth

nono • ninth

décimo • tenth

décimo primeiro • eleventh

décimo segundo • twelfth

décimo terceiro • thirteenth

décimo quarto • fourteenth

décimo quinto • fifteenth

décimo sexto • sixteenth

décimo sétimo •
seventeenth

décimo oitavo • eighteenth

décimo nono • nineteenth

vigésimo • twentieth

vigésimo primeiro •
twenty-first

vigésimo segundo •
twenty-second

vigésimo terceiro •
twenty-third

trigésimo • thirtieth

quadragésimo • fortieth

quinquagésimo • fiftieth

sexagésimo • sixtieth

septuagésimo • seventieth

octogésimo • eightieth

nonagésimo • ninetieth

centésimo • one hundredth

---

os pesos e as medidas • weights and measures

a área • area

o pé quadrado
square foot

o metro quadrado
square meter

a distância • distance

o quilómetro
kilometer

a milha
mile

o prato
pan

a libra
pound

a onça
ounce

o quilograma
kilogram

o grama
gram

a balança | scales

vocabulário • vocabulary

a jarda yard	**a tonelada** ton	**medir (v)** measure (v)
o metro meter	**o miligrama** milligram	**pesar (v)** weigh (v)

o comprimento • length

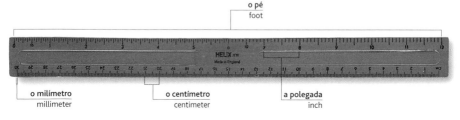

o pé
foot

o milímetro
millimeter

o centímetro
centimeter

a polegada
inch

a capacidade • capacity

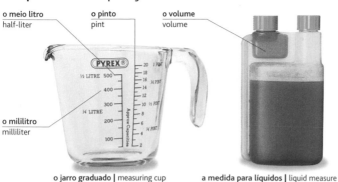

o meio litro
half-liter

o pinto
pint

o volume
volume

o mililitro
milliliter

o jarro graduado | measuring cup

a medida para líquidos | liquid measure

o recipiente • container

o pacote
carton

o pacote
packet

a garrafa
bottle

o saco
bag

a caixa | tub

o boião | jar

a lata
can

a lata | can

o pulverizador | liquid dispenser

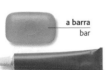

a barra
bar

o tubo
tube

o rolo
roll

o maço
pack

o spray
spray can

o mapa do mundo · world map

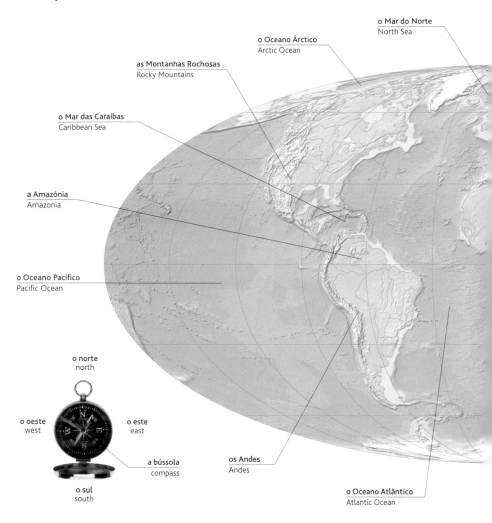

o Mar do Norte
North Sea

o Oceano Árctico
Arctic Ocean

as Montanhas Rochosas
Rocky Mountains

o Mar das Caraíbas
Caribbean Sea

a Amazónia
Amazonia

o Oceano Pacífico
Pacific Ocean

o norte
north

o oeste
west

o este
east

a bússola
compass

os Andes
Andes

o sul
south

o Oceano Atlântico
Atlantic Ocean

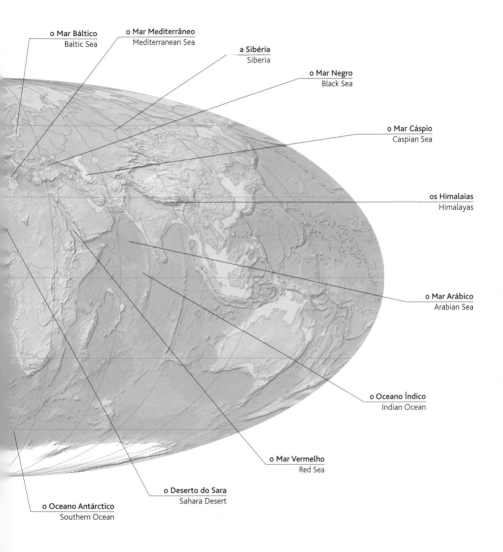

o Mar Báltico
Baltic Sea

o Mar Mediterrâneo
Mediterranean Sea

a Sibéria
Siberia

o Mar Negro
Black Sea

o Mar Cáspio
Caspian Sea

os Himalaias
Himalayas

o Mar Arábico
Arabian Sea

o Oceano Índico
Indian Ocean

o Mar Vermelho
Red Sea

o Deserto do Sara
Sahara Desert

o Oceano Antárctico
Southern Ocean

América do Norte e Central • North and Central America

Havai
Hawaii

1 **Alasca** • Alaska

2 **Canadá** • Canada

3 **Gronelândia** • Greenland

4 **Estados Unidos da América**
  • United States of America

5 **México** • Mexico

6 **Guatemala** • Guatemala

7 **Belize** • Belize

8 **El Salvador** • El Salvador

9 **Honduras** • Honduras

10 **Nicarágua** • Nicaragua

11 **Costa Rica** • Costa Rica

12 **Panamá** • Panama

13 **Cuba** • Cuba

14 **Baamas** • Bahamas

15 **Jamaica** • Jamaica

16 **Haiti** • Haiti

17 **República Dominicana** • Dominican Republic

18 **Porto Rico** • Puerto Rico

19 **Barbados** • Barbados

20 **Trindade e Tobago** • Trinidad and Tobago

21 **St. Kitts e Nevis** • St. Kitts and Nevis

22 **Antígua e Barbuda** • Antigua and Barbuda

23 **Domínica** • Dominica

24 **Santa Lúcia** • St. Lucia

25 **São Vicente e Granadinas** • St. Vincent and The
Grenadines

26 **Granada** • Grenada

América do Sul • South America

1 **Venezuela** • Venezuela

2 **Colômbia** • Colombia

3 **Equador** • Ecuador

4 **Peru** • Peru

5 **Ilhas Galápagos** • Galapagos Islands

6 **Guiana** • Guyana

7 **Suriname** • Suriname

8 **Guiana Francesa** • French Guiana

9 **Brasil** • Brazil

10 **Bolívia** • Bolivia

11 **Chile** • Chile

12 **Argentina** • Argentina

13 **Paraguai** • Paraguay

14 **Uruguai** • Uruguay

15 **Ilhas Malvinas** • Falkland Islands

vocabulário • vocabulary

o país country	**a província** province	**a zona** zone
a nação nation	**o território** territory	**o distrito** district
o estado state	**a colónia** colony	**a região** region
o continente continent	**o principado** principality	**a capital** capital

Europa · Europe

1 **Irlanda** · Ireland
2 **Reino Unido** · United Kingdom
3 **Portugal** · Portugal
4 **Espanha** · Spain
5 **Ilhas Baleares** · Balearic Islands
6 **Andorra** · Andorra
7 **França** · France
8 **Bélgica** · Belgium
9 **Países Baixos** · Netherlands
10 **Luxemburgo** · Luxembourg
11 **Alemanha** · Germany
12 **Dinamarca** · Denmark
13 **Noruega** · Norway
14 **Suécia** · Sweden
15 **Finlândia** · Finland
16 **Estónia** · Estonia
17 **Látvia** · Latvia
18 **Lituânia** · Lithuania
19 **Kaliningrado** · Kaliningrad
20 **Polónia** · Poland
21 **República Checa** · Czech Republic
22 **Áustria** · Austria
23 **Liechtenstein** · Liechtenstein
24 **Suíça** · Switzerland
25 **Itália** · Italy
26 **Mónaco** · Monaco
27 **Córsega** · Corsica
28 **Sardenha** · Sardinia
29 **São Marinho** · San Marino
30 **Cidade do Vaticano** · Vatican City
31 **Sicília** · Sicily

32 **Malta** · Malta
33 **Eslovénia** · Slovenia
34 **Croácia** · Croatia
35 **Hungria** · Hungary
36 **Eslováquia** · Slovakia
37 **Ucrânia** · Ukraine
38 **Bielorrússia** · Belarus
39 **Moldávia** · Moldova
40 **Roménia** · Romania
41 **Sérvia** · Serbia

42 **Bósnia-Herzegovina** · Bosnia and Herzegovina
43 **Albânia** · Albania
44 **Macedónia** · Macedonia
45 **Bulgária** · Bulgaria
46 **Grécia** · Greece
47 **Kosovo (disputado)** · Kosovo (disputed)
48 **Montenegro** · Montenegro

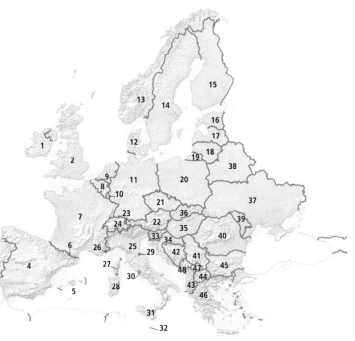

África • Africa

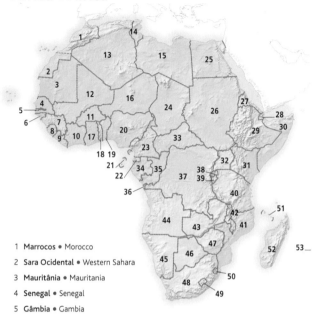

1 **Marrocos** • Morocco
2 **Sara Ocidental** • Western Sahara
3 **Mauritânia** • Mauritania
4 **Senegal** • Senegal
5 **Gâmbia** • Gambia
6 **Guiné-Bissau** • Guinea-Bissau
7 **Guiné** • Guinea
8 **Serra Leoa** • Sierra Leone
9 **Libéria** • Liberia
10 **Costa do Marfim** • Ivory Coast
11 **Burquina Faso** • Burkina Faso
12 **Mali** • Mali
13 **Argélia** • Algeria
14 **Tunísia** • Tunisia
15 **Líbia** • Libya
16 **Níger** • Niger
17 **Gana** • Ghana
18 **Togo** • Togo
19 **Benim** • Benin

20 **Nigéria** • Nigeria
21 **São Tomé e Príncipe** • São Tomé and Principe
22 **Guiné Equatorial** • Equatorial Guinea
23 **Camarões** • Cameroon
24 **Chade** • Chad
25 **Egipto** • Egypt
26 **Sudão** • Sudan
27 **Eritreia** • Eritrea
28 **Djibuti** • Djibouti
29 **Etiópia** • Ethiopia
30 **Somália** • Somalia
31 **Quénia** • Kenya
32 **Uganda** • Uganda

33 **República Centro-Africana** • Central African Republic
34 **Gabão** • Gabon
35 **Congo** • Congo
36 **Cabinda** • Cabinda (Angola)
37 **República Democrática do Congo** • Democratic Republic of the Congo
38 **Ruanda** • Rwanda
39 **Burundi** • Burundi
40 **Tanzânia** • Tanzania
41 **Moçambique** • Mozambique
42 **Malawi** • Malawi
43 **Zâmbia** • Zambia
44 **Angola** • Angola
45 **Namíbia** • Namibia
46 **Botsuana** • Botswana
47 **Zimbabwe** • Zimbabwe
48 **África do Sul** • South Africa
49 **Lesoto** • Lesotho
50 **Suazilândia** • Swaziland
51 **Comores** • Comoros
52 **Madagáscar** • Madagascar
53 **Maurícia** • Mauritius

Ásia • Asia

1 **Turquia** • Turkey

2 **Chipre** • Cyprus

3 **Federação Russa** • Russian Federation

4 **Geórgia** • Georgia

5 **Arménia** • Armenia

6 **Azerbaijão** • Azerbaijan

7 **Irão** • Iran

8 **Iraque** • Iraq

9 **Síria** • Syria

10 **Líbano** • Lebanon

11 **Israel** • Israel

12 **Jordânia** • Jordan

13 **Arábia Saudita** • Saudi Arabia

14 **Kuwait** • Kuwait

15 **Barém** • Bahrain

16 **Qatar** • Qatar

17 **Emiratos Árabes Unidos** • United Arab Emirates

18 **Omã** • Oman

19 **Iémen** • Yemen

20 **Cazaquistão** • Kazakhstan

21 **Usbequistão** • Uzbekistan

22 **Turquemenistão** • Turkmenistan

23 **Afeganistão** • Afghanistan

24 **Tajiquistão** • Tajikistan

25 **Quirguistão** • Kyrgyzstan

26 **Paquistão** • Pakistan

27 **Índia** • India

28 **Maldivas** • Maldives

29 **Sri Lanka** • Sri Lanka

30 **China** • China

31 **Mongólia** • Mongolia

32 **Coreia do Norte** • North Korea

33 **Coreia do Sul** • South Korea

34 **Japão** • Japan

35 **Nepal** • Nepal

36 **Butão** • Bhutan

37 **Bangladeche** • Bangladesh

38 **Burma (Mianmar)** • Burma (Myanmar)

39 **Tailândia** • Thailand

40 **Laos** • Laos

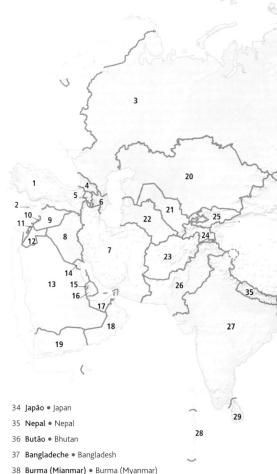

Australásia · Australasia

1 **Austrália** · Australia
2 **Tasmânia** · Tasmania
3 **Nova Zelândia** · New Zealand

41 **Vietname** · Vietnam
42 **Cambodja** · Cambodia
43 **Malásia** · Malaysia
44 **Singapura** · Singapore
45 **Indonésia** · Indonesia
46 **Brunei** · Brunei
47 **Filipinas** · Philippines
48 **Timor-Leste** · East Timor
49 **Papua-Nova Guiné** · Papua New Guinea
50 **Ilhas Salomão** · Solomon Islands
51 **Vanuatu** · Vanuatu
52 **Fiji** · Fiji

advérbios e antónimos • particles and antonyms

a, para to	**de** from	**para** for	**para, em direcção a** towards
em cima de over	**debaixo de** under	**ao longo de** along	**através de** across
em frente de in front of	**atrás de** behind	**com** with	**sem** without
sobre onto	**para dentro de** into	**antes** before	**depois de** after
em in	**fora** out	**por** by	**até** until
acima above	**por baixo, abaixo de** below	**cedo** early	**tarde** late
dentro inside	**fora** outside	**agora** now	**mais tarde** later
em cima, até up	**para baixo, em baixo** down	**sempre** always	**nunca** never
em at	**para além de** beyond	**frequentemente** often	**raramente** rarely
através de through	**cerca de** around	**ontem** yesterday	**amanhã** tomorrow
por cima on top of	**ao lado de** beside	**primeiro** first	**último** last
entre between	**em frente de** opposite	**cada** every	**alguns** some
perto near	**longe** far	**cerca de** about	**exactamente** exactly
aqui here	**ali** there	**um pouco** a little	**muito** a lot

grande large	**pequeno** small	**quente** hot	**frio** cold
largo wide	**estreito** narrow	**aberto** open	**fechado** closed
alto tall	**baixo** short	**cheio** full	**vazio** empty
alto high	**baixo** low	**novo** new	**velho** old
grosso thick	**fino** thin	**claro** light	**escuro** dark
leve light	**pesado** heavy	**fácil** easy	**difícil** difficult
duro hard	**mole** soft	**livre** free	**ocupado** occupied
húmido wet	**seco** dry	**forte** strong	**fraco** weak
bom good	**mau** bad	**gordo** fat	**magro** thin
rápido fast	**lento** slow	**jovem** young	**velho** old
certo correct	**errado** wrong	**melhor** better	**pior** worse
limpo clean	**sujo** dirty	**preto** black	**branco** white
bonito beautiful	**feio** ugly	**interessante** interesting	**aborrecido** boring
caro expensive	**barato** cheap	**doente** sick	**bem** well
silencioso quiet	**barulhento** noisy	**início** beginning	**fim** end

frases úteis • useful phrases

frases essenciais •
essential phrases

Sim
Yes

Não
No

Talvez
Maybe

Por favor
Please

Obrigado
Thank you

De nada
You're welcome

Com licença
Excuse me

Desculpe
I'm sorry

Não
Don't

OK
OK

Está bem
That's fine

Está certo
That's correct

Está mal/errado
That's wrong

saudações • greetings

Olá
Hello

Adeus
Goodbye

Bom dia
Good morning

Boa tarde
Good afternoon

Boa noite
Good evening

Boa noite
Good night

Como está?
How are you?

Chamo-me...
My name is...

Como se chama?
What is your name?

Como se chama ele/ela?
What is his/her name?

Apresento-lhe...
May I introduce...

Este/Esta é...
This is...

É um prazer conhecê-lo
Pleased to meet you

Até logo
See you later

sinais • signs

A informação turística
Tourist information

Entrada
Entrance

Saída
Exit

Saída de emergência
Emergency exit

Empurrar
Push

Perigo
Danger

Não fumar
No smoking

Avariado
Out of order

Horário de abertura
Opening times

Entrada livre
Free admission

Aberto todo o dia
Open all day

Preço reduzido
Reduced price

Saldos
Sale

Bata antes de entrar
Knock before entering

Proibido pisar a relva
Keep off the grass

ajuda • help

Pode ajudar-me?
Can you help me?

Não compreendo
I don't understand

Não sei
I don't know

Fala inglês, francês...?
Do you speak English,
French...?

Falo inglês, espanhol...
I speak English, Spanish...

Por favor fale mais devagar
Please speak more slowly

Pode-me escrever isso, por favor?
Please write it down for me

Perdi...
I have lost...

indicações • directions

Estou perdido
I am lost

Onde fica o/a...?
Where is the...?

Onde fica o/a... mais próximo/a?
Where is the nearest...?

Onde ficam as casas de banho?
Where are the toilets?

Como vou para...?
How do I get to...?

À direita
To the right

À esquerda
To the left

Sempre em frente
Straight ahead

A que distância fica o/a...?
How far is...?

os sinais de trânsito • road signs

Todos os sentidos
All directions

Atenção
Caution

Proibida a entrada
Do not enter

Diminuir a velocidade
Slow down

Desvio
Diversion

Circular pela direita
Keep to the right

Autoestrada
Motorway

Proibido estacionar
No parking

Estrada sem saída
No through road

Rua de sentido único
One-way street

Outras direcções
Other directions

Residentes apenas
Residents only

Obras na estrada
Roadworks

Curva perigosa
Dangerous bend

alojamento • accommodation

Tenho uma reserva
I have a reservation

Onde é a sala de refeições?
Where is the dining room?

O número do meu quarto é o...
My room number is...

A que horas é o pequeno-almoço?
What time is breakfast?

Voltarei às... horas
I'll be back at... o'clock

Vou embora amanhã
I'm leaving tomorrow

comida e bebida • eating and drinking

Saúde!
Cheers!

Está delicioso/horrível
It's delicious/awful

Não bebo/fumo
I don't drink/smoke

Não como carne
I don't eat meat

Não quero mais, obrigado
No more for me, thank you

Posso repetir?
May I have some more?

Pode trazer-nos a conta?
May we have the bill?

Pode dar-me um recibo?
Can I have a receipt?

Zona de não fumadores
No-smoking area

saúde • health

Não me sinto bem
I don't feel well

Tenho náuseas
I feel sick

Qual é o número de telefone do médico mais próximo?
What is the telephone number of the nearest doctor?

Dói-me aqui
It hurts here

Tenho febre
I have a temperature

Estou grávida de... meses
I'm... months pregnant

Preciso de uma receita de...
I need a prescription for...

Normalmente tomo...
I normally take...

Sou alérgico a...
I'm allergic to...

Índice português • Portuguese index

A

a 320
à la carte 152
aba do telhado f 58
abacate m 128
abaixo de 320
abaixo do par 233
abalado 25
abas de raia f 120
abdómen m 12
abdominais m 16
abdominal m 251
abelha f 295
aberto 260, 321
abertura f 256
abóbada f 300
abóbora f 125
abóbora-menina f 124
abóbora-porqueira f 125
aborrecido 25, 321
aborto espontâneo m 52
abre-latas m 68
abrigo da paragem m 197
abrigo dos jogadores m 229
Abril 306
absolvido 181
acácia f 110
academia de dança f 169
açafrão m 132
acampar (v) 266
acções f 227, 229, 233, 237, 245
acções f 97
acelerador m 200, 204
acelga f 123
acendalha f 266
acender uma fogueira (v) 266
ácer m 296
acesso para cadeiras de rodas m 197
acessórios m 36, 38
acidente de carro m 203
acidente m 46
ácido 127
acima 320
acima do par 233
aço inoxidável m 79
acolchoado m 277
acompanhamento m 153
acontecimentos da vida m 26
acordar (v) 71
acordo comercial m 175
acta f 174
actividades ao ar livre m 262
actividades f 162, 183, 263
actor m 191, 254
actores m 179
actriz f 254
acupressão f 55
acupunctura f 55
acusação f 94, 180

acusado m 180
adesivo m 47
admissão da água f 61
admissão f 61
adolescente f 23
adornos para o jardim m 84
adubar à superfície (v) 90
adubo m 91
adulto m 23
adversário m 236
advogado m 180, 190
aeróbica f 251
aeroporto m 212
Afeganistão 318
afiador de facas m 68, 118
afinação f 203
afogar-se (v) 239
África 317
África do Sul 317
aftershave m 73
agachamento m 251
agarrar m 237
ágata f 289
agência de viagens f 114
agenda f 175
agenda organiser f 173
agente da polícia m 94
agente de viagens f 190
agente imobiliária f 189
agente imobiliário m 115
agitador m 150
aglomerado m 79
agora 304, 320
Agosto 306
agrafador m 173
agrafos m 173
agressão f 94
agrião m 123
agricultor m 182, 189
água da torneira f 144
água de colónia f 41
água engarrafada f 144
água f 144, 238
água gasosa f 144
água mineral f 144
água tónica f 144
aguaceiro m 286
água-marinha f 288
aguarelas f 274
aguarrás f 83
águia f 292
agulha de crochet f 277
agulha de tricô f 277
agulha f 109, 276, 300
aikido m 236
aileron m 210
aipo m 122
aipo-rábano m 124
airbag m 201
ajudante do chefe m 152
álamo m 296

alarme anti-roubo m 58
alarme de incêndio m 95
Alasca 314
alavanca da jante f 207
alavanca de emergência f 209
alavanca de mudanças f 207
alavanca do travão f 207
alavanca f 61, 150
Albânia 316
álbum de fotografias m 271
alça do pedal f 207
alça f 35
alça para ombro f 37
alça reflectora f 205
alcachofra f 124, 125
alcaçuz m 113
alcaparras f 143
alcaravia f 131
alcatifa f 71
alcatrão m 187
alcofa f 74, 75
aldeia f 299
alegação do arguido f 180
Alemanha 316
alergia f 44
alface f 123
alfafa f 184
alfaiate m 115, 191
alfândega f 212, 216
alfinete de gravata m 36
alfinete de segurança m 47
alfinete m 173, 276
alforreca f 295
algemas f 94
algeroz m 58
algodão m 184, 277
alguns 320
alho francês m 125
alho m 125, 132
ali 320
alicate corta-arames m 81
alicate de bico fino m 80
alicate m 80
alimentos engarrafados m 134
alimentos m 117
alinhavar (v) 277
alisar (v) 39
aljava f 249
almoço de negócios m 175
almoço m 64
almofada de alfinetes m 276
almofada de ombro 35
almofada de tricô f 173
almofada do antepé f 15
almofada f 62, 70
almofariz m 68, 167
alongamento m 251
alongar (v) 251
alpendre m 182
alperce m 126
alquequenje m 128

alternador m 203
altifalante m 176
altitude f 211
alto 321
altura f 165
aluguer de carros m 213
alumínio m 289
aluna f 162
aluno m 162
alvo m 249, 273
amaciador de roupa m 76
amaciador m 38
amamentação f 53
amamentar (v) 53
amanhã 306, 320
amarelo 274
amargo 124
amarrar (v) 217
amassar (v) 138
Amazónia f 312
ambiente m 279
ambulância f 94
amêijoa f 121
ameixa f 126
ameixa seca f 129
amêndoa f 122, 129
amêndoas f 151
amendoim m 129
amendoins m 151
América do Norte e Central 314
América do Sul 315
ametista f 288
amigo m 24
amniocentese f 52
amora f 127
ampere m 60
ampliação f 58, 271
ampliar (v) 172
amplificador m 268
analgésico m 109
analgésicos m 47
análise de sangue f 48
análise f 49
ananás m 128
anca f 12
ancinho m 88
âncora f 214, 240
ancoragem f 217
andaime m 186
andar de bicicleta (v) 207
andar de skate 249, 263
andar de trenó 247
Andes m 312
andorinha f 292
Andorra 316
anel m 36
anestesista f 48
anexo m 177
anfíbios m 294
anfiteatro m 169

anfitriã f 64
anfitrião m 64
Angola 317
ângulo m 164
anil 274
anilha f 80
anilhas f 89
animais m 290, 292, 294
anis estrelado m 133
aniversário m 26, 27
ano m 163, 306
Ano Novo m 27
anoitecer m 305
anoraque m 31, 33
anos m 307
antebraço m 12
antecedentes criminais m 181
antena de rádio f 214
antena f 295
antena parabólica f 269
anteontem 307
antes 320
antiaderente 69
anticongelante m 199
Antígua e Barbuda 314
anti-inflamatório m 109
anti-rugas m 41
anti-séptico m 47
anual 86, 307
anúncio m 269
anzol m 244
ao lado de 320
ao longo de 320
ao vapor 159
apaixonar-se (v) 26
apanha-bolas m 231
apanhador m 229
apanhar (v) 220, 227, 229, 245
apanhar com a rede (v) 245
apara-lápis m 163
aparar (v) 39
aparas de madeira f 78
aparelhagem de alta fidelidade f 268
aparelho ortodôntico m 50
aparelhos eléctricos m 105
aparência f 29
apartamento m 59
apêndice m 18
aperitivo m 153
aperitivos m 151
aplaudir (v) 255
aplicação f 176
aplique m 62
apoio do braço m 200
apoio para a cabeça m 200
aposta f 273
aprender (v) 163
apresentação f 174
apresentador m 178, 191
apresentadora do telejornal

f 179
aquecedor m 60
aquecer (v) 251
aqui 320
ar condicionado m 200
Arábia Saudita 318
arame m 79
aranha f 295
árbitro m 222, 225, 226, 227, 229, 230
arbusto que dá flores m 87
arco m 85, 164, 249, 301
arco plantar m 15
arco-íris m 287
ardósia f 288
área de fumadores f 152
área de não fumadores f 152
área de tráfego f 212
área f 165, 310
areia f 85, 264
arejar (v) 92
arejar a relva (v) 90
arena f 243
arenito m 288
arenques fumados m 157
argamassa f 187
Argélia 317
Argentina 315
argila f 85, 275
argola de guardanapo f 65
argolas f 235
arinca f 120
aritmética f 165
armação f 51
armário de arquivo m 172
armário de medicamentos m 72
armário m 62, 66
armazém m 216
Arménia 318
aro m 226
aromaterapia f 55
arquitecto m 190
arquitectura f 300
arquitrave f 301
arquivador em concertina m 173
arrancar (v) 82
arranha-céus m 299, 300
arranhão m 46
arranjos m 111
arremessar (v) 227
arrendar (v) 58
arroz branco m 130
arroz doce m 140
arroz integral m 130
arroz m 130, 158, 184
arroz para doce m 130
arroz selvagem m 130
arrumador m 255
arte deco 301
arte f 162
arte nova 301
artéria f 19
artes manuais f 274, 276
artes marciais f 237

articulação f 17
artigos de escritório m 105
artigos de higiene pessoal m 107
artigos de toilette m 41
artigos desportivos m 105
artigos para bebé m 107
artista f 274
árvore f 86, 296
as caneleiras 220
as casas de banho f 266
ás m 230, 273
as terapias alternativas f 54
asa delta f 248
asa f 119, 210, 293
asas f 37
Ásia 318
asma f 44
aspersor m 89
aspirador m 77, 188
assado m 158
assalto m 94, 237
assar (v) 67
assento m 204, 210, 242
assento traseiro m 204
assessora financeira f 97
assessoria jurídica f 180
assinatura f 96, 98
assistente de bordo f 210
assustado 25
asteróide m 280
astigmatismo m 51
astronauta m 281
astronomia f 281
atacador m 37
ataque de mão aberta m 237
ataque m 220, 237
até 320
atender (v) 99
aterrar (v) 211
atilhos de arame m 89
atirar (v) 221, 223
atleta f 234
atletismo m 234
atmosfera f 282, 286
atracar (v) 217
atracção turística f 260
atracções f 261
atrás de 320
atrasado 305
através de 320
atrelado m 266
átrio da estação m 209
átrio m 104
atum m 120
aula f 163
auricular m 99
aurora f 286, 305
auscultador m 99
auscultadores m 268
Australásia 319
Austrália 319
Áustria 316
autocarro de dois pisos m 196
autocarro de ligação m 197

autocarro eléctrico m 196
autocarro escolar m 196
autocarro m 196
autocarro turístico m 197, 260
auto-estrada f 194
automático 200
automobilismo m 249
auxiliar f 24
avalanche f 247
avançado m 222
avanço rápido m 269
avaria f 203
AVC m 44
aveia f 130
avelã f 129
avenida f 299
avental m 50, 69
aves f 292
avestruz f 292
avião de linha m 212
avião de passageiros m 210
avião m 210
avião supersónico m 211
avioneta f 211
avó f 22
avô m 22
avós m 23
axila f 13
axofone m 257
ayurveda f 55
azeda f 123
azeite m 134
azeitona preta f 143
azeitona recheada f 143
azeitona verde f 143
azeitonas f 151
Azerbaijão 318
azeviche m 288
azevinho m 296
azul 274

B
Baamas 314
babeiro m 30
babete com bolso m 30
babygrow m 30
bacalhau m 120
bacia f 50, 72
bacio m 74
backswing m 233
baço m 18
bacon m 118, 157
badejo m 120
badminton m 231
baga f 296
bagageira f 198
bagagem de mão f 213
bagagem de mão f 213
bagagem f 100, 198, 213
bagas e os melões f 127
bagel m 139
baguete f 138
bailado m 255
bailarina f 191
bainha f 34

baixo 321
baixo m 258
balança de mola f 166
balança f 45, 53, 69, 98, 118, 166, 310
balancé m 263
balão de ar quente m 211
balão de ensaio m 166
balaústre m 59
balcão de check-in m 213
balcão de empréstimos m 168
balcão de sanduíches m 143
balcão m 96, 98, 100, 142, 150, 254
balde de gelo m 150
balde m 77, 82, 265
baleia f 290
baliza f 221, 222, 223, 224
baloiços m 263
balsa de salvamento m 240
bambu m 86, 122
banana f 39, 128
bancada de trabalho f 78
bancada do júri f 180
bancada f 66
banco de bar m 150
banco m 96, 250, 262
banco traseiro m 200
banda de rodagem f 207
banda sonora f 255
bandeira f 221, 232
bandeirola de canto f 223
bandeja dobrável f 210
bandeja do pequeno-almoço f 101
bandolete f 38
bangaló m 58
Bangladeche 318
banheira do bebé f 74
banheira f 72
baptizado m 26
bar m 150, 152
bar mitzvah m 26
baralhar (v) 273
baralho m 273
barata f 295
barato 321
barba f 73
Barbados 314
barbatana dorsal f 294
barbatana f 239, 290
barbatana peitoral f 294
barbeiro m 39, 188
bárbula f 244
barco a remos m 214
barco à vela m 215
barco de pesca m 217
barco salva-vidas insuflável m 215
barra de deslocamento f 177
barra de ferramentas f 177
barra de pesos f 251
barra do menu f 177
barra f 235, 250, 256, 311
barra horizontal f 235

barra transversal f 207, 222
barraca f 85
barragem f 300
barras f 74
barreira f 243
barreira de acesso f 209
barreira de segurança f 195, 246
barreira f 222
barriga da perna f 13, 16
barrita de snack f 113
barroco 301
barulhento 321
basalto m 288
base de copos f 150
base f 40, 99, 164, 228
base isolante f 267
base principal f 228
basebol m 228
basílico m 133
basquetebol m 226
bastão m 235, 246
bastidores m 254
bata f 38
batata doce f 125
batata f 124
batata nova f 124
batatas fritas de pacote f 113
batatas fritas f 151, 154
batedor de arames m 68
batedor m 225, 228
batente m 59
batido de café m 149
batido de chocolate m 149
batido de leite m 137
batido de morango m 149
bâton m 40
batuta f 256
baunilha f 132
bebé m 23, 30
bebida maltada f 144
bebidas alcoólicas f 145
bebidas f 107, 144, 156
bebidas quentes f 144
beleza f 40
Bélgica 316
Belize 314
bem 321
bemol 256
Benim 317
berbequim eléctrico m 78
berbequim manual m 78, 81
berbequim recarregável m 78
berbigão m 121
berço m 74
beringela f 125
berlina f 199
berma do passeio m 298
berma pavimentada f 194
beterraba f 125
betoneira f 186
bétula f 296

português

betumar (v) 82
betume m 83
bexiga f 20
biatlo m 247
biberão m 75
biblioteca f 168, 299
bibliotecária f 168
bibliotecário m 190
bica f 148
bíceps m 16
bicicleta de corridas f 206
bicicleta de estrada f 206
bicicleta de montanha f 206
bicicleta de passeio f 206
bicicleta elíptica f 250
bicicleta f 206
bicicleta fixa f 250
bico de Bunsen m 166
bico m 163, 293
bidé m 72
Bielorrússia 316
bienal 86
bife da alcatra m 119
bife do lombo m 119
bigode m 290
bilhar americano m 249
bilhete de autocarro m 197
bilhete m 209, 213
bilhete postal m 112
bilheteira f 209, 216, 255
bilhetes da lotaria m 112
bilro m 277
binóculo m 281
biologia f 162
biológico 118, 122
biombo m 63
biplano m 211
biquíni m 264
bis m 255
biscoitos de champanhe
  m 141
bispo m 272
bisturi m 167
blazer m 33
bloco de apartamentos m
  59, 173
bloco de betão m 187
bloco de desenho m 275
bloco de partida m 234, 238
bloquear (v) 227
bloqueio m 237
blues m 259
blusa f 34
blusão corta-vento m 33
blush m 40
bobina f 276
bobsleigh m 247
boca f 14
boca-de-incêndio f 95
bocejar (v) 25
body m 30
bóia de salvação f 240
bóia f 217, 265
boião hermético m 135
boião m 134, 311
bola de bowling f 249

bola de críquete f 225
bola de futebol f 220
bola de golfe f 233
bola de praia f 265
bola f 75, 149, 221, 222, 224,
  226, 228, 230
bolacha f 113
bolachas crocantes f 156
bolachas f 141
bolas de algodão f 41
bolas de carne f 158
bolbo m 86
bolha f 46
Bolívia 315
bolo de aniversário m 141
bolo de casamento m 141
bolo de chocolate m 140
bolo de frutas m 140
bolos e as sobremesas m 140
bolos m 140
bolos para celebrações m 141
bolsa de estudos f 169
bolsa de valores f 97
bolsa f 291
bolso m 32
bom 321
bomba de ar f 199
bomba de gasolina f 199
bomba de leite materno f 53
bomba f 207
bombardeiro m 211
bombeiro m 189
bombeiros m 95
boné de montar m 242
boné m 36
boneca f 75
bongos m 257
bonito 321
boquilha f 89
borboleta f 295
bordado m 277
borracha f 163
Bósnia-Herzegovina 316
bosque m 285
bota de caminhada f 37
bota de equitação f 242
bota de esqui f 246
bota de trekking f 267
bota f 220, 223
botão da abertura do diafragma
  m 270
botão de ajuste m 167
botão de alarme m 31
botão de chamada m 48
botão de paragem m 197
botão de punho m 36
botão de velocidade m 270
botão m 32, 297
botas de água f 244
botas de borracha f 31, 89
botas de trekking f 267
bote salva-vidas m 214
botinhas f 30
Botsuana 317
boutique f 115
bowling m 249
boxercise m 251

boxers m 33
braçada f 239
braçadeira f 238
braçadeira f 45
braço m 13, 258
branco 39, 145, 272, 274,
  321
brandy m 145
Brasil 315
brida f 242
bridge m 273
brie m 142
brilhante 271
brilho para lábios m 40
brinco m 36
brinquedo m 75
brinquedos m 105
brioche m 157
britadeira f 187
broca f 50, 78
broca para alvenaria f 80
broca para madeira f 80
broca para metal f 80
brocas f 80
brocas para madeira f 80
broche m 36
brochura f 212
brócolos m 123
bronze 235
bronzeado m 41
bruços 239
Brunei 319
buffet do pequeno-almoço
  m 156
buffet m 152
bujarrona f 240
bule m 65
Bulgária 316
bungee-jumping m 248
bunker m 232
buquê m 111
buraco com uma tacada
  m 233
buraco m 232
buraco negro m 280
Burma (Mianmar) 318
Burquina Faso 317
burro m 185
Burundi 317
bússola f 240, 312
Butão 318
buzina f 201, 204

C
cabaça f 125
cabeça de cilindro f 202
cabeça do chuveiro f 72
cabeça f 12, 19, 80, 230
cabecear (v) 222
cabeceira f 70
cabeço m 214
cabeleira f 39
cabeleireira f 38
cabeleireiro m 115, 188
cabelo m 14, 38
cabide m 70

cabina da portagem f 194
cabina do maquinista m 208
cabina f 95, 210
cabina telefónica f 99
cabinas de prova f 104
Cabinda 317
cabo de alimentação m 176
cabo m 36, 79, 187, 207
cabos m 60
cabra f 185
cabrestante m 214
cabresto m 243
cabrito m 185
caça m 211
caçarola de barro f 69
caçarola f 69
cacau em pó m 148
cachecol m 31
cachimbo m 112
cachorro m 290
cachorro quente m 155
cacifo m 100
cacifos m 239
cacto m 87
cada 320
caddie m 233
cadeado m 207
cadeia de montanhas f 282
cadeira da papa f 75
cadeira de rodas f 48
cadeira do dentista f 50
cadeira f 64
cadeira giratória f 172
cadeira para crianças f 207
cadeira para crianças f 198
cadeirinha f 75
caderno m 163, 172
cadinho m 166
café com gelo m 148
café com leite m 148
café com mesas fora m 148
café de esplanada m 148
café de filtro m 148
café m 144, 148, 153, 156,
  184, 262
café moído m 144
cafeteira f 65
caiaque m 241
cãibra f 239
cais m 216
caixa automático m 97
caixa das ferramentas f 80
caixa de areia f 263
caixa de arquivo f 173
caixa de chocolates f 113
caixa de correio f 99
caixa de corte a 45º 81
caixa de fusíveis f 203
caixa de lenços de papel f 70
caixa de material f 244
caixa de Petri f 166
caixa de pó compacto f 40
caixa de primeiros socorros
  f 47
caixa de velocidades f 202, 204
caixa do correio f 58

caixa dos fusíveis f 60
caixa dos legumes f 67
caixa f 106, 150, 311
caixa m 96, 106
caixa registadora f 106
caixa torácica f 17
caixote de reciclagem m 61
caixote do lixo m 61, 67
caju m 129
cajus m 151
calcanhar m 13, 15
calças de equitação f 242
calças de ganga f 31
calças de treino f 33
calças f 32, 34
cálcio m 109
calcite f 289
calço de travão m 207
calções m 30, 33
calculadora f 165
caldeira f 61
calendário m 306
cálice m 297
cama de bronzeamento f 41
cama de campismo f 266
cama de casal f 71
cama de rede f 266
cama de solteiro f 71
cama f 70
camada de baixo f 141
camada de cima f 141
camada de ozono f 286
camada superior f 85
câmara APS f 270
câmara de vídeo f 260, 269
câmara descartável f 270
câmara digital f 270
câmara escura f 271
câmara f 178, 283
câmara municipal f 299
câmara Polaroid f 270
câmara SLR f 270
câmara-de-ar f 207
camarão real m 121
Camarões 317
camarote m 214, 254
Camboja 318
camembert m 142
camião basculante m 187
camião dos bombeiros m 95
camião m 194
caminho equestre m 263
caminho m 58, 85
caminho para peões m 262
camioneta de passageiros f 196
camionista m 190
camisa de noite f 31, 35
camisa f 32
camisola de alças f 35
camisola de lã f 33
camisola interior f 33
camisola interior f 35
campainha f 59, 197
campainhas f 297
campari m 145
campeonato m 230

campismo m 266
campo de críquete m 225
campo de desportos m 168
campo de futebol m 220, 222
campo de golfe m 232
campo de râguebi m 221
campo exterior central m 228
campo exterior esquerdo m 228
campo exterior direito m 229
campo interior m 228
campo exterior m 229
campo m 182, 226, 227, 228, 230
campus m 168
cana de pesca f 244
cana do leme f 240
cana f 91
Canadá 314
cana-de-açúcar f 184
canal deferente m 21
canal ejaculatório m 21
canal m 178
canal pay-per-view m 269
canalização f 61
canalizador m 188
canário m 292
canas f 89
canção f 259
candeeiro de mesa-de-cabeceira m 70
candeeiro m 62
cane de porco f 118
caneca f 65, 75
canela f 12, 133
caneleira f 225
caneta f 163
canguru m 291
canino m 50
canivete m 121
cano de escoamento m 72
canoa f 214
canoagem f 241
canteiro de flores m 85, 90
canteiro de plantas herbáceas m 85
cantil m 267
canto m 223
cantora f 191
cão m 290
capacete m 95, 186, 204, 206, 220, 228
capacho m 59
capacidade f 311
capitais próprios m 97
capital f 315
capitão do porto m 217
capitão m 214
capô m 198
capoeira f 237
capota f 75
cappuccino m 148
cápsula cervical f 21
cápsula f 109

capuz m 31
cara f 14
caracol m 295
carambola f 128
caramelo m 113
caranguejo m 121, 295
carapaça f 293
caravana f 266
cardamomo m 132
cardiologia f 49
cardiovascular 19
cardo m 297
careca 39
carga f 216
cárie f 50
caril m 158
carimbo de borracha m 173
carimbo postal m 98
Carnaval m 27
carne branca f 118
carne de aves f 119
carne de borrego f 118
carne de caça f 119
carne de vaca f 118
carne de veado f 118
carne de vitela f 118
carne e as aves f 107
carne f 118
carne fresca f 142
carne magra f 118
carne picada f 119
carne vermelha f 118
carnes frias f 118, 143
caro 321
carpa koi f 294
carpinteiro m 188
carregadeira f 240
carretel da linha m 276
carreto m 244
carril electrificado m 209
carril m 208
carrinha f 199
carrinho das sobremesas m 152
carrinho de golfe m 233
carrinho de mão m 88
carrinho m 75, 100, 106, 208, 213
carro da polícia m 94
carro de cinco portas m 199
carro de época m 199
carro de golfe m 232
carro descapotável m 199
carro desportivo m 199
carro m 198, 200, 202
carroçaria f 202
carruagem f 208
carta de vinhos f 152
carta f 98
cartão amarelo m 223
cartão da biblioteca m 168
cartão de crédito m 96
cartão de débito m 96
cartão de embarque m 213
cartão m 27
cartão prensado m 79

cartão vermelho m 223
cartas f 273
cartaz m 255
carteira de homem f 37
carteira de senhora f 37
carteira f 97
carteiro m 98, 190
cartilagem f 17
carvalho m 296
carvão m 266, 275, 288
casa da quinta f 182
casa das máquinas f 214
casa de banho f 72
casa de banho privativa f 100
casa de bonecas f 75
casa de brincar f 75
casa f 32, 58, 272
casaco de baeta m 31
casaco de malha m 32
casaco desportivo m 33
casaco m 32, 34
casal comprometido m 24
casal m 24
casamento m 26, 35
casar (v) 26
casas de banho f 104
casca f 126, 127, 128, 129, 130, 136, 137, 142, 296
casco m 214, 240, 242, 291
casino m 261
caspa f 39
casquilho de baioneta m 60
cassete de vídeo f 269
cassete f 269
cassetete m 94
castanha f 129
castanha-de-água f 124
castanha-do-pará f 129
castanho 39, 274
castelo de areia m 265
castelo m 300
casual 34
casulo m 295
catálogo m 168
catamarã m 215
catarata f 51
catatua f 293
catedral f 300
catéter m 53
catorze 308
cauda f 35, 121, 210, 242, 280, 290, 294
caule m 122, 297
cavala f 120
cavaleiro m 242
cavalete m 174, 258, 274
cavalo com arções m 235
cavalo de corridas m 243
cavalo m 185, 235, 242, 272
cavalo marinho m 294
cavar (v) 90
cave f 58
caverna f 284
Cazaquistão 318
cebola f 124

cebolinha f 133
cebolinho m 125
cedo 305, 320
cedro m 296
cegonha f 292
ceifeira-debulhadora f 182
cela da polícia f 94
cela f 181
celebração f 140
celebrações f 27
celeiro m 182
cem 308
cem mil 309
cenário m 254
cenoura f 124
centésimo 309
centímetro m 310
cento e dez 308
centopeia f 295
centrifugadora f 76
centrifugar (v) 76
centro comercial m 104
centro de jardinagem m 115
centro de saúde m 168
centro m 122, 164
cepilho m 242
cera f 77
cerca de 320
cercado m 243
cereais m 107, 156
cereal m 130
cérebro m 19
cereja d 126
cerimónia de graduação f 169
certidão de nascimento f 26
certo 321
cerveja amarga f 145
cerveja f 145, 151
cerveja preta f 145
cérvix m 20, 52
cerzir (v) 277
cesariana f 52
cesta de jardineiro f 88
cesta f 95, 263
cesto da roupa para engomar m 76
cesto da roupa suja m 76
cesto de costura m 276
cesto de entrada m 172
cesto de fruta m 126
cesto de papéis m 172
cesto de pendurar m 84
cesto de saída m 172
cesto dos brinquedos m 75
cesto m 106, 207, 226, 245
cevada f 130, 184
chá com leite m 149
chá com limão m 149
chá de camomila m 149
chá de hortelã m 149
chá de infusão m 149
chá em folha m 144
chá m 144, 149, 156, 184
chá preto m 149
chá verde m 149

Chade 317
chalota f 125
chamada paga no destino f 99
chaminé f 58, 214, 283
champanhe m 145
champô m 38
chapéu de cozinheiro m 190
chapéu de sol m 30, 265
chapéu m 36
charcutaria f 107, 142
charuto m 112
chassis m 203
chave de boca f 80
chave de caixa f 80
chave de fendas f 80
chave do quarto f 100
chave f 59, 80, 203, 207
chave inglesa f 80, 81
chave philips f 80
chávena de café f 65
chávena de chá f 65
check-up m 50
cheddar m 142
chefe de claque f 220
chefe de cozinha m 152, 190
chefe m 24
chegadas f 213
cheio 64, 266, 321
cheque de viagem m 97
cheque m 96
chest press m 251
chifre m 291
Chile 315
China 318
chinelo de enfiar no dedo m 37
Chipre 316
chocado 25
chocalho m 74
choco m 121
chocolate branco m 113
chocolate de barrar m 135
chocolate de leite m 113
chocolate m 113
chocolate preto m 113
chocolate quente m 144, 156
choque eléctrico m 46
choque m 47
chorar (v) 25
chouriço de sangue m 157
chouriço m 143
chupa-chupa m 113
churrasco m 267
chutar (v) 221, 223
chutney m 135
chuva com neve f 286
chuva f 287
chuvoso 286
ciclismo m 263
ciclovia f 206
Cidade do Vaticano 316
cidade f 298, 299
ciências f 162, 166
cientista m 190
cigarros m 112

português

cilha f 242
cilindro m 164, 187
címbalo m 257
cimento m 186
cinco 308
cinema m 255, 299
cinquenta 308
cinquenta e cinco mil e
    quinhentos 309
cinquenta mil 309
cinto de pesos m 239
cinto de segurança m 198
cinto de segurança m 211
cinto m 32, 36
cintura f 12
cinturão das ferramentas
    m 186
cinza f 283
cinzeiro m 150
cinzel m 275
cinzento 39, 274
círculo Árctico m 283
círculo central m 222, 224,
    226
círculo de posição de jogo
    m 224
círculo m 164
circunferência f 164
cirurgia f 49
cirurgia plástica f 49
cirurgião m 48
cisne m 293
cisterna f 61
citação f 180
citrinos m 126
citronela f 133
claquete f 179
clara 41
clara f 137
clarinete baixo m 257
clarinete m 257
claro 321
classe económica f 211
classe executiva f 211
clave de fá f 256
clave de sol f 256
clavícula f 17
clementina f 126
cliente f 38
cliente m 96, 104, 106, 152,
    175, 180
clínica f 48
clip m 173
clítoris m 20
clube m 232
coador m 68
coberta acolchoada f 71
coberta f 240
coberto de chocolate 140
cobertor eléctrico m 71
cobcrtor m 71, 74
cobertura f 141, 155
cobre 39
cobre m 289
cobrir a terra (v) 92
cobrir de relva (v) 90

cóccix m 17
cockpit m 210
cocktail m 151
coco m 129
código de barras m 106
código postal m 98
codorniz f 119
coelho m 118, 290
coentro m 133
cogumelo m 125
coito m 20
cola de madeira f 78
cola de papel de parede f 82
cola f 144, 275
colagem f 275
colar cervical m 46
colar de pérolas m 36
colar m 36
colarinho m 32
colcha f 70
colchão insuflável m 267
colchão m 70, 74
colchete fêmea m 276
colchete macho m 276
colega m 24
colete de salvação m 240
colete m 33
colheita f 183
colheitas f 184
colher f 65
colher (v) 183
colher de café f 153
colher de chá f 65
colher de pau f 68
rolher de pedreiro f 187
colher de servir f 68
colher de sopa f 65
colher de transplante f 89
colher doseadora f 109
colher para gelado f 68
colher perfurada f 68
colibri m 292
cólicas f 44
colina f 284
collants f 34, 35
collants sem pés m 251
colocar azulejos (v) 82
colocar o papel (v) 82
Colômbia 315
colónia f 315
colorau m 132
coluna f 258, 268, 300
colza f 184
com 320
com alta 48
com arames 35
com brilho
com chumbo 199
com corrente 60
com gás 144
com gelo 151
com sal 137
comando m 269
comandos de aquecimento
    m 201
combate m 237

combinação f 35
comboio a gasóleo m 208
comboio a vapor m 208
comboio de alta velocidade
    m 208
comboio de mercadorias
    m 208
comboio eléctrico m 208
comboio intercidades m 209
comboio m 208
começar a escola (v) 26
comédia f 255
comedouro m 183
comer (v) 64
comer fora 147
cometa m 280
comida f 75, 149
comida frita chinesa f 158
comida para animais f 107
comida pronta f 107
comida rápida f 154
caminhos m 132
comissão f 97
cómoda f 70
Comores 317
compacto m 199
companheiro/a m/f 23
compartimento das
    bagagens m 209
compasso m 165
compota de framboesa f 134
compota f 156
compras f 103
comprido 32, 34
comprimento de onda m 179
comprimento m 165, 310
comprimido m 109
comprimido para dormir
    m 109
comprimidos para o enjoo
    m 109
computador de secretária
    m 177
computador m 172, 176
comunicações f 98
conceber 20
concepção f 52
concerto de rock m 258
concerto m 255, 258
concha f 68, 265
concurso hípico de saltos
    m 243
concurso m 178
concussão f 46
condimentos e as pastas de
    barrar m 135
conduzir (v) 195
cone m 164, 187
confeitaria f 107, 114
confiante 25
confuso 25
congelado 121, 124
congelador m 67
congelados m 107
congelar (v) 67
conglomerado m 288

Congo 317
conhecido m 24
conifera f 86
conseguir um emprego
    (v) 26
conservante m 83
conservas f 107
conservatório m 169
consola f 269
consommé m 158
constelação f 281
constipação f 44
construção f 186
construir (v) 186
construtor m 186, 188
consulta f 45
consultório m 45
conta corrente f 96
conta de e-mail m 177
conta de poupança f 96
conta f 152
contabilista m 97, 190
contador da electricidade
    m 60
conta-gotas m 109, 167
conta-quilómetros m 201
contar (v) 165
conta-rotações m 201
contentor do lixo m 266
contentor m 216
continente m 282, 315
contrabaixo m 256
contracção f 52
contracepção f 21
contrafagote m 257
contraforte m 301
contraplacado m 79
controlo de passaportes
    m 213
controlos m 201, 204
convector m 60
convés m 214
convidado m 64
copas 273
co-piloto m 211
copo de água m 65
copo de laboratório m 167
copo de vinho m 65
copo m 152
copos m 150
coração m 18, 119, 127
corante de madeiras m 79
corcova f 291
corda da roupa f 76
corda f 230, 248, 258, 266
cordame m 215, 240
cordão umbilical m 52
cordas vocais f 19
cordeiro m 185
Coreia do Norte 318
Coreia do Sul 318
cores f 39, 274
corne inglês m 257
córnea f 51
cornija f 300
corno m 291

coro m 301
coroa dentária f 50
coroa f 111
corpo m 12
corredor de velocidade m
    234
corredor m 106, 168, 210,
    234, 254
correia da ventoinha f 203
correia de comando f 203
correia transportadora f 106
correio registado m 98
correios m 98
corrente alterna f 60
corrente contínua f 60
corrente eléctrica f 60
corrente f 59, 206
correr (v) 229
correspondente m 24
corretor da bolsa m 97
corrida de barreiras f 235
corrida de carruagens f 243
corrida de cavalos f 243
corrida de estafetas f 235
corrida de obstáculos f 243
corrida de trote f 243
corrida f 228, 234
corrida plana f 243
corrimão m 59, 196
Córsega 316
cortador m 80
cortar (v) 38, 67, 79, 277
cortar a relva (v) 90
corta-tubos m 81
corta-unhas m 41
corta-vento m 265
corte de corrente m 60
corte m 46, 282
cortes de carne m 119
cortina de rede f 63
cortina do chuveiro f 72
cortina f 63, 254
corvo m 292
cós m 35
coser (v) 277
Costa do Marfim 317
costa f 285
Costa Rica 314
costas 13, 64, 239
costas do assento f 210
costela f 17, 119
costeleta f 119
costura f 34
costureira f 191
cotação das acções f 97
cotovelo m 13
couro cabeludo m 39
couro m 119
couve chinesa f 123
couve f 123
couve frisada f 123
couve penca f 123
couve roxa f 123
couve-de-bruxelas f 123
couve-flor f 124
couve-nabo f 125

couve-rábano f 123
covinha f 15
coxa f 12, 119
cozer ao vapor (v) 67
cozer em fogo lento (v) 67
cozer no forno (v) 138
cozido no forno 159
cozinha f 66, 152, 214
cozinhar 67
crachá de identificação
  m 189
crachá m 94
cracker m 139
crânio m 17
cratera f 283
cravelha f 258
cravinhos m 133
cravo m 110
crawl 239
crê m 288
creme autobronzeador m 41
creme de limão m 134
creme m 109, 140
creme para a cara m 73
creme para as assaduras
  m 74
creme pasteleiro m 140
creme pós-solar m 108
creme protector total m 108
creme solar m 265
crepes m 155
cria f 290
criação de aves f 183
criação de gado ovino f 183
criação de suínos f 183
criado ao ar livre 118
criança f 23, 31
criança pequena f 30
crime m 94
criminoso m 181
crina f 242, 291
críquete m 225
crisântemo m 110
cristalino m 51
cristaloterapia f 55
crivo m 89
Croácia 316
crochet m 277
crocodilo m 293
croissant m 156
cronómetro m 166, 234
crosta f 139, 282
cru 124, 129
cruzamento m 298
Cuba 314
cúbito m 17
cubo de gelo m 151
cubo m 164
cuecas de plástico f 30
cuecas f 33, 35
cuidado do bebê m 74
cuidados da pele m 108
cuidados dentários m 108
cuidar (v) 92
culpado 181
cultivador m 182

cultivar (v) 92
cunhada f 23
cunhado m 23
cunho m 240
cúpula f 300
curado 118, 143, 159
curativo m 47
curcuma f 132
curgete f 125
curling m 247
curto 32, 39
curva 165
cuscuz m 130
cutelo m 68
cutícula f 15

D
da estação 129
dados m 272
dar as cartas (v) 273
dar brilho (v) 77
dar de comer (v) 183
dar uma tacada longa (v)
  233
data de devolução f 168
data do julgamento f 180
data f 306
de 320
de corte justo 35
de fácil cozedura 130
de folha caduca 86
de folha persistente 86
de grãos curtos 130
de grãos longos 130
de quatro portas 200
de três portas 200
de vidro m 69
debaixo de 320
débito directo m 96
década f 307
décimo 309
décimo nono 309
décimo oitavo 309
décimo primeiro 309
décimo quarto 309
décimo quinto 309
décimo segundo 309
décimo sétimo 309
décimo sexto 309
décimo terceiro 309
deck de madeira m 85
declaração f 180
decoração f 82, 141
decote em V m 33
decote m 34
decote recondo m 33
dedal m 276
dedaleira f 297
dedo anelar m 15
dedo do pé m 15
dedo grande do pé m 15
dedo indicador m 15
dedo médio m 15
dedo mínimo m 15
dedo pequeno do pé m 15
defender (v) 225, 229

defender baixo (v) 227
defesa f 181, 220
defesa m 223
defesa pessoal f 237
deitar (v) 67
deitar-se (v) 71
deltóide m 16
demora f 209
denominador m 165
dentadura postiça f 50
dente da roda m 206
dente m 50, 125, 291
dente-de-leão m 123, 297
dentista f 189
dentista m 50
dentro 320
departamento de
  atendimento ao cliente
  m 175
departamento de
  contabilidade m 175
departamento de marketing
  m 175
departamento de pessoal
  m 175
departamento de vendas
  m 175
departamento jurídico m 175
departamento m 169
depilação à cera f 41
depois de 320
depois de amanhã 307
depositar (v) 96
depósito da água m 61
depósito da gasolina m 203
depósito de combustível
  m 204
depósito de óleo dos travões
  m 202
depósito do limpa-pára-
  brisas m 202
depósito do líquido de
  refrigeração m 202
depósito do óleo m 204
depósito m 61
dermatologia f 49
descanso do braço m 210
descapsulador m 150
descarnador de fios m 81
descaroçador de maçãs m 68
descartável 109
descoberto 260
descoberto m 96
descolar (v) 211
descongelar (v) 67
descoser (v) 277
desembarcar (v) 217
desenhadora f 191
desenhar (v) 92, 162
desenho m 275
desenhos animados m 178
desenrolador de fita adesiva
  m 173
desentupidor m 81
Deserto do Sara m 313
deserto m 285

desfiladeiro m 284
desfile m 27
desfocado 271
desidratado 129
desligado 99
desligar a televisão (v) 269
deslizar (v) 229
desmaiar (v) 25, 44
desodorizante m 73
desodorizantes m 108
desportista m 191
desportos aquáticos m 241
desportos de combate m
  236
desportos de inverno m 247
desportos m 219
destino m 213
desvio m 195
detective m 94
detector de fumo m 95
detergente m 77
devolução f 231
dez 308
dez mil 309
dezanove 308
dezasseis 308
dezassete 308
Dezembro 306
dezoito 308
dia de Acção de Graças m 27
dia de Halloween m 27
dia m 306
dia útil m 306
diabetes f 44
diafragma m 19, 21
diagonal f 164
diagrama do metro m 209
diamante m 288
diâmetro m 164
diarreia f 44, 109
dicionário m 163
difícil 321
digestivo 19
digital 269
dilatação f 52
dimensões f 165
Dinamarca 316
dínamo m 207
dinheiro m 97
diopetria f 51
dióspiro m 128
diploma m 169
direcção à direita f 201
direcção à esquerda f 201
director m 163, 174, 254
director-geral m 175
direita 260
direito 260
direito m 169
discman m 268
disco compacto m 269
disco m 224
disco-jóquei m 179
discos protectores m 53
discutir (v) 163

disparador m 270
dispensário m 108
dispositivo intra-uterino
  DIU m 21
disquete f 176
dissertação f 169
dissolvente m 83
distância f 310
distensão cervical f 46
distócico 52
distribuidor m 203
distrito m 315
dividendos m 97
dividido por 165
dividir (v) 165
divisa f 97
divisão f 58
divisas f 97
divórcio m 26
Diwali m 27
Djibuti 317
doca f 214, 216
doca seca f 217
doce 124, 127, 155
doce de laranja m 134, 156
doces a granel m 113
doces m 113
doces para barrar m 134
documentário m 178
doença de transmissão
  sexual f 20
doença f 44
doente 321
doente externo m 48
doente f 45
dois 308
dois mil 307
dois mil e um 307
domingo 306
Dominica 314
dominós m 273
dor de cabeça f 44
dor de dentes f 50
dor de estômago f 44
dorsal m 16
dose f 64, 109
dossiê de argolas m 173
doutoramento m 169
doze 308
drenagem f 91
dressage f 243
driblar (v) 222
dromedário m 291
duche m 72
duches m 266
duodeno m 18
duplas f 230
duplo 151
duro 129, 321
duzentos 308
DVD m 268

E
éclair m 140
eclipse m 280
ecografia f 48, 52

português

economia f 169
ecrã de informação m 213
ecrã m 97, 176, 255, 269
eczema f 44
edifício de escritórios m 298
edifício histórico m 261
edifícios e as estruturas m 300
edifícios m 299
edredão m 71
educação física f 162
efeito m 230
efeitos secundários m 109
Egipto 317
eixo da transmissão m 202
eixo m 205, 206
El Salvador 314
elástico de cabelo m 39
elástico m 173
electricidade f 60
electricista m 188
eléctrico m 196
eléctrodo negativo m 167
eléctrodo positivo m 167
electrodomésticos m 66, 107
elefante m 291
elenco m 254
elevador m 59, 100, 104
eliminação de resíduos f 61
elixir bucal m 72
elo m 36
em 320
em baixo 320
em banda 58
em calda 159
em cima 320
em cima de 320
em diferido 178
em direcção a 320
em directo 178
em filetes 121
em frente de 320
em molho 159
em óleo 143
em puré 159
em salmoura 143
em vinagre 159
e-mail m 177
embarcadouro m 217
embarcar (v) 217
embraiagem f 200, 204
embrião m 52
embrulho m 111
ementa do almoço f 152
ementa do jantar f 152
ementa f 148, 153, 154
emergência f 46
emigrar (v) 26
Emiratos Árabes Unidos 318
emoções f 25
empate m 223, 230
empena f 300
empilhadeira f 216
empilhador m 186
empregada f 192
empregada da loja f 188

empregado da limpeza m 188
empregado de bar m 191
empregado do bar m 150
empregado dos correios m 98
empregado m 24, 104, 148, 152
empregadora f 24
empresa f 175
empréstimo m 96, 168
encaixe da chave de caixa m 80
encaixe para o pé m 207
encaminhamento m 49
encaracolado 39
encargo bancário m 96
encestar (v) 227
enchido picante m 142
enciclopédia f 163
encomenda f 99
encosta f 284
endívia f 122, 123
endócrino 19
endocrinologia f 49
endro m 133
enfarte do miocárdio m 44
enfermaria da maternidade f 48
enfermaria da pediatria f 48
enfermaria f 45, 48, 52, 189
enfiar (v) 277
engarrafamento de trânsito m 195
engasgar-se (v) 47
engenharia f 169
engomar (v) 76
enguia f 294
enrolador de mangueira m 89
ensaio m 220, 221
ensino superior m 168
entalhe m 139
enteada f 23
enteado m 23
entorse f 46
entrada f 59, 153
entrar em erupção (v) 283
entre 320
entrecosto m 155
entrega em casa f 154
entrega f 98
entretenimento no lar m 268
entrevistador m 179
entusiasmado 25
envelope m 98, 173
envenenamento m 46
envergonhado 25
enviar (v) 177
enxaguar (v) 38, 76
enxaqueca f 44
enxertar (v) 91
epidural f 52
epiglote f 19
epilepsia f 44
episiotomia f 52

equação f 165
Equador 315
Equador m 283
equipa f 220, 229
equipamento de cozinha m 105
equipamento de escritório m 172
equipamento de limpeza m 77
equipamento m 165, 233, 238
equitação f 242, 263
Eritreia 317
errado 321
erupção f 44
erva aromática f 86
erva f 55
ervas aromáticas e as especiarias f 132
ervas aromáticas f 133, 134
ervas daninhas f 86
ervilha f 122
ervilhas f 131
ervilhas secas f 131
esboço m 275
escada f 95, 186
escadas f 59
escadas rolantes f 104
escadote m 82
escala f 256
escalada f 248
escalada no gelo f 247
escalfado 159
escalfar (v) 67
escalpelo m 81
escama f 121, 294
escamado 121
escamas f 293
escaravelho m 295
escaredor m 80
escavadora mecânica f 187
escoamento m 61
escola de Belas Artes f 169
escola f 162, 299
escolas f 169
escorpião m 295
escorredor m 67
escorrega m 263
escota f 241
escotilha f 281
escova da sanita f 72
escova de dentes f 72
escova de sobrancelhas f 40
escova f 38, 50
escova para as costas f 73
escovar (v) 38
escrever (v) 162
escritório do advogado m 180
escritório do chefe do parque m 266
escritório m 24, 63, 172, 174
escroto m 21
escultor m 191
escultura f 275

escura 41
escuro 321
esfera f 164
esfoliar (v) 41
esfregar (v) 77
esfregona f 77
esgoto m 299
esgrima f 249
Eslováquia 316
Eslovénia 316
esmagado 132
esmagador de alhos m 68
esmagador de batata m 68
esmalte m 50
esmeralda f 288
esófago m 19
espaço m 280
espada f 236
espadas 273
Espanha 316
espantalho m 184
espartilho de ligas m 35
espartilho m 35
espátula de peixe f 68
espátula f 68, 167
especialista m 49
especiarias f 132
espectadores m 233
espelho m 40, 63, 71, 167
espelho retrovisor m 198
esperma m 20
espetada f 155, 158
espeto m 68
espinafre m 123
espinha dorsal f 17
espinha f 121
espirro m 44
esponja f 73, 74, 83
esponja para pó-de-arroz f 40
espreguiçadeira f 265
espuma de barbear f 73
espuma f 148
esquadro m 165
esqueleto m 17
esquerda 260
esqui 246
esqui alpino m 247
esqui aquático m 241
esqui de fundo m 247
esqui downhill m 247
esqui m 241, 246
esquiador aquático m 241
esquiadora f 246
esquilo m 290
esquina f 298
esta semana 307
estabilizador m 210
estabilizador vertical m 210
estábulo m 185, 243
estaca da tenda f 266
estaca f 90
estaca vertical f 225
estação da polícia f 94
estação de autocarros f 197
estação de caminho-de-ferro

f 208
estação de rádio f 179
estação espacial f 281
estacar (v) 92
estacionamento para deficientes m 195
estacionar (v) 195
estações f 307
estádio m 223, 234
estado m 315
Estados Unidos da América 314
estaleiro m 217
estame m 297
estanho m 289
estante f 63
estatueta f 260
este m 312
esteira f 267
estender com o rolo (v) 67
estenógrafa f 181
estéreo do carro m 201
estéreo m 269
estéril 20, 47
esterno m 17
estetoscópio m 45
estilista m 277
estilos de jardim m 84
estilos m 239, 301
estilos musicais m 259
estojo da câmara m 271
estojo das lentes m 51
estojo de lápis m 163
estojo m 51
estômago m 18
Estónia 316
estore com rolo m 63
estore veneziano m 63
estrada de acesso f 216
estradas f 194
estragão m 133
estratosfera f 286
estreia f 254
estreito 321
estrela f 280
estrela-do-mar f 295
estribo m 242
estrutura f 267
estrutura para escalar f 263
estuário m 285
estucar (v) 82
estudante m 162
estudante universitário m 169
estúdio de gravação m 179
estúdio de televisão m 178
estudo m 161
estufa f 85
estufado m 158
estugue m 83
Etiópia 317
etiqueta f 172, 173
etiquetas f 89
eucalipto m 296
Europa 316
exactamente 320

exame dos olhos m 51
exame m 163
exame médico m 45
exaustor m 66
excesso de bagagem m 212
executivo m 174
exercícios de solo m 235
exercícios m 251
exosfera f 286
experiência f 166
exploração do espaço f 281
exploração frutícola f 183
exploração leiteira f 183
exploração piscícola f 183
exposição f 261, 271
expulsão f 223
extensão eléctrica f 78
exterior m 198
extintor de incêndio m 95
extracção f 50

F
fábrica f 299
faca de cozinha f 68
faca de pão f 68
faca f 65
face f 14
fácil 321
fagote m 257
faia f 296
fairway m 232
faisão m 119, 293
faixa central f 194
faixa da esquerda f 194
faixa de ultrapassagem f 194
faixa dupla f 195
faixa f 236
faixa preta f 237
falcão m 292
falta f 223, 226, 228, 230
família f 22
faminto 64
fardo m 184
farelo m 130
faringe f 19
farinha branca f 138
farinha com farelo f 138
farinha com fermento f 139
farinha de ossos f 88
farinha integral f 138
farinha para pão f 139
farinha sem fermento f 139
farmacêutica f 189
farmacêutico m 108
farmácia f 108
farol dianteiro m 198, 205
farol m 207, 217
farol traseiro m 207
farpa f 46
fãs m 258
fases da vida f 23
fatia f 119, 139, 140
fatia fina f 119
fatiador m 139
fato acolchoado m 30
fato de banho m 238, 265

fato de cabedal m 205
fato de esqui m 246
fato de trabalho m 32
fato de treino m 31, 32
fato espacial m 281
fato isotérmico m 239
fato-macaco m 83
fava f 122
favas f 131
favo de mel m 134
fax m 98, 172
fazendo pão 138
fazer a cama (v) 71
fazer água (v) 239
fazer amigos (v) 26
fazer corrida estática (v) 251
fazer download 177
fazer log-in (v) 177
fazer marcha atrás (v) 195
fazer mise (v) 38
fazer o check-in (v) 212
fazer o swing (v) 232
fazer testamento (v) 26
fazer um chip (v) 233
fazer um putt (v) 233
fazer uma defesa (v) 223
fazer uma entrada (v) 223
febre dos fenos f 44
febre f 44
fechado 260, 321
fechadura f 59
fecho da porta m 200
fecho de segurança m 75
fecho m 36, 37, 277
Federação Russa 318
feijão aduki m 131
feijão branco m 131
feijão branco miúdo m 131
feijão encarnado m 131
feijão frade m 131
feijão manteiga m 131
feijão mung m 131
feijão pinto m 131
feijão verde largo m 122
feijão verde m 122
feijoa f 128
feijões e as ervilhas m 131
feio 321
feira f 262
feliz 25
femininos 20
fémur m 17
fenacho m 132
feng shui m 55
feno m 184
férias f 212
ferida f 46
ferimento na cabeça m 46
fermento m 138
ferradura f 242
ferramenta de modelação
  f 275
ferramentas de jardim f 88
ferramentas f 187
ferro de soldar m 81
ferro m 76, 109, 289

ferrolho m 59
ferros de frisar m 38
ferry m 215, 216
fértil 20
fertilização f 20
fertilizar (v) 92
fervedor m 66
ferver (v) 67
festa de anos f 27
festa do casamento f 26
festivais m 27
feto m 52, 86
Fevereiro 306
fibra de média densidade
  (MDF) f 79
fibra f 127
fibra natural f 31
ficha do doente f 48
ficha f 60, 272
ficheiro m 177
fígado m 18, 188
figo da Índia m 128
figo m 129
fila f 210, 254
filamento m 60
filatelia f 273
filete 121
filetes de alabote m 120
filha f 22
filho m 22
filhos m 23
filial f 175
Filipinas 319
filme de aventura m 255
filme de desenhos animados
  m 255
filme de ficção científica
  m 255
filme de suspense m 255
filme de terror m 255
filme de oeste m 255
filme m 260
filme romântico m 255
filosofia f 169
filtro de ar m 202, 204
filtro de papel m 167
filtro m 270
fim 321
fim-de-semana m 306
finanças f 97
Finlândia 316
fino 321
fio de prumo m 82
fio dentário m 50, 72
fio m 36
firme 124
física f 162, 169
fisioterapia f 49
fita adesiva f 173
fita f 27, 39, 111, 141, 235
fita isolante f 81
fita métrica f 80, 276
fita protectora f 83
fitoterapia f 55
fivela f 36
fixador de pé m 241

flamengo m 142
flamingo m 292
flash electrónico m 270
flash m 270
flauta f 257
flautim m 257
flecha f 249
flexão com alongamento
  f 251
flexão f 251
flexionar (v) 251
flor f 122, 297
florão m 300
florentina f 141
flores f 110
flores secas f 111
floresta f 285
floresta tropical f 285
florete m 249
florista f 110, 188
flutuador m 61, 238, 241,
  244
foca f 290
focar (v) 271
focinheira f 242
focinho m 293
fogão de campismo m 267
fogão m 67
fogueira f 266
folha de louro f 133
folha de pagamentos f 175
folha f 122, 296
folhado m 149
folhagem f 110
folhetos m 96
folículo m 20
fonte f 85, 177
fora 225, 228, 320
fora da pista 247
fora de jogo m 223
fora dos limites 226
forcéps m 53, 167
forma de bolos f 69
forma de pudim f 69
forma de suflê f 69
forma de tarte f 69
forma física f 250
forma individual f 69
formão m 81
formas de tratamento f 23
formas f 164
formato horizontal m 271
formato vertical m 271
formiga f 295
fornecedor de serviços m 177
fornecimento de
  electricidade m 60
fornilho m 112
forno m 66
forquilha f 88
forrar com papel de parede
  (v) 82
forro m 32
forte 321
fósforos m 112
fosso da orquestra m 254

fosso m 300
foto (revelada) f 271
fotocopiar (v) 172
fotografar (v) 271
fotografia f 270, 271
fotógrafo m 191
fotómetro m 270
foyer m 255
fracção f 165
fraco 321
fractura f 46
frágil 98
fralda de turco f 30
fralda descartável f 30
fralda f 75
fraldário m 104
framboesa f 127
framboesa silvestre f 127
França 316
frango frito m 155
frango m 119
frango preparado m 119
franquia f 98
frasco da água m 206
frasco de vidro m 166
frasco m 135
freio m 242
frequência f 179
frequentemente 320
fresco 121, 127, 130
frésia f 110
frigideira f 69
frigorífico m 67
frigorífico-congelador m 67
frio 286, 321
friso m 63, 301
frito 159
frito com pouco óleo 159
frito imerso em óleo 159
fronha f 71
frontal m 16
frontão m 301
fruta com caroço f 126
fruta cristalizada f 129
fruta em conserva f 135
fruta f 107, 126, 128
fruta fresca f 157
fruta seca f 156
fruta tropical f 129
fruta-pão f 124
frutos secos m 129, 151
fumado 118, 121, 143, 159
fumar (v) 112
fumo m 95
funcho m 122, 133
fundear (v) 217
funeral m 26
funil m 166
furacão m 287
furar (v) 79
furo m 203, 207
fuselagem f 210
fusível m 60
futebol americano m 220
futebol m 222

português

futebolista m 222

G

Gabão 317
gado m 182, 185
gafanhoto m 295
gaivota f 292
galão m 311
galáxia f 280
galeria de arte f 261
galinha f 185
galinheiro m 185
galo m 185
galope leve m 243
galope m 243
galvanizado 79
gamão m 272
gambas peladas f 120
Gâmbia 317
Gana 317
gancho de mola m 38
gancho m 118, 187
ganhar (v) 273
ganso m 119, 293
garagem f 58
garfo de trinchar m 68
garfo m 65, 153, 207
garfo para flores m 89
garganta f 19
garra f 291, 293
garrafa de ar f 239
garrafa f 61, 311
gasóleo m 199
gasolina f 199
gatinho m 290
gato m 290
gaveta f 66, 70, 172
gaze f 47
geada f 287
géiser m 285
gel de banho m 73
gel de duche m 73
gel m 38, 109
gelado m 137, 149
gelo e limão 151
gelo m 120, 287
gema f 137, 157
gémeos m 23
geminada 58
gengibre m 125, 133
gengiva f 50
genitais m 12
genro m 22
geografia f 162
geometria f 165
Geórgia 318
geração f 23
gerador m 60
geral f 254
gerbera f 110
gerente do banco m 96
gestante 52
gilete descartável f 73
gin m 145
gin tónico m 151
ginásio m 101, 250

ginasta f 235
ginástica f 235
ginástica rítmica 235
ginecologia f 49
ginecologista m 52
gipsófila f 110
gira-discos m 268
girafa f 179, 291
girassol m 184, 297
girino m 294
giz m 162
glaciar m 284
gladíolo m 110
glândula f 19
glândula tireóidea f 18
gnaisse m 288
goiaba f 128
goivo m 110
golfe m 232
golfinho m 290
golfista f 232
golpe com efeito m 230
golpe curto m 230
golpe de direita m 231
golpe de esquerda m 231
golpe m 228, 233
golpes m 231
goma marshmallow f 113
gomas de fruta f 113
gomas em forma de feijão
   f 113
gomo m 126
gordo 321
gordura f 119
gorila m 291
gorjeta f 152
gotas f 109
gótico 301
grade de segurança f 75
grafite f 289
grama m 310
grampo m 166
Granada 314
granada f 288
grande 321
grande área f 223
grande penalidade f 223
grandes armazéns m 105
granito m 288
granizo m 286
grão de soja m 131
grão m 130
grãos de bico m 131
grãos e as leguminosas
   m 130
grãos m 130, 144
grãos processados m 130
grau m 169
gravação f 275
gravador de chamadas m 99
gravador de minidiscos m
   268
gravador de vídeo m 269
gravar 269
gravata f 32
grávida 52

gravidade f 280
gravidez f 52
gravilha f 88
Grécia 316
greda f 85
green m 232
grelha f 69
grelhado 159
grelhador m 69
grelhar (v) 68
grilo m 295
grinalda f 111
gripe f 44
gritar (v) 25
Gronelândia 314
groselha branca f 127
groselha negra f 127
groselha vermelha f 127
groselha-espim f 127
grosso 321
grou m 292
grua da câmara f 178
grua f 187, 216
guache m 274
guarda de segurança m 189
guarda do wicket m 225
guarda prisional m 181
guarda-chuva m 36, 233
guarda-costeiro m 217
guarda-fatos m 70
guarda-jóias m 36
guarda-lamas m 205
guardanapo de papel m 154
guardanapo m 65, 152
guardar (v) 177
guarda-redes m 222, 224
guarda-sol m 148, 264
Guatemala 314
guaxinim m 290
guelra f 294
guia da linha f 276
guia do papel f 172
guia m 260
guia turística f 260
guiador m 207
Guiana 315
Guiana Francesa 315
guião m 254
guiar (v) 91
guiché m 96, 98
Guiné 317
Guiné Equatorial 317
Guiné-Bissau 317
guita f 89
guitarra baixo f 258
guitarra eléctrica f 258
guitarrista f 258

H

há lugares disponíveis 266
Haiti 314
hambúrger m 154, 155
hambúrger vegetariano
   m 155
hambúrguer de frango m 155
hamburgueria f 154

hamster m 290
handicap m 233
hardware m 176
harpa f 256
haste f 112, 297
Havai 314
heavy metal m 259
hélice f 211, 214
helicóptero m 211
hematite f 289
hematoma m 46
Hemisfério Norte m 283
Hemisfério Sul m 283
hemorragia f 46
herbicida m 91, 183
hexágono m 164
hidratante m 41
hidroavião m 211
hidrofoil m 215
hidroterapia f 55
higiene dental f 72
higiene feminina f 108
Himalaias m 313
hipermetropia f 51
hipnoterapia f 55
hipoalergénico 41
hipódromo m 243
hipopótamo m 291
hipoteca f 96
hipotenusa f 164
história da arte f 169
história f 162
hoje 306
holofote m 259
homem de negócios m 175
homem m 12, 13, 23
homeopatia f 55
homogeneizado 137
Honduras 314
hóquei de campo m 224
hóquei m 224
hóquei no gelo m 224
hora de dormir f 74
hora de ponta f 209
hora f 304
horário m 197, 209, 261
horas de visita f 48
horas f 261, 304, 305
hormona f 20
horta f 85, 182
hortelã f 133
hóspede m 100
hospedeira do ar f 190
hospital m 48
hotel m 100, 264
hovercraft m 215
húmero m 17
húmido 286, 321
Hungria 316

I

iate m 215, 240
iced tea m 149
ícone m 177
Iémen 318
ifocal 51

ígneas 288
ignição f 200
igreja f 299, 300
igual a 165
iguana f 293
ilha f 282
Ilhas Baleares 316
Ilhas Galápagos 315
Ilhas Malvinas 315
Ilhas Salomão 319
ilhó f 37
iluminação f 105, 178
íman m 167
imigração f 212
imobilização f 237
impermeável m 31, 32
imposto m 96
impotente 20
imprensa f 178
impressão digital f 94
impressão f 275
impressora f 172, 176
imprimir (v) 172
inalador m 44, 109
incêndio m 95
incisivo m 50
inconsciente 47
incubadora f 53
Índia 318
indicações f 260
indicador da gasolina m 201
indicador de fotos m 270
indicador de temperatura m 201
individual m 64
Indonésia 319
Infecção f 44
informação f 168, 261
inhame m 125
iniciar (v) 233
início 321
injecção f 48
inocente 181
inquilino m 58
insónia f 71
inspector m 94
instalações internas f 60
instalar (v) 177
instruções f 109
instrumentos de corda m 256
instrumentos de percussão m 257
instrumentos de sopro de madeira
   m 257
instrumentos de sopro de metal
   m 257
instrumentos m 256, 258
insulina f 109
integral 130
inteiro 129, 132
intercomunicador m 59
intercostal m 16
interessante 321
interior m 200
internado 48
internet f 177
interruptor das luzes m 201
interruptor m 60

intervalo m 223, 254
intestino delgado m 18
intestino grosso m 18
inundação f 287
Inverno m 31, 307
invertebrados m 295
investigação f 94, 169
investimento m 97
ioga m 54
iogurte congelado m 137
iogurte de frutas m 157
iogurte m 137
ionosfera f 286
ir dormir (v) 71
Irão 318
Iraque 318
íris f 51, 110
Irlanda 316
irmã f 22
irmão m 22
isca f 244
iscar (v) 245
isco artificial m 244
isolada 58
isolamento m 61
isqueiro m 112
Israel 318
Itália 316
itinerário m 260

J
jacaré m 167, 293
jacto de água m 95
jacto privado m 211
jade m 288
Jamaica 314
Janeiro 306
janela do sótão f 58
janela f 58, 177, 186, 197, 209, 210
jantar m 64, 158
jante f 206
Japão 318
jarda f 310
jardim aquático m 84
jardim campestre m 84
jardim clássico m 84
jardim de pedras m 84
jardim de plantas herbáceas m 84
jardim de terraço m 84
jardim m 84
jardim zoológico m 262
jardinagem f 90
jardineiras f 30
jardineiro m 188
jardins clássicos m 262
jardins m 261
jarra f 63, 111
jarro graduado m 69, 311
jarro m 65, 151
jazz m 259
jet ski m 241
joalharia f 114, 275
joalheiro m 188
joaninha f 295

joelheira f 205, 227
joelho m 12
jogada f 273
jogador m 220, 221, 224, 225, 226, 231, 273
jogar (v) 229, 273
jogging m 251, 263
jogo das damas m 272
jogo de boxe m 236
jogo de vídeo m 269
jogo m 230, 273
jogos de raquete m 231
jogos de tabuleiro m 272
jogos m 75, 272
jóias f 36
joker m 273
Jordânia 318
jornal m 112
jornalista m 191
jovem 321
juba f 291
judo m 236
Jugoslávia 316
juiz de linha m 220, 223, 230
juiz m 180
Julho 306
junco m 86
Junho 306
junta f 61
Júpiter 280
júri m 180

K
Kaliningrado 316
karaté m 236
kendo m 236
ketchup m 135
kickboxing m 236
kit de reparações m 207
kiwi m 128
koala m 291
kumquat m 126
kung fu m 236
Kuwait 318

L
lã de aço f 81
lã f 277
lábio m 14
lábios m 20
laboratório m 166
laca f 38
laço m 36
lacrosse m 249
lacticínios m 107, 136
lactose f 137
lado m 164
lagarta f 295
lagarto m 293
lago m 85, 285
lagosta f 121, 295
lagostim do rio m 121
lágrima f 51
lâmina de barbear f 73
lâmina do rotor f 211
lâmina f 66, 78, 89, 167, 246

laminado 132
lâmpada f 60, 217
lança f 95
lançador m 225, 229
lança-foguetes m 281
lançamento do dardo m 234
lançamento do disco m 234
lançamento do peso m 234
lançamento entre dois m 226
lançamento lateral m 223, 226
lançamento m 281
lançar (v) 225, 227, 229, 245
lancha rápida f 214
lanchas rápidas f 241
lanterna f 267
Laos 318
lapela f 32
lápis corrector m 40
lápis de contorno m 40
lápis de cor m 163
lápis de olhos m 40
lápis de sobrancelhas m 40
lápis m 163, 275
laptop m 175, 176
lar m 57
laranja 274
laranja f 126
laranjada f 144
lareira f 63
largo 321
largura f 165
larício m 296
laringe f 19
lata de bebida f 154
lata de tinta f 83
lata f 145, 311
latitude f 283
Látvia 316
lava 283
lavagem de carros f 199
lava-loiças m 61, 66
lavandaria automática f 115
lavandaria f 76
lavar (v) 38, 77
lavatório m 38
lavrar (v) 183
laxativo m 109
lazer m 253
leão m 291
leão marinho m 290
leg press m 251
legumes m 107, 122, 124
lei f 180
leitão m 185
leite condensado m 136
leite de cabra m 136
leite de limpeza m 41
leite de ovelha m 137
leite de vaca m 136
leite em pó m 137
leite gordo m 136
leite m 136, 156
leite magro m 136
leite meio gordo m 136

leitor de cassetes m 269
leitor de CD m 268
leitor de DVD m 268
leitor de MP3 m 268
leitor de raios X m 45
leme m 210, 241
lenço de assoar m 36
lenço de papel m 108
lenço de pescoço m 36
lençol m 71, 74
lente da objectiva f 167
lente f 51
lentes de contacto f 51
lentilha castanha f 131
lentilha vermelha f 131
lento 321
ler (v) 162
ler 269
lesão f 46
lesma f 295
Lesoto 317
letra f 259
levantamento de pesos m 251
levantar (v) 97, 251
levantar-se (v) 71
leve 321
levedar (v) 139
Líbano 318
libelinha f 295
liberdade condicional f 181
Libéria 317
libertar (v) 245
Líbia 317
libra f 310
licença de pesca f 245
licenciada f 169
licenciar-se (v) 26
lichia f 128
licor m 145
Liechtenstein 316
liga f 35, 223
ligação à terra f 60
ligação f 212
ligadura f 47
ligadura triangular de suporte f 46
ligamento m 17
ligar (v) 177
ligar a televisão (v) 269
ligas f 35
lima de unhas f 41
lima f 81, 126
limão m 126
limite de velocidade m 195
limonada f 144
limpa-pára-brisas m 198
limpar (v) 77
limpar o pó (v) 77
limpeza de pele f 41
limpo 121, 321
limusina f 199
linfático 19
lingerie f 35, 105
língua f 19, 118
linguado m 120

línguas f 162
linha central f 226
linha de baliza f 224
linha de base f 230
linha de campo f 225
linha de chegada f 234
linha de flutuação f 214
linha de fundo f 221, 226
linha de golo f 220, 223
linha de jogo f 225, 229, 233
linha de lance livre f 226
linha de partida f 234
linha de serviço f 230
linha de três pontos f 226
linha divisória f 194
linha f 209, 244, 276
linha lateral f 220, 221, 226, 230
linhas f 165
linho m 184, 277
lintel m 186
liquidificador m 66
líquido amniótico m 52
líquido de limpeza m 51
líquido limpa-pára-brisas m 199
líquido m 77
lírio m 110
liso 39
lista de leitura f 168
lista de preços f 154
literatura f 162, 169
litro m 311
Lituânia 316
livraria f 115
livre 321
livro de cheques m 96
livro de registo m 100
livro m 168
lixadeira f 78
lixar (v) 82
lixívia f 77
lob m 231
lóbi m 100
lobo m 290
loção de corpo f 73
locomotiva f 208
logótipo m 31
loiça f 105
loja de animais de estimação f 115
loja de antiguidades f 114
loja de artigos de oferta f 114
loja de artigos usados f 115
loja de bebidas alcoólicas f 115
loja de artigos fotográficos f 115
loja de discos f 115
loja de doces f 113
loja de ferragens f 114
loja de frutas e legumes f 114
loja de materiais de arte f 115
loja de mobílias f 115

português

loja de produtos naturais f 115
loja f 298
loja franca f 213
lombo m 119, 121
longa metragem m 269
longe 320
longitude f 283
lontra f 290
losango m 164
louça f 64
louça e os talheres f 65
louro 39
louva-a-deus m 295
Lua 280
lua cheia f 280
lua nova f 280
lua-de-mel f 26
lufa f 73
lugar do motorista m 196
lugar m 65, 209, 254, 266
lugar posto na mesa m 152
lugares m 254
luge m 247
lula f 121, 295
lupinos m 297
luta livre f 236
luta sumo f 237
luva de forno f 69
luva f 224, 228, 233, 236, 246
luvas de boxe f 237
luvas de jardinagem f 89
luvas f 30, 36
Luxemburgo 316
luz da entrada f 58
luz de leitura f 210
luz traseira f 204
luzes de emergência f 201
luzes f 94

M

maçã de Adão f 19
maçã f 126
maca f 48, 94
macaco m 203, 291
macaco sem pernas m 30
macadâmia f 129
maçapão m 141
Macedónia 316
machado m 95
macis m 132
maço de cigarros m 112
maço m 275, 311
macramé m 277
Madagáscar 317
madeira dura f 79
madeira f 79, 187, 275
madeira macia f 79
madrasta f 23
madressilva f 297
maduro 129
mãe f 22
maestro m 256
magma m 283
magnésio m 109
magro 321
Maio 306

maionese f 135
mais 165
mais tarde 304, 320
mala de mão f 37
mala de pôr ao ombro f 37
mala f 162
malagueta f 124, 143
malaquite f 289
malas f 37
Malásia 319
Malawi 317
Maldivas 318
Mali 317
Malta 316
mamíferos m 290
mamilo m 12
manchego m 142
mandado m 180
mandioca f 124
mandril m 78
manequim m 276
manete das mudanças f 201
manga f 34, 128
mangueira f 89, 95
mangustão m 128
manhã f 305
manicura f 41
manjerona f 133
manteiga de amendoim f 135
manteiga f 137, 156
manto m 282
manual 200
manual m 163
mão f 13, 15
mapa do mundo m 312
mapa m 195, 261
maquete f 190
maquilhagem f 40
máquina de barbear f 73
máquina de café f 150
máquina de cortar relva f 88, 90
máquina de costura f 276
máquina de cubos de gelo f 67
máquina de exercício f 250
máquina de fax f 172
máquina de lavar e secar roupa f 76
máquina de lavar loiça m 66
máquina de lavar roupa f 76
máquina de raios X f 212
máquina de remo f 250
máquina de secar roupa f 76
máquina de step f 250
máquina do café f 148
máquina fotográfica f 260
maquinaria f 187
Mar Arábico m 313
Mar Báltico m 313
Mar Cáspio m 313
Mar das Caraíbas m 312
Mar do Norte m 312
mar m 264, 282
Mar Mediterrâneo m 313
Mar Negro m 313
Mar Vermelho m 313

maracas f 257
maracujá m 128
maratona f 234
marcação f 175
marcador m 225, 276
marcar (v) 99, 227
marcar um golo (v) 223
marcas rodoviárias f 194
Março 306
marco de correio m 99
margarida f 110, 297
margarina f 137
margem f 284
marido m 22
marina f 217
marinado 143, 259
marinheiro m 189
mariposa 239
mariposa f 295
mariscos m 121
marmelo m 128
mármore m 288
marreta f 187
Marrocos 317
marsupial m 75
Marte 280
martelar (v) 79
martelo de carne m 68
martelo m 80
martini m 151
máscara f 41, 189, 228, 236, 239, 249
masculinos 21
massa chinesa f 158
massa de profiteroles f 140
massa f 138, 140, 158
massa fina f 140
massa folhada f 140
massagem f 54
mastro m 240
mate 83, 271
matemática f 162, 164
materiais de escritório m 173
materiais m 79, 187
material m 245
maternidade f 49
matrícula f 198
mau 321
mau passe da bola m 220
Maurícia 317
Mauritânia 317
maxila f 14
maxilar m 17
meada f 277
mecânica f 202
mecânico m 188, 203
medalhas f 235
medicação f 109
medicamento m 109
medicamentos fitoterápicos m 108
medicina f 169
médico m 45, 189
medida f 150
medida para líquidos f 311
medidas f 165

medidor da altura m 45
medidor de tensão arterial m 45
medidor óptico m 150
medir (v) 310
meditação f 54
meia hora 304
meia pensão f 101
meia-noite f 305
meias de liga f 35
meio litro m 311
meio-dia m 305
meios de comunicação social m 178
mel cremoso m 134
mel líquido m 134
melancia f 127
melão m 127
mêlée f 221
melhor 321
melhor marca pessoal f 234
melodia f 259
memória f 176
Menina f 23
menos 165
mensageiro m 99
mensagem de texto f 99
mensagem de voz f 99
mensagens f 100
mensal 307
menstruação f 20
mercado m 115
mercearia f 114
mercearias f 106
Mercúrio 280
mercúrio m 289
merengue m 140
mergulhador m 238
mergulhar (v) 238
mergulho alto m 239
mergulho de partida m 239
mergulho m 239
mergulho submarino m 239
mês m 306
mesa de café f 62
mesa de colar f 82
mesa de mistura f 179
mesa de piquenique f 266
mesa do pequeno-almoço f 156
mesa f 64, 148
mesa-de-cabeceira f 70
mesosfera f 286
mesquita f 300
mestrado m 169
metacarpo m 17
metais m 289
metal m 79
metamórficas 288
metatarso m 17
meteoro m 280
metralhadora f 189
metro m 208, 310
metro quadrado m 310
mexer (v) 67
México 314

mexilhão m 121, 295
mica f 289
micro m 258
microfone m 179, 258
microondas m 66
microscópio m 167
mil 309
mil e novecentos 307
mil milhões 309
mil novecentos e dez 307
mil novecentos e um 307
milénio m 307
milha f 310
milho doce m 122
milho m 130, 184
milho-miúdo m 130
miligrama m 310
mililitro m 311
milímetro m 310
minerais m 289
minhoca f 295
miniautocarro m 197
minibar m 101
minuto m 304
miopia f 51
mirtilo m 127
míssil m 211
mistura para juntas f 83
misturar (v) 67, 138
miúdos m 118
móbil m 74
mobílias e a decoração f 105
Moçambique 317
mocassin m 37
mochila f 31, 37, 267
mocho m 292
moço de estrebaria m 243
moda f 277
modalidades f 243, 247
modelismo m 275
modelo f 169
modern m 176
módulo de gavetas m 172
módulo lunar m 281
moeda f 97
moedas devolvidas f 99
moído 132
mola da roupa f 76
mola f 30, 71
mola para papel f 173
molar m 50
Moldávia 316
molde m 276
moldura f 62, 271
mole 129, 321
molho de tomate m 154
molho m 135, 143, 155
Mónaco 316
monção f 287
mondar (v) 92
Mongólia 318
monho m 39
monitor de bebé m 75
monitor m 53, 172, 176
monocarril m 208
monopólio m 272

monovolume m 199
montanha f 284
montanha russa f 262
Montanhas Rochosas f 312
montar uma tenda (v) 266
monte de adubo natural m 85
monumento m 261
morada de e-mail f 177
morada do remetente f 98
morada f 98
moradia urbana f 58
morango m 127
morcego m 290
mordedura f 46
morder (v) 245
morrer (v) 26
morsa f 290
mosca f 244, 273, 295
mosquiteiro m 267
mosquito m 295
mostarda em grão f 135
mostarda f 155
mostarda francesa f 135
mostarda inglesa f 135
mota de neve f 247
moto de corridas f 205
moto de cross f 205
moto de passeio f 205
motocicleta f 204
motociclismo m 249
motocross m 249
motor fora-de-borda m 215
motor m 88, 202, 204, 210
motorista de autocarro m 190
motorista de táxi m 190
motorista m 196
mousse f 141
móvel m 268
mozarella m 142
muda-fraldas m 74
mudanças f 206
mudar (v) 209
mudar de canal (v) 269
mudar de vaso (v) 92
mudar de velocidade (v) 207
mudar um pneu (v) 203
muito 320
muito quente 286
mulher de negócios f 175
mulher f 12, 13, 22, 23
multiplicar (v) 165
multivitaminas f 109
músculos m 16
museu m 261
música clássica f 255, 259
música country f 259
música de dança f 259
música f 162
música folk f 259
musical m 255
músico m 191

N
na próxima semana 307

na semana passada 307
nabo m 124
nação f 315
nadador m 238
nadar (v) 238
nádega f 13, 16
naipe m 273
Namíbia 317
namorada f 24
namorado m 24
não dobrar (v) 98
não pasteurizado 137
narciso m 111
narina f 14
nariz m 14, 210
nascer (v) 26
nascer do sol m 305
nascimento m 52
nata azeda f 137
nata batida f 137
nata f 137, 140, 157
nata gorda f 137
nata líquida f 137
natação f 238
natação sincronizada f 239
Natal m 27
natural 256
naturopatia f 55
náusea f 44
navegação por satélite f 201
navegar (v) 177, 240
navio de carga m 215
navio de guerra m 215
navio m 214
navio porta-contentores m 215
neblina f 287
nebulosa f 280
nectarina f 126
negativo m 271
negócios m 175
neoclássico 301
Nepal 318
Neptuno 280
nervo m 19, 50
nervo óptico m 51
nervoso 19, 25
neta f 22
neto m 22
netos m 23
neurologia f 49
neutro 60
neve f 287
nevoeiro m 287
Nicarágua 314
Níger 317
Nigéria 317
níquel m 289
nível de bolha de ar m 80, 187
nó do dedo m 15
nocaute m 237
noite e o dia f 305
noite f 305
noiva f 24
noivo m 24

nonagésimo 309
nono 309
nora f 22
normal 39
norte m 312
Noruega 316
nota de cumprimentos f 173
nota f 97, 163, 256
notação f 256
notas f 175, 191
notícias f 178
Nova Zelândia 319
nove 308
novecentos 308
Novembro 306
noventa 308
novo 321
noz f 129
noz mozcada f 132
noz pecan f 129
nublado 286
nuca f 13
núcleo externo m 282
núcleo interno m 282
nuggets de frango m 155
numerador m 165
número da conta m 96
número da plataforma m 208
número da porta de embarque m 213
número da rota m 196
número do código secreto m 96
número do quarto m 100
número do voo m 212
número m 226
números m 308
nunca 320
nuvem f 287
nylon m 277

O
objectiva f 270
oboé m 257
obra f 186
obras na estrada f 187, 195
obsidiana f 288
obstáculo de água m 232
obstetra m 52
obturação f 50
obytes m 176
Oceano Antárctico m 313
Oceano Árctico m 312
Oceano Atlântico m 312
Oceano Índico m 313
oceano m 282
Oceano Pacífico m 312
octogésimo 309
octógono m 164
ocular f 167
oculista m 51
óculos de natação m 238
óculos de segurança m 81, 167
óculos de sol m 51, 265

óculos m 51, 247
ocupado 99, 321
oeste m 312
ofertas f 106
oficial de diligências m 180
oficial do tribunal m 180
oficina f 78, 199
oftalmologia f 49
oftalmologista m 189
oitavo 309
oitenta 308
oitocentos 308
olaria f 275
óleo aromatizado m 134
óleo de amêndoas m 134
óleo de amendoim m 135
óleo de avelãs m 134
óleo de colza m 135
óleo de girassol m 134
óleo de grainhas de uva m 134
óleo de milho m 135
óleo de nozes m 134
óleo de sésamo m 134
óleo extraído a frio m 135
óleo m 142, 199
óleo vegetal m 135
óleos essenciais m 55
óleos m 134
oleosa 41
oleoso 39
olho m 14, 51, 244
olhos vermelhos m 271
olmo m 296
Omã 318
ombreira f 224
ombro m 13
omelete f 158
omoplata f 17
onça f 310
oncologia f 49
onda f 241
onda curta f 179
onda f 241
onda larga f 179
onda média f 179
ónix m 289
on-line f 177
ontem 306, 320
onze 308
opala f 288
ópera f 255
operação f 48
operador de câmara m 178
orador m 174
órbita f 280
ordem de trabalhos f 174
ordem judicial f 180
ordenhar (v) 183
orégãos m 133
orelha f 14
orgânico 92
organizador de ferramentas m 78
organizador de secretária

m 172
órgãos internos m 18
órgãos reprodutores m 20
orgulhoso 25
orifício nasal m 290
origami m 275
ornamental 87
ornitologia f 263
orquestra f 254, 256
orquídea f 111
ortopedia f 49
osso m 17, 119
osteopatia f 54
ostra f 121
otorrinolaringologia f 49
ouriço m 290
ouro 235
ouro m 289
ouros 273
Outono m 31, 307
outras artes manuais 275
outras embarcações 215
outras lojas f 114
outros desportos 248
Outubro 306
oval f 164
ovário m 20
oveiro m 65, 137
ovelha f 185
ovo cozido m 137, 157
ovo de codorniz m 137
ovo de galinha m 137
ovo de gansa m 137
ovo de pata m 137
ovo estrelado m 157
ovos m 137
ovos mexidos m 157
ovulação f 20, 52
óvulo m 20

P
pá de lixo f 77
pá f 88, 187, 225, 265
pacote de chá m 144
pacote de leite m 136
pacote m 311
padaria f 107, 114, 138
padeiro m 139
padrasto m 23
pães e as farinhas m 138
pagamento m 96
pagar (v) 153
pai m 22
pais m 23
país m 315
paisagem f 284
Países Baixos 316
pala f 37
palato m 19
palco m 254
paleta f 274
palete f 186
palheta f 60
palhinha f 144, 154
palma da mão f 15
palmeira f 86, 296

palmitos m 122
pálpebra f 51
Panamá 314
pâncreas m 18
panda m 291
pandeireta f 257
pano de fundo m 254
pano do pó m 77
panquecas f 157
pântano m 285
pantufas f 31
pão branco m 139
pão com bicarbonato de soda m 139
pão com sementes m 139
pão de centeio m 138
pão de forma m 139
pão de fruta m 139
pão de milho m 139
pão escuro m 139, 149
pão fatiado m 138
pão fermentado m 139
pão granary m 139
pão integral m 139
pão m 157
pão naan m 139
pão pitta m 139
pão ralado m 139
pão sem levedura m 139
pão-de-ló m 140
pãozinho de leite m 139
pãozinho doce m 140
pãozinho m 139, 155
papagaio m 293
papaia f 128
papas de aveia f 157
papel com relevo m 83
papel de base m 83
papel de lixa m 81, 83
papel de parede m 82
papel mâché m 275
papel timbrado m 173
papel-cartão m 275
papoila f 297
paposseco m 143
Papua-Nova Guiné 319
Paquistão 318
par m 233
para 320
para além de 320
para baixo 320
para cima 320
para comer no estabelecimento 154
para dentro de 320
para levar 154
pára-brisas m 198, 205
pára-choques m 198
parafuso m 80
parafusos da roda m 203
paragem de autocarro 299
paragem de autocarros f 197
paragem de táxis f 213
Paraguai 315
paralela 165
paralelas assimétricas f 235

paralelas f 235
paralelograma m 164
paramédico m 94
parapente m 248
pára-quedas m 248
paraquedismo em queda livre m 248
paraquedismo m 248
parar 269
pardal m 292
parede f 58, 186
parentes m 23
pargo m 120
parmesão m 142
parque de campismo m 266
parque de estacionamento m 298
parque de safari m 262
parque infantil m 263
parque m 75, 262
parque nacional m 261
parque temático m 262
parquímetro m 195
parte pouco profunda f 239
parte profunda f 239
parteira f 53
participar(v) 174
partida f 230
partidas f 213
partitura f 255, 256
parto m 52, 53
parto assistido m 53
Páscoa f 27
Páscoa judia f 27
passa de Corinto f 129
passa f 129
passadeira f 250
passador m 68
passageiro diário m 208
passageiro m 216
passagem de peões f 195
passagem subterrânea f 194
passaporte m 213
passar (v) 220, 221, 223
passar um pano (v) 77
passe m 226
passeio a cavalo m 243
passeio m 75, 298
passeio marítimo m 265
passo m 243
pasta a receber 177
pasta de dentes f 72
pasta f 37, 172, 177
pasta suspensa f 173
pastagem f 182
pastéis m 274
pastelaria f 69
pasteurizado 137
pastilha elástica f 113
pastilha para a garganta f 109
pastinaga f 125
patamar m 59
pâté m 142, 156
patilha de apoio f 207
patilha f 276

patilhão m 241
patim de gelo m 224
patim de rodas m 249
patim m 247
patinagem artística f 247
patinagem de velocidade f 247
patinagem f 249, 263
patinagem no gelo f 247
patinar (v) 224
patinho m 185
pátio ajardinado m 84
pátio da quinta m 182
pátio m 58, 84
pato m 119, 185
patologia f 49
paulito m 249
paus 273
paus de canela m 133
pausa f 256, 269
pauta f 256
pavão m 293
pavê m 141
pavimento m 85
PDA m 175
pé da coluna m 268
pé m 12, 15, 111, 310
pé quadrado m 310
peão m 272
peça de carne f 119
peça exposta f 261
peça f 254, 272
pedal dos travões m 205
pedal m 61, 206
pedalar (v) 207
pederneira f 288
pedestrianismo m 263
pediatria f 49
pedicura f 41
pedir (v) 153
pedir emprestado (v) 168
pedra calcária f 288
pedra de amolar f 81
pedra f 36, 275
pedra lunar f 288
pedra-pomes f 73, 288
pedras preciosas f 288
pega f 88, 106
pegão m 298
peito do pé m 15
peito m 12, 119
peitoral m 16
peixaria f 114, 120
peixe e as batatas fritas m 155
peixe fumado m 143
peixe m 107, 120
peixe-dourado m 294
peixe-espada m 120, 294
peixeira f 188
peixes m 294
pelado 129
pelador m 68
pelar (v) 67
pele branca f 126
pele f 14, 41, 119

pelicano m 292
película f 271
pelo joelho 34
peluche m 75
pélvis f 17
pena f 293
pendente m 36
peneirar (v) 92, 138
penhasco m 285
península f 282
pénis m 21
pensão completa f 101
penso higiénico m 108
penso rápido m 47
pentágono m 164
pente m 38
penteados m 39
pentear (v) 38
peónia f 111
pepino m 125
pepita de chocolate f 141
pepperoni m 142
pequena área f 223
pequeno 321
pequeno-almoço inglês m 157
pequeno-almoço m 64, 156
pêra f 126
percentagem f 165
perdedor m 273
perder (v) 273
perfumado 130
perfumaria f 105
perfume m 41
perfurador m 173
pérgola f 84
pergunta f 163
perguntar (v) 163
periferia f 299
perigo m 195
periódico especializado m 168
periódico m 168
permanente 39
perna f 12, 64, 119
pernada f 239
perneiras f 31
perónio m 17
perpendicular 165
perseguir (v) 229
perto 320
Peru 315
peru m 119, 185, 293
pés da cama m 71
pesado 321
pesar (v) 310
pesca com arpão f 245
pesca com mosca f 245
pesca de alto mar f 245
pesca desportiva f 245
pesca em água doce f 245
pesca f 244
pesca marítima f 245
pesca surfcasting f 245
pescador à linha m 244
pescador m 189

pescoço m 12
peso à nascença m 53
peso m 166, 244, 251
pesos e as medidas m 310
pesos m 250
pêssego m 126, 128
pessoal m 175
pessoas f 11
pestana f 14, 51
pesticida m 89, 183
pétala f 297
petroleiro m 215
peúgas f 33
pevide f 128
photo finish m 234
piano m 256
picada f 46, 295
picante 124
pica-pau m 292
picareta f 187
pijama com pés m 30
pijama m 33
pilão m 68, 167
Pilates m 251
pilha f 167
pilhas f 260
piloto de corridas m 249
piloto m 190, 211
pilula f 21
pimenta da Jamaica f 132
pimenta em grão f 132
pimenta f 64, 152
pimento m 124
pinça f 40, 47, 150, 167
pinça para o nariz f 238
pincel m 2/4
pincel para lábios m 40
pincel para massa m 69
pincel para pó-de-arroz m 40
pingalim m 242
pinguim m 292
pinhão m 129
pinheiro m 296
pino m 60
pintado 39
pintainho m 185
pintar (v) 83
pinto m 311
pintor m 82
pintora f 191
pintura f 274
pior 321
pipeta f 167
pipocas f 255
piquenique m 263
pirâmide f 164
piri-piri m 132
pirite f 289
pirueta f 235
pisca-pisca m 198, 204
piscina f 101, 238, 250
piscina plástica f 263
pista de esqui f 246
pista de hóquei no gelo f 224
pista f 212, 234, 238
pistácio m 129

português

pistola de cola f 78
pistola f 94
pizza f 154, 155
pizzaria f 154
placa bacteriana f 50
placa da agulha f 276
placa f 283
placa vitrocerâmica f 66
placar (v) 220, 221
placenta f 52
plaina f 81
planador m 211, 248
planalto m 284
planeta m 280, 282
planície f 285
planta alpina f 87
planta aquática f 86
planta de flor f 297
planta de sombra f 87
planta de vaso f 87, 110
planta do centro f 104
planta f 261
planta rasteira f 87
planta suculenta f 87
plantar (v) 183
plantas de jardim f 86
plantas f 296
plântula f 91
plataforma do lançador f 228
plataforma f 208
plateau de rodagem m 179
plateau m 178
plateia f 254
platina f 167, 289
Plutão 280
pneu m 198, 205, 206
pneu sobresselente m 203
pó de caril m 132
pó de talco m 73
pó m 77, 109
pocilga f 185
podadeira de cabo comprido
    f 88
podar (v) 90, 91
pó-de-arroz m 40
pódio m 235, 256
podre 127
poker m 273
polegada f 310
polegar m 15
polícia de trânsito m 195
polícia f 94
polícia m 189
poliéster m 277
política f 169
pólo aquático m 239
pólo m 243, 282
Pólo Norte m 283
Polónia 316
polpa f 124, 127, 129
poltrona f 63
polvo m 121, 295
pomada f 47, 109
pombo m 292
ponta de chave de segurança
    f 80

ponta f 36, 122, 246
pontão m 217
pontapé em salto m 237
pontapé livre m 222
pontapé m 237
pontas da chave de fendas
    f 80
pontas espigadas f 39
ponte de comando f 214
ponte de embarque f 212
ponte f 300
ponteiro das horas m 304
ponteiro dos minutos m 304
ponto de ligação eléctrica
    m 266
ponto m 273, 277
pontos m 52
pontuação f 220, 273
pop f 259
popa f 240
por 320
pôr a mesa (v) 64
pôr a roupa na máquina (v) 76
por baixo 320
por cima 320
pôr cobertura (v) 139
pôr de molho (v) 130
pôr o despertador para tocar
    (v) 71
porão m 215
porca f 80
porco m 185
pôr-do-sol m 305
poro m 15
porta automática f 196
porta da bagageira f 198
porta de inspecção f 299
porta do chuveiro f 72
porta f 176, 196, 198, 209, 247
porta principal f 58
porta-aviões m 215
porta-bagagens m 196, 198,
    209
portaló m 214
portão m 85, 182
porteiro m 100
pórtico m 58
porto de contentores m 216
porto de passageiros m 216
porto de pesca m 217
porto m 145, 214, 216, 217
Porto Rico 314
Portugal 316
pós-graduado m 169
posta f 121
poste da baliza m 222
poste de iluminação m 298
poste m 220
posto de abastecimento m
    199
posto de informação turística
    m 261
postura f 232
pot-pourri m 111
potro m 185
poupanças f 96

praça f 299
pradaria f 285
prado m 285
praia f 264
prancha de surf f 241
prancheta de mola f 173
prata 235
prata f 289
prateleira da lareira f 63
prateleira f 67, 106, 168
prateleiras f 66
prato de pão m 65
prato de sopa m 65
prato m 65, 310
prato principal m 153
prato raso m 65
pratos do dia m 152
pratos m 153
prazo de validade m 109
preço da entrada m 260
preço m 152, 199
prédio de habitação m 298
prego m 80
pregos m 233
prematuro 52
pré-molar m 50
pré-natal 52
prenda f 27
prensa f 78
preocupado 25
prepúcio m 21
preservativo m 21
presidir (v) 174
preso no pescoço 35
pressão dos pneus f 203
presunto m 119, 143, 156
presunto serrano m 143
preto 39, 272, 274, 321
primário m 83
Primavera f 307
primeira demão f 83
primeiro 309, 320
primeiro andar m 104
primeiros socorros m 47
primo m 22
prímula f 297
principado m 315
prisão f 94, 181
proa f 214, 240
problemas m 271
processador m 176
processo de tribunal m 180
procurar (v) 177
produtor m 254
produtos de beleza m 105
produtos de limpeza m 107
professor m 54, 162, 190
professor universitário m 169
profissões f 188, 190
profundidade f 165
programa de navegação
    m 177
programa m 176, 254, 269
programação f 178
proibido parar 195
proibido virar à direita 195

projecção f 237
prolongamento m 223
propagar (v) 91
proposta f 174
propulsor m 281
próstata f 21
protector da cara m 225
protector do pulso m 230
protector dos dentes m 237
protector m 83, 88, 236
protector solar m 108
protector solar total m 265
protege-slip m 108
prova f 181
província f 315
provocar o parto (v) 53
psicoterapia f 55
psiquiatria f 49
público m 254
pudim flan m 141
pulmão m 18
pulseira de identificação f 53
pulseira f 36
pulso m 13, 15, 47
pulverizador m 89, 311
pulverizar (v) 91
punho m 15, 32, 230, 237
punk m 259
pupila f 51
putter m 233
puxador m 200
puzzle m 273

Q
Qatar 318
quadrado m 164
quadragésimo 309
quadríceps m 16
quadro (preto) m 162
quadro de avisos m 173
quadro de conferência m
    174
quadro m 62, 206, 261
quantia f 96
quarenta 308
quarenta minutos 304
quarta-feira 306
quartel dos bombeiros m 95
quarto 309
quarto com duas camas
    m 100
quarto com pequeno-almoço
    m 101
quarto crescente f 280
quarto das crianças m 74
quarto de dormir m 70
quarto de galão m 311
quarto duplo m 100
quarto individual m 100
quarto particular m 48
quartos m 100
quartzo m 289
quatro 308
quatrocentos 308
queda de água f 285
queda f 237

queijo azul m 136
queijo creme m 136
queijo cremoso m 136
queijo curado m 136
queijo de cabra m 142
queijo fresco m 136
queijo m 136, 156
queijo ralado m 136
queijo semicremoso m 136
queijo semicurado m 136
queimador m 61, 67
queimadura f 46
queimadura solar f 46
queixa f 94
queixo m 14
Quénia 317
quente 286, 321
queque m 140
quiabo m 122
quiche f 142
quilha f 214
quilograma m 310
quilómetro m 310
química f 162
quinhentos 308
quinoa f 130
quinquagésimo 309
quinta de terras aráveis f 183
quinta f 182, 184
quinta-feira 306
quinto 309
quinze 308
quinzena f 307
Quirguistão 318
quiroprática f 54

R
rã f 294
rabanete m 124
rábano picante m 125
rabichos m 39
rabo de cavalo m 39
radar m 214, 281
radiador m 60, 202
rádio despertador m 70
rádio f 179
rádio m 17, 268
radiografia f 48, 50
radiologia f 49
rafting m 241
râguebi m 221
raia f 120
raia ovípara f 294
raia vivípara f 294
rainha f 272, 273
rainúnculo amarelo m 297
raio m 164, 207
raios ultravioleta m 286
raios x dentários m 50
raiz de taro f 124
raiz f 50, 124, 296
raízes f 39
ralador m 68
ralar (v) 67
rally m 249
ralo m 89

RAM f 176
Ramadão m 27
raminho m 296
ramo aromático m 132
ramo de flores m 35
ramo m 111, 296
rampa de lançamento f 281
ranhura do cartão f 97
rap m 259
rapariga f 23
rapaz m 23
rapel m 248
rápido 321
rápidos m 241, 284
raposa f 290
raquete f 230, 231, 249
raquetebol m 231
raramente 320
raspador m 82
raspar (v) 77
raspar com a vassoura de
    relva (v) 90
ratazana f 290
rato m 176, 290
reanimação f 47
reaquecer (v) 154
rebanho m 183
rebentação f 241
rebento de soja m 122
rebento m 111
rebobinar (v) 269
rebocador m 215
rebocar (v) 195
reboque de bagagem m 212
reboque m 203
rebote m 226
rebuçado de menta m 113
rebuçados m 113
receber (v) 177
receita f 45
recém-nascido m 53
recepção f 100
recepcionista f 100, 190
recheado 159
recheio m 140, 155
recibo m 152
reciclagem 177
recife de coral m 285
recipiente m 311
recolha de bagagens f 213
recolha f 98
recolher (v) 245
recordações f 260
recorde m 234
recta 165
rectângulo m 164
recto m 21
recurso m 181
redacção f 163
redactora f 191
rede f 176, 217, 222, 226,
    227, 231
rede ferroviária f 209
rede para o peixe capturado
    f 244
rede! 230

rédeas f 242
redil m 185
reduzir (v) 172
refeição de hambúrguer f 154
refeição f 64
refeição para crianças f 153
refeitório m 168
referência 303
reflector m 50, 204, 207
reflexologia f 54
reflexos m 39
reformar-se (v) 26
refrescos m 144
refrigerante m 154
rega f 89
regador m 89
regar (v) 90, 183
reggae m 259
região f 315
região plantar f 15
régua f 163, 165
regulador m 239
rei m 272, 273
reiki m 55
Reino Unido 316
relações f 24
relâmpago m 287
relatório m 174
relaxamento m 55
relógio de sol m 262
relógio despertador m 70
relógio m 36, 62, 304
relva f 87, 90, 262
relvado m 85
remador m 241
remar (v) 241
remendo m 207
remo m 241
removedor de verniz m 41
renascentista 301
renda de bilros f 277
renda f 35, 58
renovar (v) 168
repavimentação f 187
repelente de insectos m
    108, 267
repórter m 179
reprodução f 20
reprodutor 19
répteis m 293
República Centro-Africana
    317
República Checa 316
República Democrática do
    Congo 317
República Dominicana 314
requeijão m 136
rés-do-chão m 104
reservar uma passagem
    (v) 212
reservar (v) 168
resfriado m 44
resguardo anti-salpicos m 66
resguardo m 74
residência universitária f 168
resíduos orgânicos m 61

resistência f 61
resistente ao forno 69
respiração f 47
respiratório 19
responder (v) 163
resposta f 163
ressonar (v) 71
restaurante m 101, 152
resultado m 49
retina f 51
retrato-robô m 181
retroprojector m 163, 174
retrosaria f 105
retrovisor lateral m 198
réu m 181
reunião f 174
revelar (v) 271
revisor m 209
revista de banda desenhada
    f 112
revista f 112
revistas f 107
ribeiro m 285
rim m 18, 119
rímel m 40
ringue de boxe m 237
rinoceronte m 291
rio m 284
rir (v) 25
ritmo m 259
robalo m 120
robe m 35
robot de cozinha m 66
roçadora f 88
rochas f 284, 288
rococó 301
roda da frente f 196
roda de ajuste f 276
roda dentada f 207
roda f 198, 207
roda traseira f 197
rodapé da cama f 71
rodas de apoio f 207
rodeio m 243
rolha f 134
rolo de massa m 69
rolo de papel higiénico m 72
rolo m 38, 83, 271, 311
romã f 128
Roménia 316
romper águas (v) 52
rosa 274
rosa f 110
rosca bíceps f 251
rosé 145
rosmaninho m 133
rótula f 17
rotunda f 195
rough m 232
roulotte f 266
roupa casual f 33
roupa da equipa f 31, 221,
    222
roupa de cama f 71, 74
roupa de criança f 30
roupa de dormir f 31

roupa de homem f 32, 105
roupa de senhora f 34, 105
roupa impermeável f 245,
    267
roupa interior f 32
roupa limpa f 76
roupa suja f 76
roupa termo-isolante f 267
roupão de banho m 73
roupão m 31, 32
roupeiro embutido m 71
roxo 274
rua de sentido único f 298
rua f 298
rua lateral f 299
Ruanda 317
rubi m 288
ruck m 221
rúcula f 123
ruga f 15
ruibarbo m 127
ruínas famosas f 261
ruivo 39
rum com cola m 151
rum m 145

S

sábado 306
sabonete m 73
saboneteira f 73
saca-rolhas m 150
sacho m 88
saco de água quente m 70
saco de boxe m 237
saco de compras m 106
saco de dormir m 267
saco de golfe m 233
saco de pasteleiro m 69
saco de praia m 264
saco de viagem m 37
saco do bebé m 75
saco do correio m 98, 190
saco m 311
saco para a relva m 88
saco plástico m 122
safira f 288
saia f 30, 34
saída de emergência f 95,
    210
saída f 61, 194, 210
sal m 64, 152
sala de aula f 162
sala de embarque f 213
sala de espera f 45
sala de estar f 62
sala de jantar f 64
sala de leitura f 168
sala de operações f 48
sala de reuniões f 174
sala de urgências f 48
sala do tribunal m 180
salada f 149
salada mista f 158
salada verde f 158
salamandra f 294
salame m 142

salário m 175
salgado 121, 129, 143, 155
salgueiro m 296
salmão m 120
salmonete m 120
salsa f 133
salsicha f 155, 157
salsichas f 118
saltar (v) 227
saltar à corda (v) 251
saltear (v) 67
salto à vara m 234
salto de cavalo m 235
salto em altura m 235
salto em comprimento m
    235
salto m 37, 243, 247
salto mortal m 235
salva f 133
salva-vidas m 239, 265
salvo f 228
sandália f 37
sandálias f 31
sanduíche aberta f 155
sanduíche club f 155
sanduíche f 155
sanduíche torrada f 149
sangramento do nariz m 44
sanita f 61, 72
Santa Lúcia 314
São Marinho 316
São Tomé e Príncipe 317
São Vicente e Granadinas
    314
sapataria f 114
sapato de atacador m 37
sapato de cabedal m 37
sapato de cunha m 37
sapato de golfe m 233
sapato de homem m 37
sapatos de cabedal m 32
sapatos m 34, 37
sapo m 294
sapto de salto alto m 37
Sara Ocidental 317
sarampo m 44
sarda f 15
Sardenha 316
sardinha f 120
sarjeta f 299
satélite m 281
satsuma f 126
Saturno 280
saúde f 43
sauna f 250
scanner m 106, 176
scrabble m 272
sebe f 85, 90, 182
seca 41
secador m 38
secar (v) 76
secar no secador (v) 38
secção de bagagens f 104
secção de criança f 104
secção de sapataria f 104

português

seco 39, 130, 145, 286, 321
secretária f 17, 162, 168
século m 307
seda f 277
sedativo m 109
sede f 175
sedimentares 288
segunda-feira 306
segundo 309
segundo andar m 104
segundo balcão m 254
segundo m 304
segurança f 75, 212, 240
seguro m 203
seio nasal m 19
seis 308
seiscentos 308
sela de senhora f 242
sela f 242
selector de ponto m 276
selim m 206
selo m 98
selos m 112
sem 320
sem alças 34
sem chumbo 199
sem espinhas 121
sem gás 144
sem gelo 151
sem gordura 137
sem grainhas 127
sem mangas 34
sem pele 121
sem sal 137
semáforo m 194
semana f 306
semanal 307
semear (v) 90, 183
semente de abóbora f 131
semente de girassol f 131
semente de mostarda f 131
semente de sésamo f 131
semente f 122, 127, 130
sementes de funcho f 133
sementes de papoila f 138
sementes f 88, 131
sémola f 130
sempre 320
Senegal 317
Senhor m 23
Senhora f 23
senhorio m 58
sensível 41
sentença f 181
sentido proibido195
sentido único m 194
separador central m 194
separador m 173
septuagésimo 309
série televisiva f 178
seringa f 109, 167
serpente f 293
serra circular f 78
serra de metais f 81
serra de rodear f 81
serra de vaivém f 78

Serra Leoa 317
serra manual f 89
serrar (v) 79
serrote com costas m 81
serrote m 81
serviço de câmbio m 97
serviço de informações m 99
serviço de lavandaria m 101
serviço de limpeza m 101
serviço de quarto m 101
serviço incluído 152
serviço m 231
serviço não incluído 152
serviços m 93
serviços de atendimento ao
    cliente m 104
serviços de emergência m 94
serviços m 49, 101
servidor m 176
servir (v) 64, 231
sessenta 308
set m 230
setas f 273
sete 308
setecentos 308
Setembro 306
setenta 308
sétimo 309
sexagésimo 309
sexta-feira 306
sexto 309
shaker m 150
shiatsu m 54
Sibéria f 313
Sicília 316
sidra f 145
silenciador m 203, 204
silencioso 321
silo m 183
silte m 85
simples 151
sinagoga f 300
sinais de trânsito m 195
sinal de trânsito m 298
sinal luminoso m 240
sinal m 14, 104, 209
sincelo m 287
sinfonia f 256
Singapura 319
singulares m 230
sintético 31
sintonizar (v) 179
sintonizar o rádio (v) 269
sirene f 94
Síria 318
sistema de comunicação
    pública m 209
sistema m 176
sistema solar m 280
sistemas m 19
site da internet m 177
skate m 249
slalom gigante m 247
slalom m 247
smash m 231
snack-bar m 148

snooker m 249
snowboarding m 247
soalheiro 286
soalho m 58, 62, 71
sobrancelha f 14, 51
sobre 320
sobremesa f 153
sobrexposto 271
sobrinha f 23
sobrinho m 23
sobrolho franzido m 25
sócia f 24
soco m 237
sofá m 62
sofá-cama m 63
software m 176
sogra f 23
sogro m 23
Sol 280
sol m 286
sola do pé f 15
sola f 37
solda f 79, 81
soldado m 189
soldar (v) 79
soletrar (v) 162
solha-limão f 120
sólidos m 164
solo m 85
solução desinfectante f 51
solúvel 109
Somália 317
somar (v) 165
sombra de olhos f 40
sonata f 256
sonda f 50
sopa f 153, 158
soprar (v) 141
soro do leite m 137
soro m 53
sorriso m 25
sorvete m 141
sótão m 58
soufflé m 158
soutien de amamentação
    m 53
soutien de desporto 35
soutien m 35
spray m 109, 311
squash m 231
Sri Lanka 318
St. Kitts e Nevis 314
stencil m 83
stress m 55
Suazilândia 317
subexposto 271
subir (v) 139
submarino m 215
subsolo m 91
substituição f 223
subtrair (v) 165
Sudão 317
Suécia 316
Suíça 316
sujo 321
sul m 312

sulco m 183
sultana f 129
sumarento127
sumo de ananás m 149
sumo de frutas m 156
sumo de laranja m 149
sumo de maçã m 149
sumo de tomate m 144, 149
sumo de uva m 144
sumo m 127
sumos e os batidos m 149
supermercado m 105, 106
suplemento m 55
suplente m 223
suporte de bagagem m 204
suporte do grampo m 166
suporte do selim m 206
suporte m 88, 166, 187, 205
suporte para bicicletas m 207
supositório m 109
surf m 241
surfista m 241
Suriname 315
surpreendido 25
suspeito m 94, 181
suspensão f 203, 205
suspirar (v) 25
sustenido 256
sweatshirt f 33
swing de prática m 233

T

tabaco m 112, 184
tabela f 226
tablete de chocolate m 113
tablier m 201
tábua de engomar f 76
tábua para cortar f 68
tabuleiro de forno m 69
tabuleiro de germinação m 89
tabuleiro de papel m 172
tabuleiro de pintura m 83
tabuleiro de xadrez m 272
tabuleiro m 152, 154
tabuleiro para queques m 69
taça f 61, 65
taça misturadora f 66
taco de ferro m 233
taco de hóquei m 224
taco de madeira m 233
taco m 155, 224, 228
tacos de golfe m 233
tae kwon do m 236
tai-chi m 237
Tailândia 318
Taiwan 319
Tajiquistão 318
tala f 47
talão de depósito m 96
talão de levantamento m 96
talão do cheque m 96
talhante m 118, 188
talhar (v) 79
talheres m 64
talho m 114
tâmara f 129

tambor m 245, 258
tambor pequeno m 257
tamboril m 120
tampa da objectiva f 270
tampa da sanita f 72
tampa f 61, 66, 69, 72, 166
tampão de roda m 202
tampão m 108
tandem f 206
tangerina f 126
tantã m 257
Tanzânia 317
tapeçaria f 277
tapete das bagagens m 212
tapete de banheira m 72
tapete m 54, 63
tapete praticável m 235
tarde 320
tarde f 305
tarifa f 197, 209
tarrafa f 244
tartaruga marinha f 293
tartaruga terrestre f 293
tarte de frutas f 140
tarte de natas f 141
tarte f 158
tartes f 143
Tasmânia 319
tatuagem f 41
taxa de câmbio f 97
taxa de juro f 96
tear m 277
teatro m 254
teatro m 299
tecelagem f 277
tecido m 276, 277
tecla f 176
teclado m 97, 99, 172, 176,
    258
técnicas f 79, 159
técnico de som m 179
tecto de abrir m 202
tecto duplo m 266
tecto m 62
tee m 232, 233
tejadilho m 203
tela f 274
telecadeira f 246
telecomando m 269
teleférico m 246
telefone de cartão m 99
telefone de emergência
    m 195
telefone de moedas m 99
telefone m 99, 172
telefone sem fios m 99
telefonista m 99
telegrama m 98
telemóvel m 99
telenovela f 178
teleobjectiva f 270
teleponto m 179
telescópio m 281
televisão por cabo m 269
televisor de ecrã panorâmico
    m 269

português

telha f 58, 187
telhado m 58
temperado 159
temperatura f 286
tempero de salada m 158
tempestade f 287
templo m 234, 286, 300
tempo morto m 220
têmpora f 14
temporal m 286
tenaz f 167
tenda de rua f 154
tenda f 267
tendão de Aquiles m 16
tendão do jarrete m 16
tendão m 17
ténis de mesa m 231
ténis m 31, 37, 230, 231, 251
tensão arterial f 44
tensão f 60
tequila f 145
ter um filho (v) 26
terapeuta f 55
terapeuta m 55
terapia de grupo f 55
terça-feira 306
terceiro 309
terebentina f 83
terminal de ferries m 216
terminal m 212
térmite f 295
termo m 267
termómetro m 45, 167
termosfera f 286
termóstato m 61
Terra 280
terra adubada f 88
Terra f 282
terra firme f 282
terramoto m 283
terras de cultivo f 182
território m 315
tese f 169
tesoura de jardim f 89
tesoura de podar f 89
tesoura de unhas f 41
tesoura f 138, 47, 82, 88, 276
testa f 14
teste de gravidez m 52
testeira f 242
testemunha f 180
testículo m 21
tetina f 75
têxteis para o lar m 105
tia f 22
tíbia f 17
tiebreak m 230
tigela f 69
tigre m 291
tijolo m 187
tília f 296
tímbale m 257
tímido 25
Timor-Leste 319
tinta acrílica f 274
tinta de água f 83

tinta do cabelo f 40
tinta f 83, 275
tintas de óleo f 274
tintas f 274
tinto 145
tinturaria f 115
tio m 22
tipos de autocarros m 196
tipos de câmara m 270
tipos de comboio m 208
tipos de pesca m 245
tipos de plantas m 86
tipos de quinta m 183
tipos m 199, 205
tira-cápsulas m 68
tirar apontamentos (v) 163
tirar as flores mortas (v) 91
tiro ao alvo m 249
tiro ao arco m 249
título m 168
títulos m 97
toalha de banho f 73
toalha de mãos f 73
toalha de mesa f 64
toalha de praia f 265
toalhas f 73
toalheiro m 72
toalhita anti-séptica f 47
toalhita húmida f 74, 108
todo-o-terreno m 199
toga f 169
Togo 317
toldo m 148, 264
tom m 256
tomada f 60
tomar banhos de sol (v) 264
tomar um banho (v) 72
tomar um duche (v) 72
tomate cereja m 124
tomate m 125, 157
tombadilho superior m 214
tomilho m 133
tonalidade f 41
tonelada f 310
tónico m 41
top m 251
topázio m 288
topiária f 87
toranja f 126
tornado m 287
tornear (v) 79
torneio m 233
torneira de água fria f 72
torneira de água quente f 72
torneira de cerveja f 150
torneira de drenagem f 61
torneira f 61, 66
torno de bancada m 78
torno do oleiro m 275
tornozelo m 13, 15
torrada f 157
torradeira f 66
torrado129
torrão m 113
torre de comando f 215
torre de controlo 212

torre de vigilância f 265
torre f 272, 300
tosse f 44
tosta f 157
touca de natação f 238
toucador m 71
touro m 185
trabalho de casa m 163
trabalho de retalhos m 277
trabalho em madeira m 275
trabalho m 171
tractor m 182
tráfego m 194
traje m 255
trampolim m 235, 238
trança f 39
transatlântico m 214
transferência bancária f 96
transferidor m 165
transmissão f 179, 202
transmitir (v) 178
transplantar (v) 91
transportes m 193
tranvia m 208
trapézio m 16, 164
traqueia f 18
trasto m 258
tratamento da roupa m 76
tratamentos de beleza m 41
travão de mão m 203
travão m 200, 204, 206
travar (v) 207
trave f 235
travessa para gratinar f 69
treinadora pessoal f 250
treinamento m 237
treinar (v) 251
treino em circuito m 251
treliça f 84
trem de aterragem dianteiro m 210
trem de aterragem m 210
tremor m 283
trenó com cães m 247
trepadeira f 87
três 308
trevo m 297
treze 308
trezentos 308
triângulo m 164, 257
tríceps m 16
tricô m 277
trigésimo 309
trigo m 130, 184
trigo partido m 130
trimestre m 52
trincha da cola f 82
trincha de alisar o papel f 82
trincha f 83
Trindade e Tobago 314
trinta 308
tripé m 166, 270, 281
tripulação f 241
triste 25
triturador de lixo m 61

troca de bolas f 230
tromba f 291
trombone m 257
trompa de Falópio f 20
trompa f 257
trompete m 257
tronco m 296
Trópico de Câncer m 283
Trópico de Capricórnio m 283
trópicos m 283
troposfera f 286
trote m 243
trovão m 286
trufa f 113, 125
truta arco-íris f 120
truta f 120
t-shirt f 30, 33
tuba f 257
tubarão m 294
tubo de descarga m 61
tubo de ensaio m 166
tubo de escape m 203, 204
tubo de respiração m 239
tubo do aspirador m 77
tubo m 202, 311
túlipa f 111
Tunísia 317
tupia f 78
turbocompressor m 203
turismo m 260
turista m 260
turmalina f 288
turno m 228
Turquemenistão 318
turquesa f 289
Turquia 316
tutu m 191

U

Ucrânia 316
Uganda 317
ugli m 126
última demão f 83
último 320
ultraligeiro m 211
ultrapassar (v) 195
ultra-som m 52
um 308
um milhão 309
um pouco 320
um quarto de hora 304
um shot 151
uma medida 151
umbigo m 12
unha do pé f 15
unha f 15
unidade de classificação do lixo f 61
unidade de cuidados intensivos f 48
unidade de disco rígido f 176
unidade de processamento central f 176
uniforme escolar m 162
uniforme m 94, 189

universidade f 299
universo m 280
Urano 280
uretra f 20, 21
urinário 19
urologia f 49
ursinho de peluche m 75
urso m 291
urso polar m 291
urtiga f 297
Uruguai 315
urze f 297
usar o fio dentário (v) 50
Usbequistão 318
utensílios de cozinha m 68
útero m 20, 52
uva f 127
uva-dos-montes f 127

V

vaca f 185
vacina f 45
vaga de frio m 287
vagão m 209
vagão-cama m 209
vagão-restaurante m 209
vagem f 122
vagina f 20
vaivém espacial m 281
vale m 284
vale postal m 98
valete m 273
válvula da pressão f 61
válvula de fecho f 61
válvula f 207
vantagem f 230
Vanuatu 319
vara f 245
varanda f 59
vareta de vidro f 167
vareta medidora f 202
varicela f 44
varrer (v) 77
vaso m 89
vassoura f 77
vassoura para relva f 88
vassourinha f 77
vazio 321
veado m 291
vedação f 85, 182
vedante m 83
vegetação de cobertura f 87
veia f 19
veículo de serviço m 212
vela de ignição f 203
vela f 63, 240, 241
vela grande f 240
velas de aniversário f 141
velho 321
velo m 74
velocímetro m 201, 204
vencedor m 273
vendedor de doces m 113
vendedor de frutas e legumes m 188
vendedor de jornais m 112

veneziana f 58
Venezuela 315
ventilador m 210
vento m 241, 286
ventoinha f 60, 202
ventosa f 53
ventoso 286
Vénus 280
ver a televisão (v) 269
Verão m 31, 307
verde 129, 274
veredicto m 181
vermelho 274
verniz de unhas m 41
verniz m 79, 83
vértebras cervicais f 17
vértebras lombares f 17
vértebras torácicas f 17
vértice m 164
vesícula seminal f 21
vespa f 205, 295
vestíbulo m 59
vestido de casamento m 35
vestido de noite m 34
vestido m 31, 34
vestuário m 205
veterinária f 189
véu m 35
vezes 165
via de acesso f 194
via de saída f 194
viaduto m 194
viagem de negócios f 175
vibrafone m 257
viçoso 127
videotelefone m 99
vidros m 65
vieira f 121
viela f 298
Vietname 318
viga de madeira f 186
viga do telhado f 186
viga mestra f 186
vigésimo 309
vigésimo primeiro 309
vigésimo segundo 309
vigésimo terceiro 309
vigia f 214
vinagre balsâmico m 135
vinagre de malte m 135
vinagre de sidra m 135
vinagre de vinho m 135
vinagre m 135, 142
vinha f 183
vinho m 145, 151
vinte 308
vinte e dois 308
vinte e um 308
vinte mil 309
vinte minutos 304
viola f 256
violino m 256
violoncelo m 256
virado para dentro 39
viragem f 238
virar (v) 241

virilha f 12
vírus m 44
visão f 51
viseira f 205, 269
visita guiada f 260
visor m 271
visto m 213
vitaminas f 108
vitela f 185
vivaz 86
vizinho m 24
voar (v) 211
vocalista m 258
vodka com laranja f 151
vodka f 145
volante m 201, 231
voleibol m 227
voleio m 231
volume m 165, 179, 269, 311
vomitar (v) 44
voo com asa delta m 248
voo doméstico m 212
voo internacional m 212
voo planado m 248
vulcão m 283

W
waffles f 157
wallpaper m 177
wedge m 233
whisky escocês com água
    m 151
whisky m 145
wicket m 225
windsurf m 241
windsurfista m 241
wok m 69

X
x-acto m 82
xadrez m 272
xarope de ácer m 134
xarope m 109
xarope para a tosse m 108
xerez m 145
xisto m 288

Z
Zâmbia 317
zangado 25
zarpar (v) 217
zebra f 291
zero 230, 308
Zimbabwe 317
zinco m 289
zona de abastecimento f 199
zona de ataque
zona de defesa f 224
zona de ensaio f 221
zona de finalização f 220
zona f 315
zona industrial f 299
zona lombar f 13
zona neutra f 224
zona pedonal f 299
zonas f 283, 299

zoologia f 169

Índice inglês • English index

A

à la carte 152
abdomen 12
abdominals 16
above 320
abseiling 248
acacia 110
accelerator 200
access road 216
accessories 36, 38
accident 46
account number 96
accountant 97, 190
accounts department 175
accused 180
ace 230, 273
Achilles tendon 16
acorn squash 125
acquaintance 24
acquitted 181
across 320
acrylic paints 274
actions 237, 229, 227, 233, 183
activities 263, 245, 162, 77
actor 254, 191
actors 179
actress 254
acupressure 55
acupuncture 55
Adam's apple 19
add v 165
address 98
adhesive tape 47
adjustable spanner 80
admissions 168
admitted 48
aduki beans 131
adult 23
advantage 230
adventure 255
advertisement 269
aerate v 91
aerobics 251
Afghanistan 318
Africa 317
after 320
afternoon 305
aftershave 73
aftersun 108
agate 289
agenda 174
aikido 236
aileron 210
air bag 201
air conditioning 200
air cylinder 239
air filter 202, 204
air letter 98
air mattress 267
air stewardess 190
air supply 199

air vent 210
aircraft 210
aircraft carrier 215
airliner 210, 212
airport 212
aisle 106, 168, 210, 254
alarm clock 70
Alaska 314
Albania 316
alcoholic drinks 145
alfalfa 184
Algeria 317
allergy 44
alley 298
alligator 293
allspice 132
almond 129
almond oil 134
almonds 151
along 320
alpine 87
alpine skiing 247
alternating current 60
alternative therapy 54
alternator 203
altitude 211
aluminium 289
Amazonia 312
ambulance 94
American football 220
amethyst 288
amniocentesis 52
amniotic fluid 52
amount 96
amp 60
amphibians 294
amplifier 268
anaesthetist 48
anchor 214, 240
Andes 312
Andorra 316
angle 164
angler 244
Angola 317
angry 25
animals 292, 294
animated film 255
ankle 13, 15
ankle-length 34
anniversary 26
annual 86, 307
anorak 31, 33
answer 163
answer v 99, 163
answering machine 99
ant 295
antenatal 52
antenna 295
antifreeze 199, 203
Antigua and Barbuda 314
anti-inflammatory 109
antique shop 114
antiseptic 47

antiseptic wipe 47
anti-wrinkle 41
antler 291
apartment block 298
aperitif 153
aperture dial 270
apex 165
appeal 181
appearance 30
appendix 18
applaud v 255
apple 126
apple corer 68
apple juice 149
appliances 66
application 176
appointment 45, 175
apricot 126
April 306
apron 30, 50, 69, 212
APS camera 270
aquamarine 288
Arabian Sea 313
arable farm 183
arc 164
arch 15, 85, 301
archery 249
architect 190
architecture 300
architrave 301
Arctic circle 283
Arctic Ocean 312
area 165, 310
areas 299
arena 243
Argentina 315
arithmetic 165
arm 13
armband 238
armchair 63
Armenia 318
armpit 13
armrest 200, 210
aromatherapy 55
around 320
arrangements 111
arrest 94
arrivals 213
arrow 249
art 162
art college 169
art deco 301
art gallery 261
art nouveau 301
art shop 115
artery 19
artichoke 124
artist 274
arts and crafts 274, 276
ash 283
ashtray 150
Asia 318
assault 94

assistant 24
assisted delivery 53
asteroid 280
asthma 44
astigmatism 51
astronaut 281
astronomy 281
asymmetric bars 235
at 320
athlete 234
athletics 234
Atlantic Ocean 312
atmosphere 282, 286
atrium 104
attachment 177
attack 220
attack zone 224
attend v 174
attic 58
attractions 261
aubergine 125
auburn 39
audience 254
August 306
aunt 22
aurora 286
Australasia 319
Australia 319
Austria 316
autocue 179
automatic 200
automatic door 196
autumn 31, 307
avalanche 247
avenue 299
avocado 128
awning 148
axe 95
axle 205
ayurveda 55
Azerbaijan 318

B

baby 23, 30
baby bath 74
baby care 74
baby changing facilities 104
baby monitor 75
baby products 107
baby sling 75
babygro 30
back 13
back brush 73
back seat 200
backboard 226
backdrop 254
backgammon 272
backhand 231
backpack 31, 37, 267
backstroke 239
backswing 233
bacon 118, 157

bad 321
badge 94
badminton 231
bag 311
bagel 139
baggage reclaim 213
baggage trailer 212
bags 37
baguette 138
Bahamas 314
bail 181
bait 244
bait v 245
bake v 67, 138
baked 159
baker 139
baker's 114
bakery 107, 138
baking 69
baking tray 69
balance wheel 276
balcony 59, 254
bald 39
bale 184
Balearic Islands 316
ball 15, 75, 221, 224, 226, 228, 230
ballboy 231
ballet 255
balsamic vinegar 135
Baltic Sea 313
bamboo 86,122
banana 128
bandage 47
Bangladesh 318
banister 59
bank 96, 284
bank charge 96
bank manager 96
bank transfer 96
bap 139
bar 150, 152, 250, 256, 311
bar code 106
bar counter 150
bar mitzvah 26
bar snacks 151
bar stool 150
barb 244
Barbados 314
barbecue 267
barber 39, 188
bark 296
barley 130, 184
barman 191
barn 182
baroque 301
bars 74
bartender 150
basalt 288
base 164, 230
base station 99
baseball 228
baseline 230

baseman 228
basement 58
basil 133
basin 50
basket 106, 207, 226
basket of fruit 126
basketball 226
basketball player 226
basque 35
bass clarinet 257
bass clef 256
bass guitar 258
bass guitarist 258
bassoon 257
bat 225, 228, 231, 290
bat v 225, 229
bath mat 72
bath towel 73
bathrobe 73
bathroom 72
bathtub 72
baton 235, 256
batsman 225
batter 228
batteries 260
battery 167, 202
battery pack 78
battleship 215
bay leaf 133
bayonet fitting 60
be born v 26
beach 264
beach bag 264
beach ball 265
beach hut 264
beach towel 265
beach umbrella 264
beaker 167
beam 186, 235
bean sprout 122
beans 131, 144
bear 291
beat 259
beauty 40, 105
beauty treatments 41
bed 70
bed and breakfast 101
bed linen 71
bedding 74
bedroom 70
bedside lamp 70
bedside table 70
bedspread 70
bee 295
beech 296
beef 118
beer 145,151
beer tap 150
beetle 295
beetroot 125
before 320
beginning 321
behind 320
Belarus 316
Belgium 316
Belize 314
bell 197

below 320
belt 32, 36, 236
bench 250, 262
Benin 317
berry 296
beside 320
bet 273
between 320
beyond 320
Bhutan 318
biathlon 247
bib 30
bicep curl 251
biceps 16
bicycle 206
bidet 72
biennial 86
bifocal 51
big toe 15
bike rack 207
bikini 264
bill 152, 293
binoculars 281
biology 162
biplane 211
birch 296
bird watching 263
birds 292
birth 52
birth weight 53
birth certificate 26
birthday 27
birthday cake 141
birthday candles 141
birthday party 27
biscuit 113
biscuits 141
bishop 272
bit 242
bit brace 78
bite 46
bite v 245
bitter 124, 145
black 39, 272, 274
black belt 237
black coffee 148
black hole 280
black olive 143
black pudding 157
Black Sea 313
black tea 149
blackberry 127
blackboard 162
blackcurrant 127
black-eyed beans 131
bladder 20
blade 60, 66, 78, 89
blanket 71, 74
blazer 33
bleach 77
blender 66
blister 46
block 237
block v 227
block of flats 59
blonde 39
blood pressure 44

blood pressure gauge 45
blood test 48
blouse 34
blow dry v 38
blow out v 141
blowhole 290
blue 274
blue cheese 136
bluebells 297
blueberry 127
blues 259
blusher 40
board 241
board v 217
board games 272
boarding pass 213
bob 39
bobbin 276
bobsleigh 247
body 12
body lotion 73
body systems 19
bodywork 202
boil v 67
boiled egg 137, 157
boiled sweets 113
boiler 61
Bolivia 315
bollard 214, 298
bolt 59
bomber 211
bone 17, 119, 121
bone meal 88
boned 121
bongos 257
bonnet 198
book 168
book a flight v 212
book shop 115
bookshelf 63, 168
boom 95, 240
booster 281
boot 198, 220, 223
booties 30
bored 25
borrow v 168
Bosnia and Herzegovina 316
Botswana 317
bottle 61, 75, 135, 311
bottle opener 68, 150
bottled foods 134
bottled water 144
bottom tier 141
bounce v 227
boundary line 225
bouquet 35, 111
bouquet garni 132
bout 237
boutique 115
bow 240, 249
bow tie 36
bowl 61, 65, 112
bowl v 225
bowler 225
bowling 249
bowling ball 249
box 254

box file 173
box of chocolates 113
box of tissues 70
box office 255
boxer shorts 33
boxercise 251
boxing 236
boxing gloves 237
boxing ring 237
boy 23
boyfriend 24
bra 35
brace 50
bracelet 36
brain 19
brake 200, 204, 206
brake v 207
brake block 207
brake fluid reservoir 202
brake lever 207
brake pedal 205
bran 130
branch 175, 296
brandy 145
brass 256
Brazil 315
brazil nut 129
bread 157
bread knife 68
bread roll 143
breadcrumbs 139
breadfruit 124
breads 138
break a record v 234
break waters v 52
breakdown 203
breakfast 64, 156
breakfast buffet 156
breakfast cereals 107
breakfast table 156
breakfast tray 101
breast 12, 119
breast bone 17
breast pump 53
breastfeed v 53
breaststroke 239
breathing 47
breech 52
brick 187
bridge 15, 214, 258, 273,
300
bridle 242
bridle path 263
brie 142
briefcase 37
briefs 33, 35
brioche 157
broad bean 122
broad beans 131
broadcast 179
broadcast v 178
broccoli 123
brochure 175
brogue 37
bronze 235
brooch 36
broom 77

broth 158
brother 22
brother-in-law 23
browband 242
brown 274
brown bread 139, 149
brown flour 138
brown lentils 131
brown rice 130
browse v 177
browser 177
bruise 46
Brunei 319
brunette 39
brush 38, 40, 77, 83, 274
brush v 38, 50
brussel sprout 122
bubble bath 73
bucket 77, 82, 265
buckle 36
bud 111, 297
buffet 152
buggy 232
build v 186
builder 186, 188
building site 186
buildings 299
built-in wardrobe 71
bulb 86
Bulgaria 316
bull 185
bulldog clip 173
bull-nose pliers 80
bullseye 273
bumper 74, 198
bun 39, 140, 155
bunch 111
bungalow 58
bungee jumping 248
bunker 232
bunsen burner 166
buoy 217
bureau de change 97
burger 154
burger bar 154
burger meal 154
burglar alarm 58
burglary 94
Burkina Faso 317
Burma (Myanmar) 318
burn 46
burner 67
Burundi 317
bus 196
bus driver 190
bus shelter 197
bus station 197
bus stop 197, 299
bus ticket 197
buses 196
business 175
business class 211
business deal 175
business lunch 175
business partner 24
business suit 32
business trip 175

businessman 175
businesswoman 175
butcher 118, 188
butcher's 114
butter 137, 156
butter beans 131
buttercup 297
butterfly 239, 295
buttermilk 137
butternut squash 125
buttock 13, 16
button 32
buttonhole 32
buttress 301
by 320
by airmail 98
bytes 176

C
cab 95
cabbage 123
cabin 210, 214
Cabinda 317
cabinet 66
cable 79, 207
cable car 246
cable television 269
cactus 87
caddy 233
caesarean section 52
café 148, 262
cafetière 65
cake shop 114
cake tin 69
cakes 140
calcite 289
calcium 109
calculator 165
calendar 306
calf 13, 16, 185
call button 48
calyx 297
cam belt 203
Cambodia 318
camcorder 260, 269
camel 291
camembert 142
camera 178, 260, 270
camera case 271
camera crane 178
camera shop 115
cameraman 178
Cameroon 317
camisole 35
camomile tea 149
camp v 266
camp bed 266
campari 145
camper van 266
campfire 266
camping 266
camping stove 267
campsite 266
campus 168
can 145, 311
can opener 68

Canada 314
canary 292
candied fruit 129
candle 63
cane 91
canes 89
canine 50
canned drink 154
canoe 214
canoeing 241
canter 243
canvas 274
cap 21, 36, 238
capacity 311
cape gooseberry 128
capers 143
capital 315
capoeira 237
capsize v 241
capsule 109
captain 214
capuccino 148
car 198, 200
car accident 203
car hire 213
car park 298
car stereo 201
car wash 198
caramel 113
caravan 266
caraway 131
card 27
card phone 99
card slot 97
cardamom 132
cardboard 275
cardigan 32
cardiology 49
cardiovascular 19
cards 273
cargo 216
Caribbean Sea 312
carnation 110
carnival 27
carousel 212
carpenter 188
carpentry bits 80
carpet 71
carriage 208
carriage race 243
carrier 204
carrot 124
carrycot 75
cartilage 17
carton 311
cartoon 178
carve v 79
carving fork 68
case 51
cash v 97
cash machine 97
cashewnut 129
cashewnuts 151
cashier 96, 106
casino 261
Caspian Sea 313
cassava 124

casserole dish 69
cassette player 269
cassette tape 269
cast 254
cast v 245
castle 300
casual 34
casual wear 33
cat 290
catalogue 168
catamaran 215
cataract 51
catch v 220, 227, 229, 245
catcher 229
caterpillar 295
cathedral 300
catheter 53
cauliflower 124
cave 284
CD player 268
cedar 296
ceiling 62
celebration 140
celebration cakes 141
celebrations 27
celeriac 124
celery 122
cell 181
cello 256
cement 186
cement mixer 186
centimetre 310
centipede 295
Central African Republic 317
central processing unit 176
central reservation 194
centre 164
centre circle 222, 224, 226
centre field 228
centre line 226
centreboard 241
century 307
ceramic hob 66
cereal 130, 156
cervical vertebrae 17
cervix 20, 52
Chad 317
chain 36, 206
chair 64
chair v 174
chairlift 246
chalk 85, 162, 288
chamber 283
champagne 145
championship 230
change v 209
change a wheel v 203
change channel v 269
change gear v 207
changing bag 75
changing mat 74
changing room 104
channel 178
charcoal 266, 275
charge 94, 180
chart 48
chassis 203

check-in v 212
check-in desk 213
checkout 106
check-up 50
cheddar 142
cheek 14
cheerleader 220
cheese 136, 156
chef 152, 190
chef's hat 190
chemist 108
chemistry 162
cheque 96
chequebook 96
cherry 126
cherry tomato 124
chess 272
chessboard 272
chest 12
chest of drawers 70
chest press 251
chestnut 129
chewing gum 113
chick 185
chick peas 131
chicken 119, 185
chicken burger 155
chicken coop 185
chicken nuggets 155
chicken pox 44
chicory 122
child 23, 31
child lock 75
child seat 198, 207
childbirth 53
children 23
children's clothing 30
children's department 104
children's ward 48
child's meal 153
Chile 315
chili 143
chill 44
chilli 124, 132
chimney 58
chin 14
China 318
china 105
chip v 233
chipboard 79
chiropractic 54
chisel 81, 275
chives 133
chocolate 113
chocolate bar 113
chocolate cake 140
chocolate chip 141
chocolate coated 140
chocolate milkshake 149
chocolate spread 135
choir 301
choke v 47
chop 119, 237
chopping board 68
chorizo 143
choux pastry 140
christening 26

Christmas 27
chrysanthemum 110
chuck 78
church 298, 300
chutney 134
cider 145
cider vinegar 135
cigar 112
cigarettes 112
cinema 255, 299
cinema hall 255
cinnamon 133
circle 165, 254
circular saw 78
circuit training 251
circumference 164
cistern 61
citrus fruit 126
city 299
clam 121
clamp 78, 166
clamp stand 166
clapper board 179
clarinet 257
clasp 36
classical music 255, 259
classroom 162
claw 291
clay 85, 275
clean v 77
clean clothes 76
cleaned 121
cleaner 188
cleaning equipment 77
cleaning fluid 51
cleanser 41
clear honey 134
cleat 240
cleaver 68
clementine 126
client 38, 175, 180
cliff 285
climber 87
climbing frame 263
clinic 48
clipboard 173
clitoris 20
clock 62
clock radio 70
closed 260, 321
clothes line 76
clothes peg 76
clothing 205
cloud 287
cloudy 286
clove 125
clover 297
cloves 133
club 273
club sandwich 155
clubhouse 232
clutch 200, 204
coach 196
coal 288
coast 285
coaster 150
coastguard 217

coat 32
coat hanger 70
cockatoo 293
cockerel 185
cockle 121
cockpit 210
cockroach 295
cocktail 151
cocktail shaker 150
cocoa powder 148
coconut 129
cocoon 295
cod 120
coffee 144, 148, 153, 156, 184
coffee cup 65
coffee machine 148, 150
coffee milkshake 149
coffee spoon 153
coffee table 62
cog 206
coin 97
coin phone 99
coin return 99
cola 144
colander 68
cold 44, 286, 321
cold tap 72
cold-pressed oil 135
collage 275
collar 32
collar bone 17
colleague 24
collection 98
college 168
Colombia 315
colony 315
colouring pencil 163
colours 39, 274
comb 38
comb v 38
combat sports 236
combine harvester 182
comedy 255
comet 280
comic 112
commis chef 152
commission 97
communications 98
commuter 208
Comoros 317
compact 40
compact disc 269
company 175
compartment 209
compass 165, 312, 240
complaint 94
complexion 41
compliments slip 173
compost 88
compost heap 85
computer 172, 176
concealer 40
conceive v 20
conception 52
concert 255, 258

concertina file 173
concourse 209
concrete block 187
concussion 46
condensed milk 136
conditioner 38
condom 21
conductor 256
cone 164, 187
confectioner 113
confectionery 107, 113
confident 25
confused 25
conglomerate 288
Congo 317
conifer 86
connect v 177
connection 212
conning tower 215
console 269
constellation 281
construction 186
consultant 49
consultation 45
contact lenses 51
container 216, 311
container port 216
container ship 215
continent 282, 315
contraception 21, 52
contraction 52
control tower 212
controller 269
controls 201, 204
convector heater 60
convenience food 107
convertible 199
conveyer belt 106
cooked meat 118, 143
cooking 67
coolant reservoir 202
cooling rack 69
co-pilot 211
copper 289
copy v 172
cor anglais 257
coral reef 285
cordless phone 99
core 127
coriander 133
cork 134
corkscrew 150
corn 130, 184
corn bread 139
corn oil 135
cornea 51
corner 223
corner flag 223
cornice 300
corset 35
Corsica 316
Costa Rica 314
costume 255
cot 74
cottage cheese 136
cottage garden 84
cotton 184, 277

cotton balls 41
cough 44
cough medicine 108
counsellor 55
count v 165
counter 96, 98, 100, 142, 272
country 259, 315
couple 24
courgette 125
courier 99
courses 153
court 226
court case 180
court date 180
court officer 180
court official 180
courtroom 180
courtyard 58, 84
couscous 130
cousin 22
cow 185
cow's milk 136
crab 121, 295
cracked wheat 130
cradle 95
crafts 275
cramp 239
cramps 44
cranberry 127
crane 187, 216, 292
crash barrier 195
crater 283
crayfish 121
cream 109, 137, 140, 157
cream cheese 136
cream pie 141
crease 225
credit card 96
creel 245
creeper 87
crème caramel 141
crème patisserie 140
crêpe 155
crescent moon 280
crew 241
crew hatch 281
cricket 225, 295
cricket ball 225
cricketer 225
crime 94
criminal 181
criminal record 181
crisp 127
crispbread 139, 156
crisper 67
crisps 113, 151
Croatia 316
crochet 277
crochet hook 277
crockery 64
crockery and cutlery 65
crocodile 293
crocodile clip 167
croissant 156
crop 39, 183
crops 184

cross trainer 250
crossbar 207, 222, 235
cross-country skiing 247
crow 292
crown 50
crucible 166
crushed 132
crust 139, 282
cry v 25
crystal healing 55
Cuba 314
cube 164
cucumber 125
cuff 32, 45
cufflink 36
cultivate v 91
cultivator 182
cumin 132
cured 118, 159, 143
curler 38
curling 247
curling tongs 38
curly 39
currant 129
current account 96
curry 158
curry powder 132
curtain 63, 254
curved 165
cushion 62
custard 140
customer 96, 104, 106, 152
customer service department 175
customer services 104
customs 212
customs house 216
cut 46
cut v 38, 79, 277
cuticle 15
cutlery 64
cuts 119
cutting 91
cuttlefish 121
cycle v 207
cycle lane 206
cycling 263
cylinder 164
cylinder head 202
cymbals 257
Cyprus 316
Czech Republic 316

D

daffodil 111
dairy 107
dairy farm 183
dairy produce 136
daisy 110, 297
dam 300
dance 259
dance academy 169
dancer 191
dandelion 123, 297
dandruff 39
dark 41, 321

darkroom 271
darn v 277
dartboard 273
darts 273
dashboard 201
date 129, 306
daughter 22
daughter-in-law 22
dawn 305
day 305, 306
dead ball line 221
deadhead v 91
deal v 273
debit card 96
decade 307
decay 50
December 306
deciduous 86
decimal 165
deck 214
deck chair 265
decking 85
decorating 82
decoration 141
decorator 82
deep end 239
deep fried 159
deep sea fishing 245
deer 291
defence 181, 220
defendant 181
defender 223
defending zone 224
defrost v 67
degree 169
deli 107
delicatessen 142
delivery 52, 98
deltoid 16
Democratic Republic of the Congo 317
Denmark 316
denomination 97
denominator 165
dental care 108
dental floss 50, 72
dental hygiene 72
dental x-ray 50
dentist 50, 189
dentist's chair 50
dentures 50
deodorant 73
deodorants 108
department 169
department store 105
departments 49
departure lounge 213
departures 213
depth 165
dermatology 49
descaled 121
desert 285
desiccated 129
designer 191, 277
desk 162, 172
desktop 177

dessert 153
desserts 140
destination 213
detached 58
detective 94
detergent 77
deuce 230
develop v 271
diabetes 44
diagonal 164
dial v 99
diameter 164
diamond 273, 288
diaphragm 19, 21
diarrhoea 44, 109
diary 175
dice 272
dictionary 163
die v 26
diesel 199
diesel train 208
difficult 321
dig v 90, 227
digestive 19
digital 269
digital camera 270
dilation 52
dill 133
dimensions 165
dimple 15
dining car 209
dining room 64
dinner 64, 158
dinner plate 65
diopter 51
diploma 169
dipstick 202
direct current 60
direct debit 96
directions 260
director 254
directory enquiries 99
dirt bike 209
dirty washing 76
disabled parking 195
discharged 48
disconnected 99
discus 234
discus v 163
disembark v 217
dishwasher 66
disinfectant solution 51
disk 176
dispensary 108
disposable 109
disposable camera 270
disposable nappy 30
disposable razor 73
dissertation 169
distance 310
distributor 203
district 315
dive 239
dive v 238
diver 238
diversion 195
divide v 165

divided by 165
dividends 97
divider 173, 194
divorce 26
Diwali 27
DJ 179
do not bend v 98
dock 214, 216
dock v 217
doctor 45, 189
doctorate 169
documentary 178
dog 290
dog sledding 247
doll 75
doll's house 75
dolphin 290
dome 300
domestic flight 212
Dominica 314
Dominican Republic 314
dominoes 273
donkey 185
door 196, 198, 209
door chain 59
door knob 59
door knocker 59
door lock 200
doorbell 59
doormat 59
dormer 58
dorsal fin 294
dosage 109
double 151
double bass 256
double bassoon 257
double bed 71
double cream 137
double room 100
double-decker bus 196
doubles 230
dough 138
Dover sole 120
down 320
downhill skiing 247
download v 177
dragonfly 295
drain 61, 72, 299
drain cock 61
drainage 91
draining board 67
draughts 272
draw 223
draw v 162
drawer 66, 70, 172
drawer unit 172
drawing 275
drawing pin 173
dress 31, 34
dressage 243
dressed 159
dressed chicken 119
dressing 47, 158
dressing gown 31, 32
dressing table 71
dribble v 223

dried flowers 111
dried fruit 156
drill 50
drill v 79
drill bit 78
drill bits 80
drinking cup 75
drinking fountain 262
drinks 107, 144, 156
drip 53
drive v 195, 233
driver 196
driver's cab 208
driver's seat 196
driveshaft 202
drop anchor v 217
dropper 109, 167
drops 109
dropshot 230
drown v 239
drum 258
drum kit 258
drummer 258
dry 39, 41, 130, 145, 286, 321
dry v 76
dry cleaners 115
dry dock 217
dual carriageway 195
duck 119, 185
duck egg 137
duckling 185
duffel coat 31
dugout 229
dumb bell 251
dumper truck 187
dungarees 30
dunk v 227
duodenum 18
dusk 305
dust v 77
dust pan 77
duster 77
dustsheet 83
duty-free shop 213
duvet 71
DVD disk 269
DVD player 268
dyed 39
dynamo 207

E

eagle 292
ear 14
early 36
earring 36
Earth 280, 282
earthenware dish 69
earthing 60
earthquake 283
easel 174, 274
east 312
East Timor 319
Easter 27
easy 321
easy cook 130

eat v 64
eat-in 154
eating 75
eau de toilette 41
eaves 58
éclair 140
eclipse 280
economics 169
economy class 211
Ecuador 315
eczema 44
Edam 142
edge 246
editor 191
eel 294
egg 20
egg cup 65, 137
egg white 137
eggs 137
Egypt 317
eight 308
eight hundred 308
eighteen 308
eighteenth 309
eighth 309
eightieth 309
eighty 308
ejaculatory duct 21
El Salvador 314
elbow 13
electric blanket 71
electric drill 78
electric guitar 258
electric razor 73
electric shock 46
electric train 208
electrical goods 105, 107
electrician 188
electricity 60
electricity meter 60
elephant 291
eleven 308
eleventh 309
elm 296
email 98, 177
email account 177
email address 177
embarrassed 25
embossed paper 83
embroidery 277
embryo 52
emerald 288
emergency 46
emergency exit 210
emergency lever 209
emergency phone 195
emergency room 48
emergency services 94
emigrate v 26
emotions 25
employee 24
employer 24
empty 321
emulsion 83
enamel 50
encore 255
encyclopedia 163

end 321
end zone 220
endive 123
endline 226
endocrine 19
endocrinology 49
engaged/busy 99
engaged couple 24
engine 202, 204, 208, 210
engine room 214
engineering 169
English breakfast 157
english mustard 135
engraving 275
enlarge v 172
enlargement 271
enquiries 168
ENT 49
entrance 59
entrance fee 260
envelope 98, 173
environment 280
epidural 52
epiglottis 19
epilepsy 44
episiotomy 52
equals 165
equation 165
equator 283
equipment 233, 238
equipment 165
Equitorial Guinea 317
equity 97
Eritrea 317
erupt v 283
escalator 104
espresso 148
essay 163
essential oils 55
estate 199
estate agent 189
estate agent's 115
Estonia 316
estuary 285
Ethiopia 317
eucalyptus 296
Europe 316
evening 305
evening dress 34
evening menu 152
events 243, 247
evergreen 86
evidence 181
examination 163
excess baggage 212
exchange rate 97
excited 25
excuse me 322
executive 174
exercise bike 250
exercises 251
exfoliate v 41
exhaust pipe 203, 204
exhibit v 261
exhibition 261
exit 210
exit ramp 194

exosphere 286
expectant 52
experiment 166
expiry date 109
exposure 271
extend v 251
extension 58
extension lead 78
exterior 198
extra time 223
extraction 50
extractor 66
eye 14, 51, 244, 276
eye shadow 40
eye test 51
eyebrow 14, 51
eyebrow brush 40
eyebrow pencil 40
eyecup 269
eyelash 14, 51
eyelet 37
eyelid 51
eyeliner 40
eyepiece 167

F
fabric 277
fabric conditioner 76
face 14
face cream 73
face mask 225
face pack 41
face powder 40
face-off circle 224
facial 41
factory 299
faint v 25, 44
fair 41
fairground 262
fairway 232
falcon 292
Falkland Islands 315
fall 237
fall in love v 26
Fallopian tube 20
family 22
famous ruin 261
fan 60, 202
fan belt 203
fans 258
far 320
fare 197, 209
farm 182, 183, 184
farmer 182, 189
farmhouse 182
farmland 182
farmyard 182
fashion 277
fast 321
fast food 154
fast forward 269
fastening 37
fat 119, 321
fat free 137
father 22
father-in-law 23

fault 230
fax 98, 172
fax machine 172
feather 293
feature film 269
February 306
feed v 183
feijoa 128
female 12, 20
feminine hygiene 108
femur 17
fence 85, 182, 243
fencing 249
feng shui 55
fennel 122, 133
fennel seeds 133
fenugreek 132
fern 86
ferry 215, 216
ferry terminal 216
fertilization 20
fertilize v 91
fertilizer 91
festivals 27
fever 44
fiancé 24
fiancée 24
fibre 127
fibula 17
field 182, 222, 228, 234
field v 225, 229
field hockey 224
fifteen 308
fifteenth 309
fifth 309
fiftieth 309
fifty 308
fifty five thousand, five
hundred 309
fifty thousand 309
fig 129
fighter plane 211
figure skating 247
Fiji 319
filament 60
file 81, 172, 177
filing cabinet 172
fill v 82
filler 83
fillet 119, 121
filleted 121
filling 50, 140, 155
film 260, 271
film chamber 270
film set 179
film spool 271
filo pastry 140
filter 270
filter coffee 148
filter paper 167
fin 210
finance 97
financial advisor 97
fingerprint 94
finial 300
finishing line 234
Finland 316

fire 95
fire alarm 95
fire brigade 95
fire engine 95
fire escape 95
fire extinguisher 95
fire fighters 95
fire station 95
firelighter 266
fireman 189
fireplace 63
firm 124
first 309
first aid 47
first aid box 47
first floor 104
first night 254
fish 107, 120, 294
fish and chips 155
fish farm 183
fish slice 68
fisherman 189
fishhook 244
fishing 244, 245
fishing boat 217
fishing permit 245
fishing port 217
fishing rod 244
fishmonger 188
fishmonger's 114, 120
fist 15, 237
fitness 250
five 308
five hundred 308
flag 221, 232
flageolet beans 131
flakes 132
flamingo 292
flan 142
flan dish 69
flare 240
flash 270
flash gun 270
flask 166
flat 59, 256
flatbread 139
flat race 243
flat wood bit 80
flavoured oil 134
flax 184
fleece 74
flesh 124, 127, 129
flex v 251
flight attendant 210
flight number 213
flint 288
flipchart 174
flip-flop 37
flipper 239, 290
float 238, 244
float ball 61
flock 183
flood 287
floor 58, 62, 71
floor exercises 235
floor plan 261
florentine 141

floret 122
florist 110, 188
floss v 50
flours 138
flower 297
flowerbed 85, 90
flowering plant 297
flowering shrub 87
flowers 110
flu 44
flute 139, 257
fly 244, 295
fly v 211
fly fishing 245
flyover 194
flysheet 266
foal 185
focus v 271
focusing knob 167
foetus 52
fog 287
foil 249
folder 177
foliage 110
folk music 259
follicle 20
font 177
food 118, 130, 149
food hall 105
food processor 66
foot 12, 15, 310
football 220, 222
football field 220
football player 220
football strip 31, 222
footballer 222
footboard 71
footpath 262
footstrap 241
for 320
forceps 53, 167
forearm 12
forecourt 199
forehand 231
forehead 14
foreign currency 97
foreskin 21
forest 285
fork 65, 88, 153, 207
fork-lift truck 186, 216
formal 34
formal garden 84
formal gardens 262
fortieth 309
fortnight 307
forty 308
forty minutes 304
forward 222
foul 222, 226
foul ball 228
foul line 229
foundation 40
fountain 85
four 308
four hundred 308
four-door 200

fourteenth 309
fourth 309
four-wheel drive 199
fox 290
foxglove 297
fraction 165
fracture 46
fragile 98
fragranced 130
frame 51, 62, 206, 230, 269
frame counter 270
France 316
freckle 15
free 321
free kick 222
free range 118
free weights 250
freesia 110
free-throw line 226
freeze 287
freeze v 67
freezer 67
freight train 208
freighter 215
French bean 122
french fries 154
French Guiana 315
French horn 257
french mustard 135
French pleat 39
French toast 157
frequency 179
fresh 121, 127, 130
fresh cheese 136
fresh fruit 157
freshwater fishing 245
fret 258
fretsaw 81
Friday 306
fridge-freezer 67
fried 159
fried chicken 155
fried egg 157
friend 24
frieze 301
frog 294
from 320
front crawl 239
front door 58
front wheel 196
frontal 16
frost 287
froth 148
frown 25
frozen 121, 124
frozen food 107
frozen yoghurt 137
fruit 107, 126, 128
fruit bread 139
fruit cake 140
fruit farm 183
fruit gum 113
fruit juice 127, 156
fruit tart 140
fruit yoghurt 157
fry v 67
frying pan 69

fuel gauge 201
fuel tank 204
full 64, 266, 321
full board 101
full moon 280
fumble 220
funeral 26
funnel 166, 214
furniture shop 115
furrow 183
fuse 60
fuse box 60, 203
fuselage 210

G
gable 300
Gabon 317
Galapagos Islands 315
galaxy 280
gale 286
galley 214
gallon 311
gallop 243
galvanised 79
Gambia 317
game 119, 230, 273
game show 178
games 272
gangway 214
garage 58, 199, 203
garden 84
garden centre 115
garden features 84
garden pea 122
garden plants 86
garden styles 84
garden tools 88
gardener 188
gardening 90
gardening gloves 89
gardens 261
garland 111
garlic 125, 132
garlic press 68
garnet 288
garter 35
gas burner 61
gasket 61
gate 85, 182, 247
gate number 213
gauze 47, 167
gear lever 207
gearbox 202, 204
gears 206
gearstick 201
gel 38, 109
gems 288
generation 23
generator 60
genitals 12
geography 162
geometry 165
Georgia 318
gerbera 110
Germany 316
get a job v 26

get married v 26
get up v 71
geyser 285
Ghana 317
giant slalom 247
gifts shop 114
gill 294
gin 145
gin and tonic 151
ginger 39, 125, 133
giraffe 291
girder 186
girl 23
girlfriend 24
girth 242
glacier 284
gladiolus 110
gland 19
glass 69, 152
glass bottle 166
glass rod 167
glasses 51, 150
glassware 64
glaze v 139
glider 211, 248
gliding 248
gloss 83, 271
glove 224, 233, 236, 246
gloves 36
glue 275
glue gun 78
gneiss 288
go to bed v 71
go to sleep v 71
goal 221, 223, 224
goal area 223
goal line 220, 223, 224
goalkeeper 222, 224
goalpost 220, 222
goat 185
goat's cheese 142
goat's milk 136
goggles 238, 247
going out 75
gold 235, 289
goldfish 294
golf 232
golf bag 233
golf ball 233
golf clubs 233
golf course 232
golf shoe 233
golf trolley 233
golfer 232
gong 257
good 321
good afternoon 322
good evening 322
good morning 322
good night 322
goodbye 322
goose 119, 293
goose egg 137
gooseberry 127
gorge 284
gorilla 291
gothic 301

grade 163
graduate 169
graduate v 26
graduation ceremony 169
graft v 91
grains 130
gram 310
granary bread 139
grandchildren 23
granddaughter 22
grandfather 22
grandmother 22
grandparents 23
grandson 22
granite 288
grape juice 144
grapefruit 126
grapeseed oil 134
graphite 289
grass 86, 262
grass bag 88
grasshopper 295
grassland 285
grate v 67
grated cheese 136
grater 68
gratin dish 69
gravel 88
gravity 280
graze 46
greasy 39
Greece 316
green 129, 232, 274
green olive 143
green peas 131
green salad 158
green tea 149
greengrocer 188
greengrocer's 114
greenhouse 85
Greenland 314
Grenada 314
grey 39, 274
grill v 67
grill pan 69
grilled 159
grip 78
groceries 106
grocer's 114
groin 12
groom 243
ground 132
ground coffee 144
ground cover 87
ground floor 104
ground sheet 267
groundnut oil 135
group therapy 55
grout 83
guard 236
Guatemala 314
guava 128
guest 64, 100
guidebook 260
guided tour 260
guilty 181
Guinea 317

Guinea-Bissau 317
guitarist 258
gull 292
gum 50
gun 94
gutter 58, 299
guy rope 266
Guyana 315
gym 101, 250
gym machine 250
gymnast 235
gymnastics 235
gynaecologist 52
gynaecology 49
gypsophila 110

H
haberdashery 105
hacksaw 81
haddock 120
haemorrhage 46
hail 286
hair 14, 38
hair dye 40
hairband 38
hairdresser 38, 188
hairdresser's 115
hairdryer 38
hairpin 38
hairspray 38
hairtie 39
Haiti 314
half an hour 304
half board 101
half time 223
half-litre 311
hall of residence 168
hallibut fillets 120
Halloween 27
hallway 59
halter 243
halter neck 35
ham 119, 143, 156
hammer 80
hammer v 79
hammock 266
hamper 263
hamster 290
hamstring 16
hand 13, 15
hand drill 81
hand fork 89
hand luggage 211, 213
hand rail 59
hand saw 89
hand towel 73
handbag 37
handbrake 203
handcuffs 94
handicap 233
handkerchief 36
handle 36, 88, 106, 187, 200, 230
handlebar 207
handles 37
handrail 196

handsaw 80
handset 99
hang v 82
hang-glider 248
hang-gliding 248
hanging basket 84
hanging file 173
happy 25
harbour 217
harbour master 217
hard 129, 321
hard cheese 136
hard drive 176
hard hat 186
hard shoulder 194
hardboard 79
hardware 176
hardware shop 114
hardwood 79
haricot beans 131
harness race 243
harp 256
harvest v 91, 183
hat 36
hatchback 199
have a baby v 26
Hawaii 314
hay 184
hayfever 44
hazard 195
hazard lights 201
hazelnut 129
hazelnut oil 134
head 12, 19, 81, 230
head v 222
head injury 46
head office 175
head teacher 163
headache 44
headboard 70
headlight 198, 205
headphones 268
headrest 200
headsail 240
health 44
health centre 168
health food shop 115
heart 18, 119, 122, 273
heart attack 44
heater 60
heater controls 201
heather 297
heating element 61
heavy 321
heavy metal 259
hedge 85, 90, 182
hedgehog 290
heel 13, 15, 37
height 165
height bar 45
helicopter 211
hello 322
helmet 95, 204, 206, 220, 224, 228
hem 34
hematite 289
hen's egg 137

herb 55, 86
herb garden 84
herbaceous border 85
herbal remedies 108
herbal tea 149
herbalism 55
herbicide 183
herbs 133, 134
herbs and spices 132
herd 183
hexagon 164
hi-fi system 268
high 321
high chair 75
high dive 239
high heel shoe 37
high jump 235
high speed train 208
highlights 39
hiking 263
hill 284
Himalayas 313
hip 12
hippopotamus 291
historic building 261
history 162
history of art 169
hit v 224
hob 67
hockey 224
hockey stick 224
hoe 88
hold 215, 237
holdall 37
hole 232
hole in one 233
hole punch 173
holiday 212
holiday brochure 212
holly 296
home 58
home delivery 154
home entertainment 268
home furnishings 105
home plate 228
homeopathy 55
homework 163
homogenised 137
Honduras 314
honeycomb 135
honeymoon 26
honeysuckle 297
hood 31, 75
hoof 242, 291
hook 187, 276
hoop 226, 277
horizontal bar 235
hormone 20
horn 201, 204, 291
horror film 255
horse 185, 235, 242
horse race 243
horse riding 242, 263
horseradish 125
horseshoe 242
hose 95
hose reel 89

hosepipe 89
hospital 48
host 64
hostess 64
hot 124, 286, 321
hot chocolate 144, 156
hot dog 155
hot drinks 144
hot tap 72
hot-air balloon 211
hotel 100, 264
hot-water bottle 70
hour 304
hour hand 304
house 58
household products 107
hovercraft 215
hub 206
hubcap 202
hull 214, 240
human resources 175
humerus 17
humid 286
hummingbird 292
hump 291
hundred 308
hundred and ten 308
hundred thousand 308
hundredth 309
Hungary 316
hungry 64
hurdles 235
hurricane 287
husband 22
husk 130
hydrant 95
hydrofoil 215
hydrotherapy 55
hypnotherapy 55
hypoallergenic 41
hypotenuse 164

I
ice 120, 287
ice and lemon 151
ice bucket 150
ice climbing 247
ice cream 149
ice cube 151
ice hockey 224
ice hockey player 224
ice hockey rink 224
ice maker 67
ice-cream 137
iced coffee 148
iced tea 149
ice-skate 224
ice-skating 247
icicle 287
icing 141
icon 177
identity badge 189
identity tag 53
igneous 288
ignition 200
iguana 293

illness 44
immigration 212
impotent 20
in 320
in brine 143
in front of 320
in oil 143
in sauce 159
in syrup 159
inbox 177
inch 310
incisor 50
incubator 53
index finger 15
India 318
Indian Ocean 312
indicator 198, 204
indigo 274
Indonesia 319
induce labour v 53
industrial estate 299
infection 44
infertile 20
infield 228
inflatable dinghy 215
information 261
information screen 213
in-goal area 221
inhaler 44, 109
injection 48
injury 46
ink 275
ink pad 173
inlet 61
inner core 282
inner tube 207
inning 228
innocent 181
inoculation 45
insect repellent 108, 267
inside 320
inside lane 194
insomnia 71
inspector 94
install v 177
instant camera 270
instep 15
instructions 109
instruments 256, 258
insulating tape 81
insulation 61
insulin 109
insurance 203
intensive care unit 48
inter-city train 209
intercom 59
intercostal 16
intercourse 20
interest rate 96
interior 200
internal systems 60
international flight 212
internet 177
intersection 298
interval 254
interviewer 179
into 320

in-tray 172
invertebrates 295
investigation 94
investment 97
ionosphere 286
Iran 318
Iraq 318
Ireland 316
iris 51, 110
iron 76, 109, 233, 289
iron v 76
ironing board 76
island 282
Israel 318
Italy 316
itinerary 260
IUD 21
Ivory Coast 317

J
jack 203, 273
jacket 32, 34
jade 288
jam 134, 156
Jamaica 314
January 306
Japan 318
jar 134, 311
javelin 234
jaw 14, 17
jazz 259
jeans 31
jelly bean 113
jellyfish 295
Jerusalem artichoke 125
jet 288
jet skiing 241
jetty 217
jeweller 188
jeweller's 114
jewellery 36
jewellery box 36
jewellery making 275
jigsaw 78
jigsaw puzzle 273
jodhpurs 242
jog on the spot 251
jogging 251, 263
joint 17, 119
joker 273
Jordan 318
journal 168
journalist 190
judge 180
judo 236
jug 65
juices and milkshakes 149
juicy 127
July 306
jump 237, 243
jump v 227
jump ball 226
junction 194
June 306
Jupiter 280
jury 180

jury box 180

K
kale 123
kangaroo 291
karate 236
Kaliningrad 316
kayak 241
Kazakhstan 318
kebab 155, 158
keel 214
keep net 244
kendo 236
Kenya 317
kerb 298
kernel 122, 129, 130
ketchup 135
kettle 66
kettledrum 257
key 59, 80, 176, 207
keyboard 172, 176, 258
keypad 97, 99
kick 237, 239
kick v 221, 223
kickboxing 236
kickstand 207
kid 185
kidney 18, 119
kilogram 310
kilometre 310
king 272, 273
king prawn 121
kippers 157
kitchen 66, 152
kitchen knife 68
kitchenware 68, 105
kitten 290
kiwifruit 128
knead v 138
knee 12
knee pad 205
knee support 227
kneecap 17
knee-length 34
knickers 35
knife 65, 80
knife sharpener 68, 118
knight 272
knitting 277
knitting needle 277
knock out 237
knuckle 15
koala 291
kohlrabi 123
koi carp 294
kumquat 126
kung fu 236
Kuwait 318
Kyrgyzstan 318

L
label 172
labels 89
labia 20
laboratory 166

lace 35, 37
lace bobbin 277
lace making 277
lace-up 37
lacrosse 249
lactose 137
ladder 95, 186
ladle 68
ladybird 295
lake 285
lamb 118, 185
lamp 62, 207, 217
land 282
land v 211
landing 59
landing gear 210
landing net 244
landlord 58
landscape 271, 284
landscape v 91
lane 234, 238
languages 162
Laos 318
lapel 32
laptop 175
larch 296
large 321
large intestine 18
larynx 19
last week 307
lat 16
late 305
later 304
latitude 283
Latvia 316
laugh v 25
launch 281
launch pad 281
launderette 115
laundry 76
laundry basket 76
laundry service 101
lava 283
law 169, 180
lawn 85, 90
lawn rake 88
lawnmower 88, 90
lawyer 180, 190
lawyer's office 180
laxative 109
lay the table v 64
lead singer 258
leaded 199
leaf 122, 296
leaflets 96
league 223
lean meat 118
learn v 163
leather shoe 37
leather shoes 32
leathers 205
Lebanon 318
lecture theatre 169
lecturer 169
leek 125
left 260
left field 228

left-hand drive 201
leg 12, 119
leg pad 225
leg press 251
legal advice 180
legal department 175
leggings 31
leisure 258, 254, 264
lemon 126
lemon curd 134
lemon grass 133
lemon sole 120
lemonade 144
length 165, 310
lens 270
lens (eye) 51
lens (glasses) 51
lens cap 270
lens case 51
Lesotho 317
lesson 163
let! 231
letter 98
letterbox 58, 99
letterhead 173
lettuce 123
lever 61, 150
lever arch file 173
Liberia 317
librarian 168, 190
library 168, 299
library card 168
Libya 317
licence plate 198
liquorice 113
lid 61, 66
Liechtenstein 316
life events 26
life jacket 240
life raft 240
lifeboat 214
lifebuoy 240
lifeguard 239, 265
lifeguard tower 265
lift 59, 100, 104
ligament 17
light 178, 321
light a fire v 266
light aircraft 211
light bulb 60
lighter 112
lighthouse 217
lighting 105
lightmeter 270
lightning 287
lights 94
lights switch 201
lily 110
lime 126, 296
limestone 288
limousine 199
line 244
line judge 220
line of play 233
linen 105, 277
linen basket 76
lines 165

linesman 223, 230
lingerie 35, 105
lining 32
lining paper 83
link 36
lintel 186
lion 291
lip 14
lip brush 40
lip gloss 40
lip liner 40
lipstick 40
liqueur 145
liquid 77
liquid dispenser 311
liquid measure 311
literature 162, 169
Lithuania 316
litre 311
little finger 15
little toe 15
live 60, 178
live rail 209
liver 18, 118
livestock 183, 185
living room 62
lizard 293
load v 76
loaf 139
loan 96, 168
loans desk 168
lob 230
lobby 100, 255
lobster 121, 295
lock 59, 207
lockers 239
log on v 177
loganberry 127
logo 31
loin 121
lollipop 113
long 32
long jump 235
long sight 51
long wave 179
long grain 130
long-handled shears 88
longitude 283
loofah 73
loom 277
loose leaf tea 144
lorry 194
lorry driver 190
lose v 273
loser 273
lotion 109
lottery tickets 112
love 230
low 321
luge 247
luggage 100, 198, 213
luggage department 104
luggage hold 196
luggage rack 209
lumbar vertebrae 17
lunar module 281
lunch 64

lunch menu 152
lung 18
lunge 251
lupins 297
lure 244
Luxembourg 316
lychee 128
lymphatic 19
lyrics 259

M
macadamia 129
mace 132
Macedonia 316
machine gun 189
machinery 187
mackerel 120
macramé 277
Madagascar 317
magazine 112
magazines 107
magma 283
magnesium 109
magnet 167
maid service 101
mailbag 98, 190
main course 153
mains supply 60
mainsail 240
make a will v 26
make friends v 26
make the bed v 71
make-up 40
making bread 138
malachite 288
Malawi 317
Malaysia 318
Maldives 318
male 12, 21
Mali 317
mallet 78, 275
malt vinegar 135
Malta 316
malted drink 144
mammals 290
man 23
manager 24, 174
managing director 175
manchego 142
mane 242, 291
mango 128
mangosteen 128
manhole 299
manicure 41
mantelpiece 63
mantle 282
manual 200
map 195, 261
maple 296
maple syrup 134
maracas 257
marathon 234
marble 288
March 306
margarine 137
marina 217

marinated 143, 159
marine fishing 245
marjoram 133
mark v 227
market 115
marketing department 175
marmalade 134, 156
marrow 124
Mars 280
marshmallow 113
martial arts 237
martini 151
marzipan 141
mascara 40
mashed 159
masher 68
mask 189, 228, 236, 239, 249
masking tape 83
masonry bit 80
massage 54
mast 240
masters 169
mat 54, 83, 235, 271
match 230
matches 112
material 276
materials 79, 187
maternity 49
maternity ward 48
maths 162, 164
mattress 70, 74
Mauritania 317
Mauritius 317
May 306
maybe 322
mayonnaise 135
MDF 79
meadow 285
meal 64
measles 44
measure 150, 151
measure v 310
measurements 165
measuring jug 69, 311
measuring spoon 109
meat 119
meat and poultry 106
meat tenderizer 68
meatballs 158
meathook 118
mechanic 188, 203
mechanical digger 187
mechanics 202
medals 235
media 178
medical examination 45
medication 109
medicine 109, 169
medicine cabinet 72
meditation 54
Mediterranean Sea 313
medium wave 179
meeting 174
meeting room 174
melody 259
melon 127

memory 176
men's clothing 32
men's wear 105
menstruation 20
menu 148, 153, 154
menubar 177
mercury 289
Mercury 280
meringue 140
mesophere 286
messages 100
metacarpal 17
metal 79
metal bit 80
metals 289
metamorphic 288
metatarsal 17
meteor 280
metre 310
Mexico 314
mica 289
microlight 211
microphone 179, 258
microscope 167
microwave oven 66
midday 305
middle finger 15
middle lane 194
midnight 305
midwife 53
migraine 44
mile 310
milk 136, 156
milk v 183
milk carton 136
milk chocolate 113
milkshake 137
millennium 307
millet 130
milligram 310
millilitre 311
millimetre 310
mince 119
mineral 144
minerals 289
mini bar 101
mini disk recorder 268
minibus 197
mini-dress 34
mint 113, 133
mint tea 149
minus 165
minute 304
minute hand 304
minutes 174
mirror 40, 63, 71, 167
miscarriage 52
Miss 23
missile 211
mist 287
mitre block 81
mitt 228
mittens 30
mix v 67, 138
mixed salad 158
mixing bowl 66, 69
mixing desk 179

moat 300
mobile 74
mobile phone 99
model 169, 190
model making 275
modelling tool 275
modem 176
moisturizer 41
molar 50
Moldova 316
mole 14
Monaco 316
Monday 306
money 97
Mongolia 318
monitor 172, 176
monitor 53
monkey 291
monkfish 120
monopoly 272
monorail 208
monsoon 287
month 306
monthly 307
monument 261
Moon 280
moonstone 288
moor v 217
mooring 217
mop 77
morning 305
Morocco 317
mortar 68, 167, 187
mortgage 96
moses basket 74
mosque 300
mosquito 295
mosquito net 267
moth 295
mother 22
mother-in-law 23
motor 88
motor racing 249
motorbike 204
motorbike racing 249
motorcross 249
motorway 194
moulding 63
mountain 284
mountain bike 206
mountain range 282
mouse 176, 290
mousse 141
mouth 14
mouth guard 237
mouthwash 72
move 273
mow v 90
Mozambique 317
mozzarella 142
MP3 player 268
Mr 23
Mrs 23
mudguard 205
muffin 140
muffin tray 69
mug 65

mulch v 91
multiply v 165
multivitamin tablets 109
mumps 44
mung beans 131
muscles 16
museum 261
mushroom 125
music 162
music school 169
musical 255
musical score 255
musical styles 259
musician 191
mussel 121, 295
mustard 155
mustard seed 131
Myanmar 318

N

naan bread 139
nail 15, 80
nail clippers 41
nail file 41
nail scissors 41
nail varnish 41
nail varnish remover 41
Namibia 317
nape 13
napkin 65, 152
napkin ring 65
nappy 75
nappy rash cream 74
narrow 321
nation 315
national park 261
natural 256
natural fibre 31
naturopathy 55
nausea 44
navel 12
navigate v 240
near 320
nebula 280
neck 12, 258
neck brace 46
necklace 36
neckline 34
nectarine 126
needle 109, 276
needle plate 276
needle-nose pliers 80
needlepoint 277
negative 271
negative electrode 167
negligée 35
neighbour 24
neoclassical 301
Nepal 318
nephew 23
Neptune 280
nerve 19, 50
nervous 19, 25
net 217, 222, 226, 227, 231
net v 245
net curtain 63

Netherlands 316
nettle 297
network 176
neurology 49
neutral 60
neutral zone 224
new 321
new moon 280
new potato 124
New Year 27
New Zealand 319
newborn baby 53
news 178
newsagent 112
newspaper 112
newsreader 179, 191
next week 306
nib 163
Nicaragua 314
nickel 289
niece 23
Niger 317
Nigeria 317
night 305
nightdress 35
nightie 31
nightwear 31
nine 308
nine hundred 308
nineteen 308
nineteen hundred 307
nineteen hundred and one 307
nineteen ten 307
nineteenth 309
ninetieth 309
ninety 308
ninth 309
nipple 12
no 322
no entry 195
no right turn 195
no stopping 195
non-smoking section 152
non-stick 69
noodles 158
normal 39
north 312
North and Central America 314
North Korea 318
North pole 283
North Sea 312
northern hemisphere 283
Norway 316
nose 14, 210
nose clip 238
noseband 242
nosebleed 44
nosewheel 210
nostril 14
notation 256
note 97, 256
note pad 173
notebook 163, 172
notes 175, 191
notice board 173

nougat 113
November 306
now 304
nozzle 89
number 226
numbers 308
numerator 165
nurse 45, 48, 52, 189
nursery 74
nursing 53
nursing bra 53
nut 80
nutmeg 132
nuts 151
nuts and dried fruit 129
nylon 277

O

oak 296
oar 241
oats 130
objective lens 167
oboe 257
obsidian 288
obstetrician 52
occupations 188, 190
occupied 321
ocean 282
ocean liner 215
octagon 164
October 306
octopus 121, 295
odometer 201
oesophagus 19
off licence 115
off-piste 247
off-side 223
oil 142, 199
oil paints 274
oil tank 204
oil tanker 215
oils 134
oily 41
ointment 47, 109
okra 122
old 321
olive oil 134
olives 151
Oman 318
omelette 158
on time 305
on top of 320
oncology 49
one 308
one billion 309
one million 309
one thousand 309
one-way 194
one-way system 298
onion 124

on-line 177
onto 320
onyx 289
opal 288
open 260, 321
open sandwich 155
open-top 260
opera 255
operating theatre 48
operation 48
operator 99
ophthalmology 49
opponent 236
opposite 320
optic 150
optic nerve 51
optician 51, 189
orange 126, 274
orange juice 148
orangeade 144
orbit 280
orchestra 254, 256
orchestra pit 254
orchid 111
order v 153
oregano 133
organic 91, 118, 122
organic waste 61
origami 275
ornamental 87
orthopaedy 49
osteopathy 54
ostrich 292
otter 290
ounce 310
out 225, 228, 320
out of bounds 226
out of focus 271
outboard motor 215
outbuilding 182
outdoor activities 262
outer core 282
outfield 229
outlet 61
outpatient 48
outside 320
outside lane 194
out-tray 172
oval 164
ovary 20
oven 66
oven glove 69
ovenproof 69
over 320
over par 233
overalls 82
overdraft 96
overexposed 271
overflow pipe 61
overhead locker 210
overhead projector 163
overtake v 195
overture 256
ovulation 20, 52
owl 292
oyster 121
ozone layer 286

P
Pacific Ocean 312
pack 311
pack of cards 273
packet 311
packet of cigarettes 112
pad 224
paddle 241
paddling pool 263
paddock 242
pads 53, 220
paediatrics 49
painkiller 109
painkillers 47
paint 83
paint v 83
paint tin 83
paint tray 83
painter 191
painting 62, 261, 274
paints 274
pak-choi 123
Pakistan 318
palate 19
palette 274
pallet 186
palm 15, 86, 296
palm hearts 122
palmtop 175
pan 310
pan fried 159
Panama 314
pancakes 157
pancreas 18
panda 291
panty liner 108
papaya 128
paper clip 173
paper guide 172
paper napkin 154
paper tray 172
papier-maché 275
paprika 132
Papua New Guinea 319
par 233
parachute 248
parachuting 248
paragliding 248
Paraguay 315
parallel 165
parallel bars 235
parallelogram 164
paramedic 94
parcel 99
parents 23
park 262
park v 195
parking meter 195
parmesan 142
parole 181
parrot 293
parsley 133
parsnip 125
partner 23
pass 226
pass v 220, 223
passenger 216

passenger port 216
passion fruit 128
Passover 27
passport 213
passport control 213
pasta 158
pastels 274
pasteurized 137
pasting brush 82
pasting table 82
pastry 140, 149
pastry brush 69
pasture 182
patch 207
patchwork 277
pâté 142, 156
path 58, 85
pathology 49
patient 45
patio garden 85
pattern 276
pause 269
pavement 298
pavement café 148
paving 85
pawn 272
pay v 153
pay in v 96
pay per view channel 269
paying-in slips 96
payment 96
payroll 175
peach 126, 128
peacock 293
peanut 129
peanut butter 135
peanuts 151
pear 127
peas 131
pecan 129
pectoral 16
pectoral fin 294
pedal 61, 206
pedal v 207
pedestrian crossing 195
pedestrian zone 299
pedicure 41
pediment 301
peel v 67
peeled prawns 120
peeler 68
pelican 292
pelvis 17
pen 163, 185
pen holder 172
penalty 222
penalty area 223
pencil 163, 275
pencil case 163
pencil sharpener 163
pendant 36
pendulum 164
penfriend 24
penguin 292
peninsula 282
penis 21
pentagon 164
peony 111

people 12, 16
people carrier 199
pepper 64, 124, 152
peppercorn 132
pepperoni 142
percentage 165
percussion 257
perennial 86
perfume 41
perfumery 105
pergola 84
periodical 168
perm 39
perpendicular 165
persimmon 128
personal best 234
personal CD player 269
personal organizer 173, 175
personal trainer 250
Peru 315
pesticide 89, 183
pestle 68, 167
pet food 107
pet shop 115
petal 297
petri dish 166
petrol 199
petrol pump 199
petrol station 199
petrol tank 203
pharmacist 108, 189
pharynx 19
pheasant 119, 293
phillips screwdriver 81
philosophy 169
Philippines 319
photo album 271
photo finish 234
photo frame 271
photofit 181
photographer 191
photograph 271
photograph v 271
photography 270
physical education 162
physics 162, 169
physiotherapy 49
piano 256
piccolo 257
pick v 91
pick and mix 113
pickaxe 187
pickled 159
pickup 258
picnic 263
picnic bench 266
pie 158
pie tin 69
piece 272
pier 217
pies 143
pig 185
pig farm 183
pigeon 292
pigeonhole 100
piglet 185
pigsty 185

pigtails 39
Pilates 251
pill 21, 109
pillar 300
pillion 204
pillow 70
pillowcase 71
pilot 190, 211
pin 60, 237, 249, 276
pin number 96
pincushion 276
pine 296
pine nut 129
pineapple 128
pineapple juice 149
pink 274
pint 311
pinto beans 131
pip 128
pipe 112, 202
pipe cutter 81
pipette 167
piping bag 69
pistachio 129
pitch 225, 256, 266
pitch v 229
pitch a tent v 266
pitcher 151, 229
pitcher's mound 228
pitches available 266
pith 126
pitta bread 139
pizza 154
pizza parlour 154
place mat 64
place setting 65
placenta 52
plain 285
plain chocolate 113
plain flour 139
plait 39
plane 81
plane v 79
planet 280, 282
plant v 183
plant pot 89
plants 86, 296
plaque 50
plaster 47, 83
plaster v 82
plastic bag 122
plastic pants 30
plastic surgery 49
plate 65, 283
plateau 284
platform 208
platform number 208
platform shoe 37
platinum 289
play 254, 269
play v 229, 273
player 221, 231, 273
playground 263
playhouse 75
playing 75
playpen 75
plea 180

please 322
Plimsoll line 214
plough v 183
plug 60, 72
plum 126
plumb line 82
plumber 188
plumbing 61
plunger 81
plus 165
Pluto 280
plywood 79
pneumatic drill 187
poach v 67
poached 159
pocket 32
pod 122
podium 235, 256
point 273
poisoning 46
poker 273
Poland 316
polar bear 291
pole 245, 282
pole vault 234
police 94
police car 94
police cell 94
police officer 94
police station 94
policeman 189
polish 77
polish v 77
politics 169
polo 243
polyester 277
pomegranate 128
pommel 242
pommel horse 235
pond 85
ponytail 39
pool 249
pop 259
popcorn 255
poplar 296
popper 30
poppy 297
poppy seeds 138
porch 58
porch light 58
pore 15
pork 118
porridge 156
port 145, 176, 214, 216
porter 100
portfolio 97
porthole 214
portion 64
portrait 271
Portugal 316
positive electrode 167
post office 98
postage 98
postal code 98
postal order 98
postal worker 98
postbox 99

postcard 112
poster 255
poster paint 274
postgraduate 169
postman 98, 190
postmark 98
pot plant 110
pot up v 91
potato 124
pot-pourri 111
potted plant 87
potter's wheel 275
pottery 275
potty 74
pouch 291
poultry 119
poultry farm 183
pound 310
pour v 67
powder 77, 109
powder puff 40
powdered milk 137
power 60
power cable 176
power cut 60
practice swing 233
pram 75
praying mantis 295
pregnancy 52
pregnancy test 52
pregnant 52
premature 52
premolar 50
prerecorded 178
prescription 45
present 27
presentation 174
presenter 178
preservative 83
preserved fruit 134
press 178
presser foot 276
press-up 251
pressure valve 61
price 152, 199
price list 154
prickly pear 128
primer 83
primrose 297
principality 315
print 271
print v 172
printer 172, 176
printing 275
prison 181
prison guard 181
private bathroom 100
private jet 211
private room 48
probe 50
problems 271
processed grains 130
procession 27
processor 176
producer 254
program 176
programme 254, 269

programming 178
projector 174
promenade 265
propagate v 91
propeller 211, 214
proposal 174
prosciutto 143
prosecution 180
prostate 21
protractor 165
proud 25
prove v 139
province 315
prow 215
prune 129
prune v 91
psychiatry 49
psychotherapy 55
public address system 209
puck 224
pudding rice 130
Puerto Rico 314
puff pastry 140
pull up v 251
pulp 127
pulse 47
pulses 130
pumice 288
pumice stone 73
pump 207
pumpkin 125
pumpkin seed 131
punch 237
punch bag 237
puncture 203, 207
pup 290
pupil 51, 162
puppy 290
purple 274
purse 37
pushchair 75
putt v 233
putter 233
pyjamas 33
pyramid 164

Q
Qatar 318
quadriceps 16
quail 119
quail egg 137
quart 311
quarter of an hour 304
quarterdeck 214
quartz 289
quay 216
queen 272, 273
question 163
question v 163
quilt 71
quilting 277
quince 128
quinoa 130
quiver 249

R
rabbit 118, 290
raccoon 290
race 234
racecourse 243
racehorse 243
racing bike 205, 206
racing dive 239
racing driver 249
rack 166
racquet 230
racquet games 231
racquetball 231
radar 214, 281
radiator 60, 202
radicchio 123
radio 179, 268
radio antenna 214
radio station 179
radiology 49
radish 124
radius 17, 164
rafter 186
rafting 241
rail 208
rail network 209
rain 287
rainbow 287
rainbow trout 120
raincoat 31, 32
rainforest 285
raisin 129
rake 88
rake v 90
rally 230
rally driving 249
RAM 176
Ramadan 26
ramekin 69
rap 259
rapeseed 184
rapeseed oil 135
rapids 240, 284
rash 44
rasher 119
raspberry 127
raspberry jam 134
rat 290
rattle 74
raw 124, 129
ray 294
razor blade 73
razor-shell 121
read v 162
reading light 210
reading list 168
reading room 168
reamer 80
rear light 207
rear wheel 197
rearview mirror 198
receipt 152
receive v 177
receiver 99
reception 100
receptionist 100, 190
rechargeable drill 78

record 234, 269
record player 268
record shop 115
recording studio 179
rectangle 164
rectum 21
recycling bin 61
red 145, 274
red card 223
red eye 271
red kidney beans 131
red lentils 131
red meat 118
red mullet 120
Red Sea 313
reduce v 172
reel 244
reel in v 245
refectory 168
referee 222, 226
referral 49
reflector 50, 204, 207
reflector strap 205
reflexology 54
refrigerator 67
reggae 259
region 315
register 100
registered post 98
regulator 239
re-heat v 154
reiki 55
reins 242
relationships 24
relatives 23
relaxation 55
relay race 235
release v 245
remote control 269
Renaissance 301
renew v 168
rent 58
rent v 58
repair kit 207
report 174
reporter 179
reproduction 20
reproductive 19
reproductive organs 20
reptiles 293
research 169
reserve v 168
respiratory 19
rest 256
restaurant 101, 152
result 49
resurfacing 187
resuscitation 47
retina 51
retire v 26
return 231
return address 98
return date 168
rev counter 201
reverse v 195
reverse charge call 99
rewind 269

rhinoceros 291
rhombus 164
rhubarb 127
rhythmic gymnastics 235
rib 17, 119
rib cage 17
ribbon 27
ribbon 39, 111, 141, 235
ribs 155
rice 130, 158, 184
rice pudding 140
rider 242
riding boot 242
riding crop 242
riding hat 242
rigging 215, 240
right 260
right field 229
right-hand drive 201
rim 206
rind 119, 127, 136, 142
ring 36
ring finger 15
ring ties 89
rings 235
rinse v 38, 76
ripe 129
rise v 139
river 284
road bike 206
road markings 194
road signs 195
roads 194
roadworks 187, 195
roast 158
roast v 67
roasted 129
roasting tin 69
robe 38, 169
rock climbing 248
rock concert 258
rock garden 84
rocket 123
rocks 284, 288
Rocky Mountains 312
rococo 301
rodeo 243
roll 139, 311
roll v 67
roller 83, 187
roller blind 63
roller coaster 262
roller skating 249
rollerblading 263
rollerskate 249
rolling pin 69
romance 255
Romania 316
romper suit 30
roof 58, 203
roof garden 84
roof tile 187
roofrack 198
rook 272
room 58
room key 100
room number 100

room service 101
rooms 100
root 50, 124, 296
roots 39
rope 248
rose 89, 110, 145
rosé 145
rosemary 133
rotor blade 211
rotten 127
rough 232
round 237
round neck 33
roundabout 195
route number 196
router 78
row 210, 254
row v 241
rower 241
rowing boat 214
rowing machine 250
rubber 163
rubber band 173
rubber boots 89
rubber ring 265
rubber stamp 173
rubbish bin 61, 67
ruby 288
ruck 221
rudder 210, 241
rug 63
rugby 221
rugby pitch 221
rugby strip 221
ruler 163, 165
rum 145
rum and coke 151
rump steak 119
run 228
run v 228
runner bean 122
runway 212
rush 86
rush hour 209
Russian Federation 318
Rwanda 317
rye bread 138

S

sad 25
saddle 206, 242
safari park 262
safe 228
safety 75, 240
safety barrier 246
safety goggles 81, 167
safety pin 47
saffron 132
sage 133
Sahara Desert 313
sail 241
sailboat 215
sailing 240
sailor 189
salad 149
salamander 294

salami 142
salary 175
sales assistant 104
sales department 175
salmon 120
saloon 199
salt 64, 152
salted 121, 129, 137, 143
San Marino 316
sand 85, 264
sand v 82
sandal 37
sandals 31
sandcastle 265
sander 78
sandpaper 81, 83
sandpit 263
sandstone 288
sandwich 155
sandwich counter 143
sanitary towel 108
São Tomé and Principe 317
sapphire 288
sardine 120
Sardinia 316
satellite 281
satellite dish 269
satellite navigation 201
satsuma 126
Saturday 306
Saturn 280
sauce 134, 143, 155
saucepan 69
Saudi Arabia 318
sauna 250
sausage 155, 157
sausages 118
sauté v 67
save v 177, 223
savings 96
savings account 97
savoury 155
saw v 79
saxophone 257
scaffolding 186
scale 121, 256, 294
scales 45, 53, 69, 98, 118,
166, 212, 293, 310
scallop 121
scalp 39
scalpel 81, 167
scan 48, 52
scanner 106, 176
scarecrow 184
scared 25
scarf 31, 36
schist 288
scholarship 169
school 162, 299
school bag 162
school bus 196
school uniform 162
schoolboy 162
schoolgirl 162
schools 169
science 162, 166
science fiction film 255

scientist 190
scissors 38, 47, 82,188, 276
scoop 68, 149
scooter 205
score 220, 256, 273
score a goal v 223
scoreboard 225
scorpion 295
scotch and water 151
scrabble 272
scrambled eggs 157
scrape v 77
scraper 82
screen 59, 63, 97, 176, 255,
269
screen wash 199
screen wash reservoir 202
screw 80
screwdriver 80
screwdriver bits 80
script 254
scrollbar 177
scrotum 21
scrub v 77
scrum 221
scuba diving 239
sculpting 275
sculptor 191
sea 264, 282
sea bass 120
sea bream 120
sea horse 294
sea lion 290
sea plane 211
seafood 121
seal 290
sealant 83
sealed jar 135
seam 34
seamstress 191
search v 177
seasonal 129
seasons 306
seat 61, 204, 209, 210, 242,
254
seat back 210
seat belt 198, 211
seat post 206
seating 254
secateurs 89
second 304, 309
second floor 104
second hand 304
second-hand shop 115
section 282
security 212
security bit 80
security guard 189
sedative 109
sedimentary 288
seed 122, 127, 130
seed tray 89
seeded bread 139
seedless 127
seedling 91
seeds 88, 131
seesaw 263

segment 126
self defence 237
self-raising flour 139
self-tanning cream 41
semidetached 58
semi-hard cheese 136
seminal vesicle 21
semi-skimmed milk 136
semi-soft cheese 136
semolina 130
send v 177
send off 223
Senegal 317
sensitive 41
sentence 181
September 306
series 179
serve 231
serve v 64, 231
server 176
service included 152
service line 230
service not included 152
service provider 177
service vehicle 212
serving spoon 68
sesame seed 131
sesame seed oil 134
set 178, 230, 254
set v 38
set honey 134
set sail v 217
set square 165
set the alarm v 71
seven 308
seven hundred 308
seventeen 308
seventeenth 309
seventh 309
seventieth 309
seventy 308
sew v 277
sewing basket 276
sewing machine 276
sexually transmitted disease
20
shade 41
shade plant 87
shallot 125
shallow end 239
shampoo 38
shapes 164
share price 97
shares 97
shark 294
sharp 256
sharpening stone 81
shaving 73
shaving foam 73
shears 89
shed 84
sheep 185
sheep farm 183
sheep's milk 137
sheet 71, 74, 241
shelf 67, 106
shell 129, 137, 265, 293

shelled 129
shelves 66
sherry 145
shiatsu 54
shield 88
shin 12
ship 214
ships 215
shipyard 217
shirt 32
shock 47
shocked 25
shoe department 104
shoe shop 114
shoes 34, 37
shoot v 223, 227
shop 298
shop assistant 188
shopping 104
shopping bag 106
shopping centre 104
shops 114
short 32, 321
short sight 51
short wave 179
short-grain 130
shorts 30, 33
shot 151
shotput 234
shoulder 13
shoulder bag 37
shoulder blade 17
shoulder pad 35
shoulder strap 37
shout v 25
shovel 187
shower 72, 286
shower block 266
shower curtain 72
shower door 72
shower gel 73
shower head 72
showjumping 243
shuffle v 273
shutoff valve 61
shutter 58
shutter release 270
shutter-speed dial 270
shuttle bus 197
shuttlecock 231
shy 25
Siberia 313
Sicily 316
side 164
sideline 220
side order 153
side plate 65
side saddle 242
side street 299
sidedeck 240
side-effects 109
sideline 226, 230
Sierra Leone 317
sieve 68, 89
sieve v 91
sift v 138
sigh v 25

sightseeing 260
sign 104
signal 209
signature 96, 98
silencer 203, 204
silk 277
silo 183
silt 85
silver 235, 289
simmer v 67
Singapore 319
singer 191
single 151
single bed 71
single cream 137
single room 100
singles 230
sink 38, 61, 66
sinus 19
siren 94
sirloin steak 119
sister 22
sister-in-law 23
site manager's office 266
sit-up 251
six 308
six hundred 308
sixteen 308
sixteenth 309
sixth 309
sixtieth 309
sixty 308
skate 120, 247, 294
skate v 224
skate wings 120
skateboard 249
skateboarding 249, 263
skein 277
skeleton 17
sketch 275
sketch pad 275
skewer 68
ski 241, 246
ski boot 246
ski jump 247
ski pole 246
ski run 246
ski slope 246
ski suit 246
skier 246
skiing 246
skimmed milk 136
skin 14, 119, 128
skin care 108
skinned 121
skipping 251
skirt 30, 34
skull 17
skydiving 248
skyscraper 299, 300
slalom 247
slate 288
sledding 247
sledgehammer 187
sleeping 74
sleeping bag 267
sleeping compartment 209

sleeping mat 267
sleeping pill 109
sleepsuit 30
sleet 286
sleeve 34
sleeveless 34
slice 119, 139, 140, 230
slice v 67
sliced bread 138
slicer 139
slide 167, 263
slide v 229
sling 46
slip 35
slip road 194
slip-on 37
slippers 31
slope 284
slotted spoon 68
Slovakia 316
Slovenia 316
slow 321
slug 295
small 321
small car 199
small intestine 18
small of back 13
smash 231
smile 25
smoke 95
smoke alarm 95
smoked 118, 121, 143, 159
smoked fish 143
smoking 112
smoking section 152
snack bar 113, 148
snail 295
snake 293
snare drum 257
sneeze 44
snooker 249
snore v 71
snorkel 239
snout 293
snow 287
snowboarding 247
snowmobile 247
snowsuit 30
soak v 130
soap 73, 178
soap dish 73
soccer 222
socket 60, 80
socket wrench 80
socks 33
soda bread 139
soda water 144
sofa 62
sofabed 63
soft 129, 321
soft cheese 136
soft drink 154
soft drinks 144
soft toy 75
software 176
softwood 79
soil 85

solar system 280
solder 79, 80
solder v 79
soldering iron 81
soldier 189
sole 15, 37
solids 164
Soloman Islands 319
soluble 109
solvent 83
Somalia 317
somersault 235
son 22
sonata 256
song 259
son-in-law 22
sorbet 141
sorrel 123
sorting unit 61
soufflé 158
soufflé dish 69
sound boom 179
sound technician 179
soundtrack 255
soup 153, 158
soup bowl 65
soup spoon 65
sour 127
sour cream 137
sourdough bread 139
south 312
South Africa 317
South Korea 318
southern hemisphere 283
Southern Ocean 313
souvenirs 260
sow v 90, 183
soya beans 131
space 280
space exploration 281
space shuttle 281
space station 281
space suit 281
spade 88, 265, 273
Spain 316
spanner 80
spare tyre 203
spark plug 203
sparkling 144
sparring 237
sparrow 292
spatula 68, 167
speaker 174, 176, 258, 268
speaker stand 268
spearfishing 245
specials 152
spectators 233
speed boating 241
speed limit 195
speed skating 247
speedboat 214
speedometer 201, 204
spell v 162
sperm 20
sphere 164
spices 132
spicy sausage 142

spider 295
spike v 90
spikes 233
spin 230
spin v 76
spin dryer 76
spinach 123
spine 17
spire 300
spirit level 80, 187
splashback 66
spleen 18
splint 47
splinter 46
split ends 39
split peas 131
spoke 207
sponge 73, 74, 83
sponge cake 140
sponge fingers 141
spool 245
spoon 65
sport fishing 245
sports 105, 220, 236, 248
sports car 198
sports field 168
sports jacket 33
sportsman 191
spotlight 259
sprain 46
spray 109
spray v 91
spray can 311
spray gun 89
spring 71, 307
spring balance 166
spring greens 123
spring onion 125
springboard 235, 238
sprinkler 89
sprinter 234
sprocket 207
spy hole 59
square 164, 272, 299
square foot 310
square metre 310
squash 231
squat 251
squid 121, 295
squirrel 290
Sri Lanka 318
St Kitts and Nevis 314
St Lucia 314
St Vincent and the
Grenadines 314
stabilisers 207
stable 185, 243
stadium 223
staff 175, 256
stage 167, 254
stages 23
stainless steel 79
stair gate 75
staircase 59
stake 90
stake v 91
stalk 122, 297

stalls 254
stamen 297
stamp 98
stamp collecting 273
stamps 112
stance 232
stand 88, 205, 268
stanley knife 82
stapler 173
staples 173
star 280
star anise 133
starfish 295
starfruit 128
start school v 26
starter 153
starting block 234, 238
starting line 234
state 315
statement 180
stationery 105
statuette 260
steak 121
steam v 67
steam train 208
steamed 159
steeplechase 243
steering wheel 201
stem 111, 112, 297
stencil 83
stenographer 181
step machine 250
stepdaughter 23
stepfather 23
stepladder 82
stepmother 23
stepson 23
stereo 269
sterile 47
stern 240
stethoscope 45
stew 158
stick 224, 249
sticks 133
sticky tape 173
still 144
sting 46, 295
stir v 67
stir fry 158
stirrer 150
stirrup 242
stitch 277
stitch selector 276
stitches 52
stock broker 97
stock exchange 97
stockings 35
stocks 97, 110
stomach 18
stomach ache 44
stone 36, 275
stoned fruit 126
stop 269
stop button 197
stopper 166
stopwatch 234
store directory 104

stork 292
storm 287
stout 145
straight 39, 165
straight on 260
straighten v 39
strap 35
strapless 34
stratosphere 286
straw 144, 154
strawberry 127
strawberry milkshake 149
stream 285
street 298
street corner 298
street light 298
street sign 298
street stall 154
stress 55
stretch 251
stretcher 94
strike 228, 237
string 230, 258
string of pearls 36
strings 256
strip v 82
stroke 44, 233, 239
strokes 231
strong 321
strong flour 139
stub 96
study 63, 162
stuffed 159
stuffed olive 143
stump 225
styles 39, 239, 301
submarine 215
subsoil 91
substitute 223
substitution 223
subtract v 165
suburb 299
succulent 87
suction hose 77
Sudan 317
sugarcane 184
suit 273
sulphur 289
sultana 129
summer 31, 307
summons 180
sumo wrestling 237
Sun 280
sunbathe v 264
sunbed 41
sunblock 108, 265
sunburn 46
Sunday 306
sunflower 184, 297
sunflower oil 134
sunflower seed 131
sunglasses 51, 265
sunhat 30, 265
sunny 286
sunrise 305
sunroof 202
sunscreen 108

sunset 305
sunshine 286
suntan lotion 265
supermarket 106
supersonic jet 211
supplement 55
supply pipe 61
support 187
suppository 109
surf 241
surfboard 241
surfcasting 245
surfer 241
surfing 241
surgeon 48
surgery 45, 48
Suriname 315
surprised 25
suspect 94, 181
suspenders 35
suspension 203, 205
swallow 292
swamp 285
swan 293
Swaziland 317
sweater 33
sweatpants 33
sweatshirt 33
swede 125
Sweden 316
sweep v 77
sweet 124, 127, 155
sweet potato 125
sweet shop 113
sweet spreads 134
sweet trolley 152
sweetcorn 122
sweets 113
swim v 238
swimmer 238
swimming 238
swimming pool 101, 238, 250
swimsuit 238, 265
swing v 232
swings 263
swiss chard 123
switch 60
Switzerland 316
swivel chair 172
sword 236
swordfish 120, 294
symphony 256
synagogue 300
synchronized swimming 239
synthetic 31
Syria 318
syringe 109, 167
syrup 109
system 176

T

tab 173
table 64, 148
table tennis 231
tablecloth 64

tack v 241, 277
tackle 245
tackle v 220, 223
tackle box 244
tadpole 294
tae-kwon-do 236
tag v 229
tai chi 236
tail 121, 210, 242, 280, 290, 294
tail light 204
tailbone 17
tailgate 198
tailor 191
tailored 35
tailor's 115
tailor's chalk 276
tailor's dummy 276
tailplane 210
Taiwan 319
Tajikistan 318
take a bath v 72
take a shower v 72
take notes v 163
take off v 211
take-away 154
talcum powder 73
tall 321
tambourine 257
tampon 108
tan 41
tandem 206
tangerine 126
tank 61
Tanzania 317
tap 61, 66
tap water 144
tape deck 268
tape dispenser 173
tape measure 80, 276
target 249
target shooting 249
tarmac 187
taro root 124
tarragon 133
Tasmania 319
tattoo 41
tax 96
taxi driver 190
taxi rank 213
tea 144, 149, 184
tea with lemon 149
tea with milk 149
teabag 144
teacher 54, 162, 191
teacup 65
team 220, 229
teapot 65
tear 51
teaspoon 65
teat 75
techniques 79, 159
teddy bear 75
tee 233
teeing ground 232
teenager 23
tee-off v 233

telegram 98
telephone 99, 172
telephone box 99
telescope 281
television 268
television series 178
television studio 178
temperature 286
temperature gauge 201
temple 14, 300
ten 308
ten thousand 309
tenant 58
tend v 91
tendon 17
tennis 230
tennis court 230
tennis shoes 231
tenon saw 81
tent 267
tent peg 266
tent pole 266
tenth 309
tequila 145
terminal 212
termite 295
terrace café 148
terraced 58
territory 315
terry nappy 30
test 49
test tube 166
testicle 21
text message 99
textbook 163
Thailand 318
thank you 322
Thanksgiving 27
the day after tomorrow 307
the day before yesterday 307
theatre 254, 299
theme park 262
therapist 55
thermal underwear 35
thermals 267
thermometer 45, 167
thermosphere 286
thermostat 61
thesis 169
thick 321
thigh 12, 119
thimble 276
thin 321
third 309
thirteen 308
thirteenth 309
thirtieth 309
thirty 308
this way up 98
this week 307
thistle 297
thoracic vertebrae 17
thread 276
thread v 277
thread guide 276
thread reel 276
three 308

three hundred 308
three-door 200
three-point line 226
thriller 255
throat 19
throat lozenge 109
throttle 204
through 320
throw 237
throw v 221, 227, 229
throw-in 223, 226
thruster 281
thumb 15
thunder 286
Thursday 306
thyme 133
thyroid gland 18
tibia 17
ticket 209, 213
ticket barrier 209
ticket inspector 209
ticket office 209, 216
tie 32
tiebreak 230
tie-pin 36
tiger 291
tights 35, 251
tile 58, 272
tile v 82
till 106, 150
tiller 240
timber 187
time 234, 304
time out 220
timer 166
times 165, 261
timetable 197, 209, 261
timing 203
tin 289, 311
tinned food 107
tip 36, 122, 246
tissue 108
title 168
titles 23
to 320
toad 294
toast 157
toasted sandwich 149
toaster 66
tobacco 112, 184
today 306
toddler 30
toe 15
toe clip 207
toe strap 207
toenail 15
toffee 113
toggle 31
Togo 317
toilet 72
toilet brush 72
toilet roll 72
toilet seat 72
toiletries 41, 107
toilets 104, 266
toll booth 194
tomato 125, 157

tomato juice 144, 149
tomato sauce 154
tomorrow 306
toner 41
tongs 150, 167
tongue 19, 37, 118
tonic water 144
tonne 310
tool rack 78
toolbar 177
toolbelt 186
toolbox 80
tools 187
tooth 50
toothache 50
toothbrush 72
toothpaste 72
top coat 83
top dress v 90
top tier 141
topaz 288
topiary 87
topping 155
topsoil 85
torch 267
tornado 287
tortoise 293
touch line 221
touchdown 221
tour bus 260
tour guide 260
tourer 205
touring bike 206
tourist 260
tourist attraction 260
tourist bus 197
tourist information 261
tourmaline 288
tournament 233
tow away v 195
tow truck 203
towards 320
towel rail 72
towels 73
tower 300
town 298
town hall 299
townhouse 58
toy 75
toy basket 75
toys 105
track 208, 234
tracksuit 31, 32
tractor 182
traffic 194
traffic jam 195
traffic light 194
traffic policeman 195
trailer 266
train 35, 208
train v 91, 251
train station 208
trainer 37
trainers 31, 251
tram 196, 208
transfer 223
transformer 60

transmission 202
transplant v 91
transport 194
trapezium 164
trapezius 16
trash 177
travel agent 190
travel agent's 114
travel sickness pills 109
traveller's cheque 97
tray 152, 154
tray-table 210
tread 207
tread water v 239
treadmill 250
treble clef 256
tree 86, 296
trekking 243
trellis 84
tremor 283
triangle 164, 257
triceps 16
trifle 141
trim v 39, 90
trimester 52
trimmer 88
Trinidad and Tobago 314
tripod 166, 270, 281
trolley 48, 100, 106, 208, 213
trolley bus 196
trombone 257
tropic of Cancer 283
tropic of Capricorn 283
tropical fruit 128
tropics 283
troposphere 286
trot 243
trough 183
trousers 32, 34
trout 120
trowel 89, 187
truffle 113, 125
trug 88
trumpet 257
truncheon 94
trunk 291, 296
trunks 238
try 221
t-shirt 30, 33
tub 311
tuba 257
tube 311
Tuesday 306
tug boat 215
tulip 111
tumble 235
tumble dryer 76
tumbler 65
tuna 120
tune v 179
tune the radio v 269
tuning peg 258
Tunisia 317
turbocharger 203
turf v 90
Turkey 316

turkey 119, 185, 293
Turkmenistan 318
turmeric 132
turn 238
turn v 79
turn the television off v 269
turn the television on v 269
turnip 124
turpentine 83
turquoise 289
turret 300
turtle 293
tusk 291
tutu 191
tweezers 40, 47, 167
twelfth 309
twelve 308
twentieth 309
twenty 308
twenty minutes 304
twenty thousand 309
twenty-first 309
twenty-one 308
twenty-second 309
twenty-third 309
twenty-two 308
twig 296
twin room 100
twine 89
twins 23
twist ties 89
two 308
two hundred 308
two o'clock 304
two thousand 307
two thousand and one 307
two-door 200
types 199, 205
types of buses 196
types of camera 270
types of farm 183
types of fishing 245
types of plants 86
types of train 208
tyre 198, 205, 206
tyre lever 207
tyre pressure 203

U
Uganda 317
ugli 126
Ukraine 316
ulna 17
ultrasound 52
ultraviolet rays 286
umbilical cord 52
umbrella 36, 233
umbrella stand 59
umpire 225, 229, 230
uncle 22
unconscious 47
uncooked meat 142
under 320
under par 233
undercoat 83
underexposed 271

undergraduate 169
underground map 209
underground train 209
underpass 194
underwear 32, 35
underwired 35
uniform 94, 189
United Arab Emirates 318
United Kingdom 316
United States of America 314
universe 280
university 299
unleaded 199
unpasteurised 137
unpick v 277
unsalted 137
until 320
up 320
upper circle 254
upset 25
Uranus 280
ureter 21
urethra 20
urinary 19
urology 49
Uruguay 315
usher 255
uterus 20, 52
utility room 76
Uzbekistan 318

V
vacuum cleaner 77, 188
vacuum flask 267
vagina 20
valance 71
valley 284
valve 207
vanilla 132
Vanuatu 319
varnish 79, 83
vas deferens 21
vase 63, 111
Vatican City 316
vault 235, 300
veal 118
vegetable garden 85
vegetable oil 135
vegetable plot 182
vegetables 107, 122, 124
veggie burger 155
veil 35
vein 19
venetian blind 63
Venezuela 315
venison 118
vent 283
ventouse cup 53
Venus 280
verdict 181
vest 33, 35, 251
vet 189
vibraphone 257
vice 78
video game 269
video phone 99

video recorder 269
video tape 269
Viet Nam 318
viewfinder 271
village 299
vine 183
vinegar 135, 142
vineyard 183
vintage 199
viola 256
violin 256
virus 44
visa 213
vision 51
visiting hours 48
visor 205
vitamins 108
v-neck 33
vocal cords 19
vodka 145
vodka and orange 151
voice message 99
volcano 283
volley 231
volleyball 227
voltage 60
volume 165, 179, 269, 311
vomit v 44

W
waders 244
waffles 157
waist 12
waistband 35
waistcoat 33
waiter 148, 152
waiting room 45
waitress 191
wake up v 71
walk 243
walking boot 37
walking boots 267
walkway 212
wall 58, 186, 222
wall light 62
wallet 37
wallpaper 82, 177
wallpaper v 82
wallpaper brush 82
wallpaper paste 82
walnut 129
walnut oil 134
walrus 290
ward 48
wardrobe 70
warehouse 216
warm 286
warm up v 251
warrant 180
wash v 38, 77
washbasin 72
washer 80
washer-dryer 76
washing machine 76
wasp 295
waste disposal 61, 266

waste disposal unit 61
waste pipe 61
wastebasket 172
watch 36
watch television v 269
water 144, 238
water v 90, 183
water bottle 206, 267
water chamber 61
water chestnut 124
water closet 61
water garden 84
water hazard 232
water jet 95
water plant 86
water polo 239
watercolour paints 274
watercress 123
waterfall 285
watering 89
watering can 89
watermelon 127
waterproofs 245, 267
waterskier 241
waterskiing 241
watersports 241
wave 241, 264
wavelength 179
wax 41
weak 321
weather 286
weaving 277
website 177
wedding 26, 35
wedding cake 141
wedding dress 35
wedding reception 26
wedge 233
Wednesday 306
weed v 91
weed killer 91
weeds 86
week 306
weekend 306
weekly 307
weigh v 310
weight 166, 244
weight bar 251
weight belt 239
weight training 251
wellington boots 31
west 312
western 255
Western sahara 317
wet 286, 321
wet wipe 75, 108
wetsuit 239
whale 290
wheat 130, 184
wheel 198, 207
wheel nuts 203
wheelbarrow 88
wheelchair 48
wheelchair access 197
whiplash 46
whipped cream 137

whisk 68
whisk v 67
whiskers 290
whisky 145
white 39, 145, 272, 274
white bread 139
white chocolate 113
white coffee 148
white currant 127
white flour 138
white meat 118
white rice 130
white spirit 83
whiting 120
whole 129, 132
whole milk 136
wholegrain 131
wholegrain mustard 135
wholemeal bread 139
wholemeal flour 138
wicket 225
wicket-keeper 225
wide 321
widescreen television 269
width 165
wife 22
wig 39
wild rice 130
willow 296
win v 273
wind 241, 286
windbreak 265
windcheater 33
windlass 214
window 58, 96, 98, 177, 186, 197, 209, 210
windpipe 18
windscreen 198
windscreen wiper 198
windshield 205
windsurfer 241
windsurfing 241
windy 286
wine 145, 151
wine glass 65
wine list 152
wine vinegar 135
wing 119, 210, 293
wing mirror 198
wings 254
winner 273
winter 31, 307
winter sports 247
wipe v 77
wire 79
wire cutter 80
wire strippers 81
wire wool 81
wires 60
with 320
withdrawal slip 96
without 320
witness 180
wok 69
wolf 290
woman 23

womb 52
women's clothing 34
women's wear 105
wood 79, 233, 275, 285
wood glue 78
wood shavings 78
wooden spoon 68
woodpecker 292
woodstain 79
woodwind 257
woodworking 275
wool 277
work 172
work day 306
workbench 78
workshop 78
worktop 66
world map 312
worm 295
worried 25
wound 46
wrap 155
wrapping 111
wreath 111
wrench 81, 203
wrestling 236
wrinkle 15
wrist 13, 15
wristband 230
writ 180
write v 162

X
x ray 48
x-ray film 50
x-ray machine 212
x-ray viewer 45

Y
yacht 215, 240
yam 125
yard 310
yawn v 25
year 163, 306
yeast 138
yellow 274
yellow card 223
Yemen 318
yes 322
yesterday 306
yoga 54
yoghurt 137
yolk 137, 157
you're welcome 322
Yugoslavia 316

Z
Zambia 317
zebra 291
zero 308
zest 126
Zimbabwe 317
zinc 289
zip 277

zone 315
zones 283
zoo 262
zoology 169
zoom lens 270

português · english